天

Borderless

下

天下，在乎正义和你

商君書評注

李平 撰

天下 Borderless
国学

法律出版社
北京

图书在版编目(CIP)数据

商君书评注 / 李平撰. -- 北京 : 法律出版社,
2023
ISBN 978-7-5197-8035-7

Ⅰ. ①商… Ⅱ. ①李… Ⅲ. ①《商君书》-注释
Ⅳ. ①B226.22

中国国家版本馆CIP数据核字(2023)第114105号

商君书评注
SHANGJUNSHU PINGZHU

作　　者: 李　平
责任编辑: 韩满春
装帧设计: 贾丹丹
出版发行: 法律出版社
编辑统筹: 学术·对外出版分社
责任校对: 晁明慧
责任印制: 陶　松
经　　销: 新华书店
开　　本: A5
印　　张: 12.5
字　　数: 286千
版　　本: 2023年9月第1版
印　　次: 2023年9月第1次印刷
印　　刷: 保定市中画美凯印刷有限公司
书　　号: ISBN 978-7-5197-8035-7
定　　价: 88.00元

销售电话: 010-83938349　客服电话: 010-83938350　咨询电话: 010-63939796
地　　址: 北京市丰台区莲花池西里7号(100073)
网　　址: www.lawpress.com.cn
投稿邮箱: info@lawpress.com.cn
举报盗版邮箱: jbwq@lawpress.com.cn
凡购买本社图书，如有印装错误，我社负责退换。电话: 010-83938349

作 者 简 介

李　平

清华大学法学院副教授，博士生导师，清华大学法学院法律与文化研究中心主任，历史学博士。长期从事中国法理学、中国法律史、先秦思想史和经学史研究。

自　序

为了便于理解《商君书》，有两个背景需要先行介绍：一是如何看待《商君书》，二是如何看待商鞅其人和他的思想。

首先来看前者，其中又包括了一系列子问题，最主要者莫过于《商君书》的作者是谁？何时成书？这是所有读者在阅读文本之前都有必要了解的背景知识。学者们基于版本学、目录学，再结合书中内容，以及与其他同期文献和历史事件比对，辅之以对书中提到的历史人物、事件等加以考详，得出了一系列关于成书、成篇时间与作者的复杂又充满不确定性的结论。具体情况本书正文中多有交代，这里无须敷陈了，只说最可靠且被公认的共识：《商君书》肯定不全是商鞅亲笔的作品，但大多数篇目和商鞅有关。后世很多论家都提到，商鞅不是理论家，而是一位政治实践者，所以他很难有时间、精力去撰写理论性论著,同时也没有这种迫切的需求。可是这并不妨碍他有单篇的散文、奏议作品,以及各种形式的论说片段传世。换句话说,《商君书》不是商鞅亲自写成的一本"书",而是商鞅身后的学者汇编起来的一部作品集,而且经历了多次编集。最终被编成接近今天人们熟悉的传世本的时间,很有可能晚到了汉代以后。

传世的《商君书》原有 29 篇,现存 24 篇,旧题"商鞅撰"。另有两篇有名无文。那么书中的各篇是否是商鞅亲笔呢?这个问题要比确定书的作者是否是商鞅本人更为复杂。大致有三种情况:一是基本能判定为商鞅亲自撰写成篇者,例如《史记》中提到的《开塞》《耕(农)战》。当然并不排除传世本的文字有被修改,或者传写讹误等情况。二是后人整理汇集商鞅撰写的片段加工成篇,例如《垦令》《去强》。其中有些内容可能是整理时错入的他人作品,例如《弱民》篇的最后一章。三是后代学者撰写成篇,"书"的汇集编纂者将之视为商君作品收入了《商君书》中,最典型者莫过于《徕民》篇。尽管可以判定全书各篇大体不出以上三种情况,但是今本 24 篇中有大量篇目,像《君臣》《禁使》等,迄今难以判断究竟属于哪种类型。

鉴于上述种种,可以建立起理解《商君书》的几个前提:其一,《商君书》和商鞅的思想有关,但是不能简单地将两者等同起来。其二,《商君书》不能当作一本"书"来看待,尽管都是作品汇集,但它和经过孟轲亲自参与编定的《孟子》、吕不韦参与编定的《吕氏春秋》性质不同,更不同于孔子亲笔的《春秋》,倒是更类似于戴德、戴胜按照特定主题("礼")遴选、汇集先秦儒家论作结集而成的"大小戴"《礼记》。既然如此,《商君书》不存在系统化的理论表达,无法从篇章安排上读出一些与商鞅思想相关的信息,也无须强求各篇之间具有内在的系统性和统一性。而且不难想见,商鞅在入秦前后的不同时段中会发生思想的变化,表达出前后不一致的观点并不奇怪。所以也可推知,既然《商君书》并非一本论著,那么主张是否统一也就不足以成为判定书、篇作者的标准了。

其次来谈谈商鞅其人和他的思想。商鞅(约公元前 390 年—公元前 338 年),姬姓,公孙氏,名鞅,出身卫国公族,亦称公孙鞅或卫鞅。商鞅之称,因入秦后封地在商邑而得。商鞅早年投于魏国国相公叔痤门下,受到赏识。公叔痤向魏惠王推荐未果,之后商鞅离魏入秦。后因景监三见秦君,终以霸道之说打动孝公而被重用。此后于公元前 356 年被任命为左庶长,进行了第一次变法,举措包括建立户籍制度、建立什伍连坐法、废除世卿世禄、建立二十等军功爵制、禁私斗、重农抑商、强制分家立户等。至公元前 350 年又进行了二次变法,涉及开阡陌、废井田、制辕田、允许土地买卖、行县制、初为赋、统一度量衡、燔诗书而明法令、塞私门之请、禁游宦等举措。此后他还主导了公元前 341 年秦、齐、赵联合败魏的战争。公元前 338 年秦孝公崩殂,秦惠王(又称惠文王)即位,商鞅被公子虔等诬以谋反之罪,于封地商邑起兵抵抗未果,战死后被车裂示众。不过此后商君之法行用不辍——有荀子入秦亲见为证,为秦国强大以至于吞并六国奠定了政治治理的基础。

“太史公曰:商君,其天资刻薄人也。迹其欲干孝公以帝王术,挟持浮说,非其质矣。且所因由嬖臣,及得用,刑公子虔,欺魏将卬,不师赵良之言,亦足发明商君之少恩矣。余尝读商君开塞耕战书,与其人行事相类。卒受恶名于秦,有以也夫!”(《史记·商君列传》)这段论说影响极其深远,甚至被后世当作了认识商鞅的基础。同时人们对商鞅的印象,又受到了至少三次阶段性的“重塑”:

第一次是西汉初年反思秦过思潮中,思想界响应汉王朝意识形态建构的需要,将商君之法与法家、严刑峻法、苛政乃至秦亡联系在一起。

第二次是汉武帝朝儒家正统化以后,一面有意识地吸纳诸家治术之长,另一面又将儒家立场之外的诸子,尤其是像商鞅、韩非等被与秦亡教训绑定在一起的人物,统统排除在主流话语、知识和教育体系之外。这对他们的学说思想的流传和阐发带来了极为不利的影响。“被批判”之外,更严重的是“被忽略”。除了极少部分志在成为“法吏”者,或者为数不多的律学世家外,大多数学子和主流士大夫都不再认真对待商鞅,自然《商君书》也不被重视。相较儒道二家汗牛充栋的注疏论说,《商君书》显得格外被冷落,甚至连善本都难以求得。

第三次是近代至今。其间的反思、批判和再造也可细分出多个阶段,总的来说塑造出的新印象包括:其一,商鞅力推法治,具有“先进性”“进步性”。其二,包括商鞅在内的战国法家是专制政体和君主集权的鼓吹者,他们的理论主张也多旨在为专制集权式的君主服务。以上三个阶段的塑造,使当下学人很难“直面”商鞅。

还有必要说到,几乎所有人在讨论、理解、发明商鞅思想时,都会谈到著名的商鞅变法,以及由此奠定的之后平定六国、一统天下的强秦的政制、治理制度基础。如《韩非子·和氏》篇中的归纳:“商君教秦孝公以连什伍,设告坐之过,燔诗书而明法令,塞私门之请而遂公家之劳,禁游宦之民而显耕战之士。孝公行之,主以尊安,国以富强,八年而薨,商君车裂于秦。”换句话说,在人们印象中,商鞅的政治治理主张,是经由实践验证确能“成功”的方案。这是商鞅思想没有被彻底“遗忘”的最主要原因,而这种“成功”的印记往往又成了理解商鞅思想的前提,也或多或少地给理解造成了一些阻碍。甚至人们会不自觉地把商鞅身后秦国的法律制度、政策和政治实践与商鞅其他的思想等量齐观。

事实上，商鞅在秦国的变法，只能看作他的部分思想主张因时因地、具有“权宜”属性的实践性表达。这既不可径直当作商鞅思想的全部，也不完全合乎思想的原貌。于是在阅读《商君书》、理解商鞅思想时须得把握一个基本的前提，即商鞅其人与秦国的统治者并不完全“同心同德”。《史记·商君列传》中记载了商鞅三见秦孝公，首陈帝道，再陈王道，俱不见用而三进霸道，从中已可见得霸道，以及围绕霸道展开的政、治之术非是商君心之所向，以之为重多有因时因势不得已而为之的意味。

与此相应，秦国施行的政治制度和方略，尤其是在商鞅身后所行，充其量只能看作是受到了商鞅影响。此时商鞅的思想、主张更多是被当作了秦国立足于政治需求，即实现霸政的手段，择其可用者用之而已，与商君的本旨渐行渐远。是可见，回到《商君书》认识商鞅的思想，既要参考商君的政治实践，也要把握到现实与思想之间的差异。

为了便于理解全书，接下来有必要简要地概括《商君书》中表达出的主要观点。要附带说到，整本《商君书》中堪为理论枢纽，最集中地表明商君思想者乃是《去强》篇。商鞅的核心主张，用他自己的话来概括可谓之“作壹”，即用一个标准，全体社会成员，包括君、臣、民在内全体一心，凝聚成一股力量去实现一个目标。这个目标，最终指向的是天下有序，而非秦国富强。具体来说包括以下7个方面：

一是因时变法、立法。在商鞅看来，没有理想化的政治、社会、法律形态。时异事变乃是自然，也是必然。不同时代的不同政治社会表现之间只有相“异”，没有进步或堕落之分。因此政治体制、治理方式和法律制度等，最优者是与时势相适应的状态。因而立法者需要不断审时度势，因时变法。换句话说，没有一成不变的法律制度，持续不断地适时变法乃是常态。此论《更法》《画策》二篇中表达得最为充分。

二是动态富强。实现国家富强的关键是农和战，这在《商君书》中反复强调。但是商鞅主张的特殊性在于将农作和兵战共同作为治理的必要且循环相续的环节。此即“动态富强”之论，主要见诸《农战》《去强》《说民》《算地》《修权》等篇。在战国思想界的一般观念中，战争是一种须得尽量避免的非常态，它非是关于常态化治理的理论必须考虑的内容；同时出现战争常常会被认为是治理出现了某些问题所致。可是商鞅提供的思路却反其道而行之：基于重农积累财富，聚集民力；再通过战争将这些财富与强力释放出去，一方面削弱敌国，另一方面也壮大自己的实力（主要是土地与人口）；进而再在更大的土地、人口范围内重农以求富；尔后再进行战争以损敌自强；如此交替循环。

要把握到，商鞅以农战为中心的动态富强主张，虽说明显有针对秦国霸政之需因时因势而作权宜设计的意味，但是归根结底始终是以“天下”为本位。或者说，这是他针对所处的战国局势和秦国的特性设计出来的一套“取天下”的方案。至于最终取得天下之后应当如何为政、为治，《商君书》中没有明示。我们只能借助《史记》中关于初次、二次见孝公时曾经提出帝道、王道但未被采纳的记载，推测商鞅确有方案，但不曾完整地表达或记录下来。

三是进行变法需要形成一系列相互关联、系统化运作的配套措施，包括建立户籍制、抑商、反对奢侈、抑制游士以及设置并推行一系列旨在实现动态富强的法律制度。而社会结构和组织形式，又与军队组织和运作机制密切相关，当然也不排除二者各自存在独特性。《垦令》《境内》两篇非常集中地反映了上述思路。

四是按法而治。法律在商鞅的政治思想中，成为型构政治秩序、规制政治权力运行、塑造和维系社会秩序、树立价值标准、凝聚民心民力的最主要工具。动态富强的所有政策内涵都必须以法律的形式表现并通过按法而治的模式实践。这几乎涵盖政治社会生活乃至思想文化的方方面面。不过商鞅同时也强调法律需要尽可能地去繁就简,要避免对同一事项作出繁复且不一致的规定。换句话说,法律要为实践提供明确、唯一的行为模式和标准。法律运行方面要求君、臣、民严格信守法律。按法而治是立"信"的基础,而"信"是政治获得、保持权威的前提。以上这些主张遍见于《商君书》各篇中,理论化较强的论述见于《修权》篇。

五是君主既是守法者,同时也是超越"按法而治"之上的行"权"者。君主必须要以守法为前提行使君主权力,不能任意违法,也不能擅改法律,这些其实可以算作是战国黄老、法家治理理论的共识。时人对与之相关的两方面问题常常存在不同看法:首先,君主作为立法者的身份要如何认识,又如何予以限制。其次,君主超越于政治体制,尤其是官僚制和治权运行体制之上的地位通常被认同,这又常被用来监督、制约官吏使之严格依法行使治权。可是这种超越性的地位,事实上意味着君主超越于法律之上,这与君主必得守法的要求如何融洽?尽管《商君书》中并没有提供细致的解决方案,但是除揭示问题之外,也已经有了相当的理论自觉,相对集中的论说见于《画策》篇末章。而且君主能够通过行权克服、消融法律、法治自身固有的过分机械、滞后、抽象等局限性。这也正是具有超越性的君主制存在的必要性所在。

六是凝聚民心,调动、激励民力是政治治理的核心,依法赏罚是最主要的调动机制。与此相配合者是"弱民"和"贫民"。"弱民"是要使得民众顺服,与之相对者是应被禁止的民风强梁和民心躁动。"贫民"是要让民众保持在相对清苦的生活状态中,否则赏赐会起不到预想的调动作用。与之相配套的是反对奢侈、淫佚、游学等一系列举措，这些论题散见于《说民》《算地》《错法》《战法》《靳令》《赏刑》《弱民》等篇章。

具体到调动机制，即赏罚，基本要求包括刑多赏少、重刑厚赏、信赏必罚三个方面。刑多赏少在书中表达为“刑九赏一”，有时也表达为“重刑轻赏”。这表明商鞅更侧重刑罚，但并不意味着他主张对所应赏赐的对象要从轻用赏。恰恰相反，轻罪重罚和重刑厚赏的主张一以贯之。这与刑赏作为民心、民力的激励、调动机制的设定相配合，商鞅认为这样可以使刑赏能够达至的实效最大化。

商鞅的刑罚观念中，非常特殊的一点在于他强调刑罚的“正向”激励和调动功能，而不似一般人只把刑罚看作补充性的矫正机制。“以刑去刑”是设置罪刑和施用刑罚的最终目标，也是刑罚激励功能的一部分。

至于信赏必罚，既与前述严格按法、守法的要求相契，也与立“信”的主张一致，同时还是刑赏制度性地发挥激励、调动功能的保证。

七是《商君书》中针对“天下”的论说，与立足一国富强之论表现出显著差异，这或与前文谈到的商君本有帝、王、霸三层理论有关。入秦以后侧重并实践的多是立足一国富强的霸道治术，但这并不妨碍商君对之上两层仍有理论表达。并且从书中表述可以推见，商鞅似有融会三层，建构藉由霸术通达王政的具有一贯性的政治方略。准此，天下有序是商鞅的最高价值追求，除此之外，世所共遵的其他价值标准都在被否弃之列。同时只有法律才应该成为价值标准和行为准则的唯一提供者，包括天子、圣贤在内的其他典范都不足取。可惜的是，《商君书》中主要提供的是关于藉由动态富强以取天下这个阶段的实践方案和理论解说，对取天下以后当如何为政、为治论说并不充分，仅有零星表达见诸《画策》《君臣》《禁使》等篇。

再回到《商君书》文本，清代朴学大兴之后，有赖目录学、文献学、版本学和文字学、训诂学的研究，《商君书》的文本始得精校，达到了基本形成共识且“可读”的状态。近人习用的蒋礼鸿《商君书锥指》便是其中最精到的代表性作品。以此为基础，再加上面对西洋法治文化的刺激，怀着与西学竞争、自我批判、满足文化自尊心或古为今鉴等不一而足的动机对《商君书》和商鞅思想加以研习、阐释、评说者代有其人。以上这些成果，例如有以今人张觉的《商君书校疏》为代表的汇总和辨析，有以张林祥《〈商君书〉的成书与思想研究》为代表的研究型专论，二者都堪为全面之作。同时面向非专业读者，意在文化普及的今注今译本同样蔚为大观，著名者如高亨的《商君书注译》和贺凌虚的《商君书今注今译》等。既然如此，为什么还有必要另起炉灶再写一本《商君书评注》呢？这既有必要向读者交代，同时也是造论之初需要说服自己的问题。

当然这势必要与另一个话题联系在一起：既有的汗牛充栋的关于《商君书》的校、注、释、论等作品，还有什么未尽之处？遍览各家作品之后，最大的感觉是文献和文本方面能够讨论的问题业已基本被厘清；而存在重大疑义者，例如各篇作者，成书、成篇时代等，若非有更新的文献材料，只能维持当下信者自信、疑者自疑的状态。而可以，且有待进一步深入讨论诠解者，在于《商君书》各篇中所蕴含的义理内涵。针对这个方面的既有研究，往往存在两方面问题：一是基于文本却失之浅近；二是囿于当下流行的理论前提、资源和工具，尤其是有意无意地以西学为标准，带着古不如今的前见挑剔且“批判式”地品评商君之学。有鉴于此，本书在撰写中尝试寻求一种基于中国传统文化观念、思维特质和话语模式，将

《商君书》中所论还原到它所处的情景和文化环境中，以对《商君书》采取“仰之弥高”的态度作为写作者的自我定位，尽可能深入地示明、解析《商君书》中蕴含的深刻义理。

鉴于上述考量，本书形成的写作模式是以文本为基础，以《商君书》的各篇作为单元，每篇中包含三个部分：一是简要解题式导读，交待解读的基本背景和前提，例如文献问题、写作背景、主要意旨和要点等。二是为了说理、析理之需对本文做一疏通。为此不涉及复杂的考据辨析，只为可能影响、阻滞文本阅读的字词作最简明的注解。三是最主要的评注部分，将前一部分（原文注释）给出的章节判分为数个单元，逐一进行义理解释和阐发。论说会侧重围绕文本中的观点、问题展开，不求做到全面周备，而是尽力做到深入且言之有据、言之成理。为此本书将主要借助《商君书》中的内证互证，辅之以与时代相仿的同期思想文化作品和史实为之旁证。

总言之，这本《商君书评注》将会是一本在既有研究成果和论著基础上，致力于进一步解释《商君书》理论深度的习作。不过所阐明的深刻程度，很大程度上受限于作者的学识、境界和笔力。力所不能逮者，期待读者们不吝批评指教。

另外，要格外感谢法律出版社韩满春先生为本书的写作、出版提供的巨大帮助，也感谢张万里、郑书笑校阅书稿并提出宝贵意见。

凡　例

“天下·国学”丛书是我社弘扬国学经典的一套书，聚焦先秦诸子的思想，在体例上分为“导读”和“原文·评注”两部分，文中附随注释，便于读者由浅入深的理解这些国学经典。

一、本书所录《商君书》文本以通行版本为底本，比较其他版本，以逻辑贯通和便于理解为标准，对个别字词进行了勘定。

二、导读部分为内容的背景、历史、主题的介绍，益于读者在阅读文章前对其有一个大概的了解。

三、评注部分对内容逐句评注，条分缕析，博稽古今，融会贯通，有益于读者在阅读文章后有更深的认识和思考。

四、如《更法》篇所言“三代不同礼而王，五伯不同法而霸”，“治世不一道，便国不法古”。本书的一些观念和思想因时代的变化，已显落后，请读者深思。

五、山河固在，人情如故，《商君书》能够流传千年，主体未佚，说明有其价值，请读者慎思。

目录

更法第一

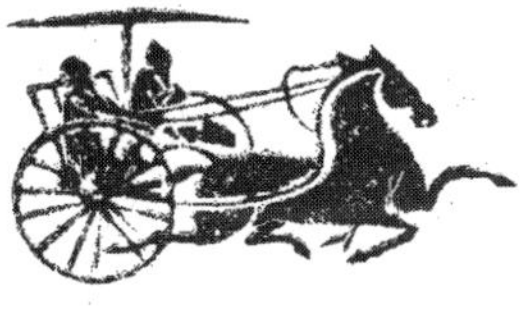

【导读】

秦孝公(公元前361—前338年在位)元年,商鞅闻孝公招贤令而入秦,“因景监求见孝公”;“三年,卫鞅说孝公变法修刑,内务耕稼,外劝战死之赏罚,孝公善之。甘龙、杜挚等弗然,相与争之。卒用鞅法,百姓苦之;居三年,百姓便之。乃拜鞅为左庶长”。(《史记·秦本纪》)《更法》一篇,其事或发生在秦孝公三年(一说秦孝公六年,参见郑良树《商鞅及其学派》),通常被认为是商鞅与甘龙、杜挚三人在秦孝公堂前关于是否应当变法的论争,并以此为节点拉开了秦国变法图强,终至一统天下的历史序幕。

关于《更法》篇的内容,首先需要了解,商鞅变法何以唯独在秦国得以实现。或问:秦孝公时为什么有变法的需求,又为何有变法的条件。这有必要结合时代背景来理解。周平王东迁以后,周王廷对于诸侯国的控制力迅速下降。随之而来的是诸侯国强势崛起,天下一统被诸侯割据争霸的局面取代。后果之一是人们对宗周的政治模式、法律制度,乃至文化根基和方向由认同转向反思,进而更是出现质疑、否弃和重构的倾向。于是无论是君主、贵族还是士人都在尝试以各种各样的方式谋求改变,以获得与时变世异相匹配的法律制度、政治治理模式和理论。

制度方面,春秋时代齐国的管仲,郑国的子产,晋国的舅犯、郭偃等,都不同程度地进行了因时因地制宜的改革,也创设出一系列新的制度和治理模式。与此同时,老子、孔子、墨子,以及随后涌现出的道家(包括黄老家)、儒家和墨家,再加上刑名、农、兵等家,也都在理论层面各有创建,为之后的政治实践提供了文化和理论资源。

进至战国时代,复兴周王朝的主张在主流和官方话语中已然不见,典型的周制已经被各具特色的地方制度取代。旧时的公族贵胄逐渐分化,有的成为掌权者,有的则逐渐淡出了权力中心,成为游宦谈说之士而糊口于四方。很大一部分政治权力掌握在陪臣、游士手中。社会结构、生活方式的变化也各有不同。东部的齐国、中原的魏国最先开始主动寻求大幅度调整政策、制度乃至意识形态以适应时代之需。但是由于各种势力、不同需求交织在一起,加之缺乏成熟的理论和制度资源,各诸侯国政权内部对于发展方向、模式等莫衷一是,所以究竟如何展开制度改革,又当如何推行等,都不甚明确。

秦孝公之前,秦国面临的局势与关东诸国不乏共通之处,同时也有自己的特点。秦国偏居西陲,东有函谷关为之屏障,受中原战乱的影响相对较小。因此秦国凭借有利地形退守足以保关西之地,进取则可由河东而暴兵中原。与此同时,秦国思想文化相对中原各国逊色不少,社会生活和制度亦裹杂戎狄之风。固有言曰"秦国之俗,贪狼强力,寡义而趋利,可威以刑,而不可化以善;可劝以赏,而不可厉以名"(《淮南子·要略》)。春秋时代穆公短暂称霸之后,秦国东进受制于三晋,西扩又为戎狄所阻,加之器物文明、制度文化都较中土明显落后,是故若欲逞进取之心,势必大力引进技术、文化人才。由此便可理解孝公为何继位之后旋即"下令国中求贤者,将修缪公之业,东复侵地"(《史记·商君列传》)。

当然孝公欲复缪公之业,必须改变原先的政策方向,即由自保转向扩张。要注意,按照《更法》篇中所记,"欲更法以治"乃是孝公自有的主张。也就是说,商鞅新法推行之前,孝公已然对秦国既有的政治体制和治理模式非常不满了。但是秦国的社会政治局面,以及与之相伴生的法律制度和治理模式应当如何调整，且做出多大程度的变革，在当时的情景下其实并不明确，也缺乏信能获致成功的先例可循。是故他选择了面向各国招揽贤才，以求集思广益。

作为客卿的商鞅提供的可能是最激进的方案，表面上看是“变法”，实质上是通过创立新的法律制度，行用新的治理技术，造成秦国政治格局、社会组织和生产模式的全面革新。而这一切都指向富国、强兵、图治，正好契合了秦孝公之所求。是可知，《更法》篇看似是三臣在秦孝公面前争论应当变法与否，实则是秦孝公、商鞅已有变法之计而论说以驳非议者之口。

而篇中甘龙、杜挚虽说态度上都反对变法，但是二人的立场和顾虑各不相同。甘龙一方面强调“因民而教者，不劳而功成；据法而治者，吏习而民安”，表现出持因循、顺守的立场；另一方面恐怕变法遭致“天下之议君”，表面上看是在为秦孝公考虑，但更深层者在于他坚守自西周以来的“民本”观念。

因此商鞅的应对涉及了政治治理中应当如何对待民意、民心。传统政治以“民本”为根基，讲究“天听自我民听”；同时又有“民不可与虑始，而可与乐成”之论。无论是盘庚迁殷还是商鞅变法，[1]都印证了后论。如何对待民意，又当如何认识“民本”，非止见诸商鞅变法中，也是任何时代，包括当下的治理、改革都须得认真对待的重大问题。

事实上任何时代都有变法（或曰改革）的需求，因为对人类社会而言，从来就不存在“理想”的制度、法律，因为社会始终变动不

---

〔1〕《史记·商君列传》中记商鞅变法，“令行于民期年，秦民之国都言初令之不便者以千数”；“行之十年，秦民大说，道不拾遗，山无盗贼，家给人足。民勇于公战，怯于私斗，乡邑大治”。

居。商鞅变法,代表了一种剧变式的改革。亟须关注到的是,这是一种通过立法建制“引领”政治社会结构、秩序重构的方案,随之而来者还有塑造民众的生活方式、状态,乃至思想观念。这是法律的三重主要功能之一。除创建秩序之外,法律更为人们熟知的功能是承认、维系政治、社会秩序;以及借助刑罚实现矫正、惩戒。当下常见的法学研究,对于法律的引领、建构功能的关注要远少于维系和矫正。通过商鞅变法,可以直接地感受到法律“引领”作用的重要性,并体认到商鞅对于如何使之充分发挥此作用的深刻含义。

杜挚的质疑主要集中在功利层面,即“利不百,不变法;功不十,不易器”。他明显不愿意秦国为了不能确定的收益的改革方案冒险。反过来说,如果确信变法能够获得巨大收益,他并不会站反对者那一边。

可是即便是当下针对社会状况的研究日臻“科学”化,但是各种社会政治改革方案仍旧无法像自然科学和技术那样,借助实验复现、验证理论后再逐步向生产领域推广。任何一种针对政治社会的理想、理论,无论是否具有早期传统为之印证,都无法对施用以后必会产生预期结果“有把握”。因此每一次剧变式的变法,或多或少都有些“赌博”的意味,势必都会遭致广泛质疑,也会受到来自既得利益者的抨击。如何面对、应对保守派的挑战,又不失之刚愎自用,本篇提供了一个实例。

本篇存在一些文献学上的论争,由于关乎本篇真伪,也有必要略做说明。《更法》篇的内容,亦见于《史记·商君列传》《新序·善谋》和《战国策·赵策·武灵王平昼闲居》。其中《武灵王平昼闲居》记载的是赵武灵王与肥义、赵文、赵造关于胡服的论辩,与《更法》所论不同,但是文辞颇多相似。清代以来多有论家以此为据,断言《更法》篇为伪作。[1] 此说现已有学者具论其非，认为《战国策》借鉴《商君书》的可能性更大。[2] 另有《新序·善谋》与《更法》大体相同，文字小有出入，但是传写差讹所致。《史记·商君列传》则与本篇义理相通而表述多有差异，且显得更为粗略。现已无法判明二者中何者更接近原始的实录，但对理解商鞅关于变法的主张并无实质性影响，且可互相印证、发明。

总体来说，《更法》篇应非出自商鞅亲笔，当是秦孝公殁后学者依托史料对所涉诸人言论的追述。其中自然掺杂了润色修饰，也不必完全反映当时实态，[3]究竟是商鞅口传而由弟子记述，[4]还是全由后学汇集重述则已不可确知，但这些对于理解其中蕴含的商鞅思想主张影响并不大。

【原文·评注】

孝公平画，孝公（公元前381年—公元前338年），名渠梁，秦穆公十五世孙，在位24年。平画，评议谋划。**公孙鞅、甘龙、杜挚三大夫御于君，**甘龙、杜挚（zhì），两人生卒事迹不详。御，侍候。**虑世事之变，**虑，谋思。**讨正法之本，**讨，讨论、探讨。正，同政，政治；亦可解作匡正。**求使民之道。**使，役使、驱使。

---

〔1〕 代表性论说参见《四库全书总目提要》。

〔2〕 有关于此，可参见杨宽：《战国史料编年辑证》，上海人民出版社2001年版，第289页。

〔3〕 甚至据钱穆考证，甘龙、杜挚可能与商鞅并不同时。参见钱穆：《先秦诸子系年》，中华书局1985年版，第227-229页。

〔4〕 这种说法可参见郑良树：《商鞅及其学派》，上海古籍出版社1989年版，第9页；郑良树：《商鞅评传》，南京大学出版社1998年版，第190页。

本章只有一句，总说了全篇背景、场景、人物和内容要旨，言简而义宏。蒋礼鸿推断："变法之计，商君与孝公议之熟矣，特未讼言于群臣耳，兹乃欲遂之也。"[1]参考《史记·商君列传》关于商鞅三见秦孝公时二人相谈甚洽，可知蒋氏所论不虚。是可推见，这场四人参与的论辩，与其说是为了讨论变法的可行性与必要性，倒不如看作是孝公、商鞅为让秦国旧臣接受变法之策而进行的一次说服性论辩举措，所宣示的要义主要集中在变法的必要性和可行性二端。

"孝公平画，公孙鞅、甘龙、杜挚三大夫御于君"直接示明了场景。其中"平画"二字，常释为评议、谋划(或筹划)，虽于义可通，但算不得尽善。与本篇语词相近的《战国策·赵策》作"赵武灵王平昼闲居"，有鉴于繁体的"昼(晝)""画(畫)"字形颇似，以"孝公平画"为"孝公平昼闲居"脱误文理更为通顺。而"平昼闲居"，表明这场谈话非是发生在朝堂上，并不面向其他朝臣，不是一次集思广益的公开论辩，也非宣示性政治行为，更像是核心决策圈子内部确定秦国政治基调与方向的闭门商谈。

甘龙，其人生卒年不详，事迹略见于《史记》《战国策》中，或为春秋时甘昭公子带之后。[2] 杜挚，《京兆杜氏宗谱·历代名宦》记"仕秦孝公，破魏有功，官左司空"，具体事迹史籍中亦不详载。

甘、杜所论分别关涉了治理者、参政者们关于变法可行性、必要性两个不同层面的质疑，这反映出二人所据立场不同；同时也可推见《更法》一篇或是后人精心甄选改编的"作品"，而非实录。

"虑世事之变，讨正法之本，求使民之道"，涉及三方面问题：一

---

〔1〕 蒋礼鸿：《商君书锥指》，中华书局1986年版，第2页。

〔2〕 参见《史记·商君列传·索隐》文。

是重新认识、认定“世事”，即世代、社会、情势、形势等。其中隐含的意思是判定古今之异，特别是厘清这种差异究竟是本质性的，还是仅仅属于表象层面，直接涉及应当在因循的基础上渐次改良，还是进行根本性变革。二是讨论法令、制度的基础，即“正法之本”。用今天的白话来说，即法律制度应当建立在什么基础上，属于治道层次。三是“使民之道”，是治术层面的问题，主要涉及如何调动、驱使百姓按照政策、法令指引生活。这一层是春秋战国时思想界中广泛关注的论题，像《管子》中的“牧民”论，儒家所言“化民”“御民”等都属于这个层次，代表了不同的治术倾向和方案。

君曰：“代立不忘社稷，代立，意为孝公继位为君。**君之道也；错法务明主长，**错，同措；措法，立法也；明，彰明。错法，严万里本无，据《新序·善谋》篇增。**臣之行也。今吾欲变法以治，更礼以教百姓，恐天下之议我也。”**

本章由秦孝公之言肇端开启了整场论辩。这句论说无疑有着开论题、定基调的意味。文中首先区分了秦孝公自己认识到的“君之道”和“臣之行”，对君、臣的不同职责做了明确的区分。

“君之道”即“代立不忘社稷”。所谓“代立”，按文面是继位为君的意思。据今人考证，这场对话发生于具体变法举措推行之前，或在秦孝公三年（公元前 359 年）左右，即秦孝公即位后不长的时间内。而秦孝公其人胸有大志，亦屡见于史籍。自言君之道的核心在“不忘社稷”，意味着秦孝公力求变法的目的与通说“富国强兵”大体合辙。“错法务明主长”，意为施行法令以彰明君主的权威。秦孝公以此为“臣之行”，即臣所当务之道。这句话非常清楚地表明尊君之意,明示立法权专属于君,而将臣下的职权限定在遵循法度以行使治权、进行治理上。其中也间接地透露出秦孝公不希望他的变法主张被臣下妄议。类似观点到了战国晚期变得非常普遍,尤其是《韩非子》"以法为教"的主张中,不过在商鞅的时代还表达得相对比较隐晦。要注意,时代相仿的黄老家作品中也有类似君立法、臣行法的论说,并且为之寻求了形而上(天道)层面的理论基础。但是无论黄老家还是《韩非子》,表面上尊君,背后实则隐含着虚君的主张,这与此处秦孝公,乃至后来秦始皇之所欲全不合辙。所以不能将战国法家简单地看作君主专制集权的推崇者。他们与君主(执政者)的立场、态度、主张,尤其是对待君权方面,很多情况下恰好是相反的。

另外,文中"君之道"与"臣之行"对言,表明"道"与"行"含义基本相同,都意指行为模式。《商君书》全书对"道"的使用基本上都取此义,与道家、黄老家们顺《老子》申发的"道"义不同,也不在同一层次。同时商鞅的所有表达基本上完全见不到《老子》和道家的影响,完全没有直接讨论或涉及形而上之"道",也片言不及天道等义涵。但可以明显看到儒、墨二家的印记,背后的原因难以确知,不过应该是商鞅主动选择的结果,因为商鞅明显采取的是阳德健动的立场,与道家立足于因循顺守的阴本立场相反相对。

"变法"与"更礼"作为对文使用,意味着"法"和"礼"在秦孝公观念中并无太大区别,指的都是制度规范,甚至可以通用互换。类似的情况也见于下文商鞅、甘龙、杜挚的言论中,可知这是当时人们的一般观念。但是在商鞅变法的举措中,宗周文化中的"礼",包括礼制、礼仪、礼治全然不为所重。而且偏安西陲的秦国受周代"德—礼"文化的影响甚微,本就不甚崇礼。是故此中的法、礼俱当理解为法令制度的一般性称谓,而不涉及周人传统中的礼制、礼仪等。

有鉴于秦孝公本有变法为治之意，他的顾虑不在于是否应该变法，而是“恐天下之议我”。其中透露出两重信息：一是从纵向上看，秦孝公的顾虑在于君之下各阶层（包括民，也包括贵族等）的非议、质疑和阻力。二是就范围而论，秦孝公考虑的不仅仅是秦国，而是以“天下”为念。《史记·商君列传》记载“公孙鞅闻秦孝公下令国中求贤者，将修缪公之业，东复侵地，乃遂西入秦”，可以作为理解本句的背景和印证。

公孙鞅曰：“臣闻之，‘疑行无成，疑事无功，’君亟定变法之虑，亟，急。**殆无顾天下之议之也。**殆，应该、应当。**且夫有高人之行者，固见负于世；**固，总是。见，被。负，非，否定之意。**有独知之虑者，**虑，见解。**必见訾于民。**訾（zī），嘲笑、诽谤之意。**语曰：**语，俗语、成语。**‘愚者暗于成事，**暗，不明。**知者见于未萌。**知，同智。萌，萌生、发生。**民不可与虑始，**虑，谋。**而可与乐成。’郭偃之法曰：**郭偃，春秋晋国大夫，佐晋文公改制。**‘论至德者，不和于俗；成大功者，不谋于众。’法者，所以爱民也；礼者，所以便事也。**便，方便、便宜。**是以圣人苟可以强国，**苟，如果。**不法其故；**故，过去。**苟可以利民，不循其礼。”孝公曰：“善。”**

尽管对于变法之议，秦孝公与商鞅在这场对话之前已有共识，但是仍旧不免心存顾虑。这在前章秦孝公之言中已可窥见。商鞅对此想必了然于心，因而直言“疑行无成，疑事无功”，将迟疑不决、自我怀疑、顾及俗见与行为无功联系在一起。“君亟定变法之虑，殆无顾天下之议之也”意思是让秦孝公尽快以独断的方式作出变法决策，甚至应该完全罔顾天下人的异议。

所谓“且夫有高人之行者，固见负于世；有独知之虑者，必见訾于民”，说的是有过人之行和真知灼见者，大多被世人非议诋毁。这里商鞅的观点表达得很清楚，即变法必会引发众人不满，但这是成就大业必经也必须克服的。类似的情况，先代著名的盘庚迁殷时已有印证，事见《尚书·盘庚》三篇。不过对答中商鞅并未举史证为例，说明这些道理在当时可算常识。

“语曰”常见于先秦论著，表明后文乃是引用俗语、俚语或前代名言。“愚者暗于成事，知者见于未萌。民不可与虑始，而可与乐成”与前句含义可相印证，仍旧在强调无须顾虑民众的意见。但这一句的出处已不可考。

“郭偃之法”的郭偃是春秋时代晋国大夫，又称卜偃。他曾在晋文公时主导过改制，后世也有人将之与管仲相提并论，[1]可惜《国语》《左传》等史籍中都不曾详载其事迹，“郭偃之法”的细节也已不可知。本段中仅择取了与商君主旨相关的句段，大意是涉及“至德”“大功”这类重大事务者，不必首先求得俗众认同。

商鞅之所以要引用俗语、故事反复阐明民意、民怨无须顾虑，是因为这关系到一个非常重要的问题，即人心向背。人(民)心问题在当时政治环境中通常被看作政治正当性的基础，也被认为是政权主导的政治治理能否有效施行的关键因素之一。商鞅对于民心、民意的态度，表明了较之西周政治的重大转向，即治理的核心

〔1〕 例如《墨子·所染》：“齐桓染于管仲、鲍叔。晋文染于舅犯、高偃。”(俞樾曰：高亦读为郭，高偃即郭偃)

要务由“治民”转向“治国”乃至“治天下”。换句话说,政治的目标在商鞅看来不是民生安顿,而是强国以图天下形成特定的秩序形态。当然这不意味着无须顾及民生,而是将之仅仅作为富国强兵的基础之一,而非政治治理的目的。与此同时,还有另一方面的重要的思路转变,即通过立法建制和治理引导塑造民意,而不是将既有的民意作为“民心”的表达而加以迎合。这个主张在《商君书》的不少篇章中都有体现,与之相配套的最主要举措便是《定分》篇中的“为置法官,置主法之吏,以为天下师”。后世常说的“以法为教,以吏为师”也是这个思路的表现。

甘龙曰:“不然。臣闻之,圣人不易民而教,易,变异、更改。**知者不变法而治。**知,通智。**因民而教者,**因,因循。**不劳而功成;据法而治者,吏习而民安。**习,熟知。**今若变法,不循秦国之故,更礼以教民,臣恐天下之议君,愿孰察之。”**孰,同熟,仔细。

甘龙所论,直接以否定商鞅之言发端,所针对者主要是商君前者“殆无顾天下之议之也”,提出“圣人不易民而教,知者不变法而治”,论说主要集中在质疑变法的必要性。所谓“圣人不易民而教”,意思是说圣人不会刻意改变民众的生活常态而立法设教。这其实是甘龙预见到变法的必然后果会是民生不安和民意不从。可见当时在讨论这类议题时,人们通常将“变法”看作具有根本性变革的政治举措。“知者不变法而治”显然是直接针对商鞅“有独知之虑者,必见訾于民”之论而发。

不过要注意,甘龙并没有为自己的主张提供任何实质性的证据。按照春秋以降的论著所示，三代不同法，禹夏、商汤、西周代有损益才是时人的常识。著名者莫过于孔子所言“殷因于夏礼，所损益可知也；周因于殷礼，所损益可知也”（《论语·为政》）。既然如此，甘龙为何将“圣人不易民而教，知者不变法而治”说得如此理所当然呢？他给出的理由是“因民而教者，不劳而功成；据法而治者，吏习而民安”，大意是：因循人情旧俗而设教的话，无须过于烦劳便可获功业；按照成法进行治理，官吏熟习而人民安稳。据文面义看，甘龙在意的是秩序，认为变法势必造成既有秩序被打乱，进而造成治理难度和成本增加。进一步解读可知，在他看来，秦国既有的秩序和治理模式并无大过。所以他反对者，也应该包括秦孝公和商鞅欲将秦国的政治方略由保守安存转向积极扩张。

可是再接下来是说到变法的后果，却只谈到“恐天下之议君”，没有涉及实质性的不良后果。或许正是因此，以往论家倾向于认为甘龙代表了秦国旧贵族，反对变法的主因在于唯恐变法会有损自己的既得利益，颇有些裹挟民意以要挟国君的意味。而这一点也恰是秦孝公本人明示了的顾虑所在。所以甘龙如此表达也可能有策略性考量在其中。

甘龙看重的秩序，与秦孝公心念的“社稷”显然所指非一。更进一步说，他完全不认同秦孝公变法以图霸，更希望保持秦国偏安一隅的现状。由此可见，《更法》篇中是否应当“变法”之争，实质上是秦国自保自固还是扩张图霸的政治方向之争。当时像甘龙这样的旧贵族们显然敏锐地把握到了这一层，不过他们似乎尚且没有意识到，推行新法将会带来的却不仅仅止于此，而是更将覆盖政道、治道、治术各个层次。

公孙鞅曰：“子之所言，世俗之言也。夫常人安于故

习，故，以往。习，行为模式。**学者溺于所闻。**溺，沉迷不悟。**此两者所以居官而守法，非所与论于法之外也。三代不同礼而王，**三代，夏商周。**五霸不同法而霸，**五霸，齐桓公、晋文公、楚庄王、吴王阖闾、越王勾践。**故知者作法，而愚者制焉；**制，受制。**贤者更礼，而不肖者拘焉。**不肖，不贤。拘，固执、不变通。**拘礼之人，不足与言事；制法之人，不足与论变。君无疑矣。"**

商鞅对甘龙的反驳显得非常有技巧。他首先肯定了"天下之议君"势必随着变法而出现，同时将这些必将出现的非议统统归于"世俗之言"。再把同持此世俗之言者的范围由民众（"常人"）拓展到"学者"，并将常人、学者统统归于"居官守法"者之列，使之与"论于法之外"者判然区分。言下之意，所有这些持"世俗之言"的"常人"和"学者"们本都没有资格和能力参与是否应当变法的议论。这既暗合了之前答对秦孝公时的愚、知（智）之分，也与秦孝公"君之道""臣之行"两分相契。换句话说，参与日常治理的官吏和民众在商鞅看来属于同一类人，他们只需要守法即可，君主和像他本人这样的有识之士则属于立法者的层次。

尽管在此处没有格外强调，但是商鞅对政治参与者的两分，已然清晰地表明在他预想的政治图景中，贵族已然没有了特殊的僭越于法律之上的特殊地位。商鞅试图打造的是君—法—官—吏—民结构，其中君是立法者和决策者，官、吏、民无论是否参与、掌握政治权力，都属于守法者。与之相对的是变法之前的君主—贵族/官僚—吏—民结构，其中君主和贵族与吏、民身份上泾渭分明，前者共同分有决策权、立法权乃至政权，后者则同属于受礼法习俗而为者。

再者,“安于故习”“溺于所闻”这两个特质,在商鞅看来非但不会对变法造成实质性阻碍,反倒是治理得以有效运转的必要条件。事实上,变法之后秦国持续奉行的按法而治和以法为教,恰是基于此进一步推进的结果。

如前文所示,“三代不同礼而王,五霸不同法而霸”其实是当时众人的常识。其实无论孝公还是甘、杜二人理当能够认同这个观点。但是甘、杜所反对者并不在于应不应当变法,而在于当时的秦国是否处于需要变法的时间点。而商鞅的观点则以“变法”,即制度不断地因时因势变动调适为常态。这种观点在之后的篇章中还会详表,此处从略。

“知者作法,而愚者制焉;贤者更礼,而不肖者拘焉”,将立法者与守法者之分与智、愚之分,贤、不肖之分做了对应。同理,“拘礼之人,不足与言事;制法之人,不足与论变”。因此,变法与否的问题本就不是“天下之议”有能力和资格企及的。这些既是为了打消秦孝公对于天下人非议的顾虑,也是针对性地反驳了甘龙之说。

杜挚曰:“臣闻之,利不百,不变法;功不十,不易器。臣闻法古无过,循礼无邪。循,遵循也。**君其图之。”**

杜挚的意见与甘龙差异较大,显示出秦国非常普遍的功利化思维方式,“利不百,不变法;功不十,不易器”便是体现,大意是没有百倍之利不变成法,没有十倍的功绩不变治器。言下之意,杜挚认为在不能确定变法能有巨大收益的情况下,宁可墨守成规。

这句话中隐含了两重意思:一是杜挚并不决然反对变法,但是对变法的效果持有疑虑。二是他并不认为秦国当时的政治存在严重问题，到了必须进行大变革的地步。换句话说，他认为原先以自保为主的战略方针并无不妥，且是风险最小的政治方略。

“法古无过，循礼无邪”，并不是真的主张法上古而循周礼，杜挚引此只不过是为了强化与其冒险变法不如守成的态度。因为秦国政制与治理，本就不同于三代礼法而自成一系。若严格讲求法古和循礼，同样意味着需要改弦更张，推翻既有法律制度而另起炉灶。这明显与杜挚之所欲背道而驰。

公孙鞅曰：“前世不同教，何古之法？帝王不相复，复，因袭。**何礼之循？伏羲、神农教而不诛，黄帝、尧舜诛而不怒，**怒，通孥，连坐。**及至文、武，各当时而立法，因事而制礼。礼法以时而定，制令各顺其宜，**制令，制度、法令。**兵甲器备各便其用。臣故曰：‘治世不一道，便国不必法古。’**便，利。**汤、武之王也，不循古而兴；殷、夏之灭也，不易礼而亡。然则反古者未必可非，循礼者未足多是也。**多是，赞许、推崇。**君无疑矣。”**

商鞅并没有回应杜挚的“利不百，不变法；功不十，不易器”中指出的问题，即这次变法是否定能较之墨守成法有百十倍的收益。甚至可以说，这场变法无论对商鞅来说还是对秦孝公来说，都存在极大的不确定性，毕竟变革的广泛程度可算得上前无古人，并无成法故事可循。

不过商鞅并没有就这种不确定性作出正面回应，而是敏锐地察知并针对了杜挚之论的漏洞，即法古、循礼之论，曰：“前世不同教，何古之法？帝王不相复，何礼之循？”这正好可以承接之前“三代不同礼而王，五霸不同法而霸”的解说，强调本就无一定之法，而是代为嬗变。

“伏羲、神农教而不诛，黄帝、尧舜诛而不怒”应是当时流行的成语，[1]后来被归纳为三皇五帝时代不同的政制和治理模式。这里商鞅并没有像后世儒生那样，把三皇五帝之间的政治差异解释为道德渐衰所致，而仅仅强调时势之异与法度之别相对应。所谓“教而不诛”，说的是治理中只设定制度规范，进行教化，但不用刑罚诛杀。这是当时人们广为推崇，以之为可望而不可即的上古圣王之治。“黄帝、尧舜诛而不怒”，表明五帝时代以后，治理中开始使用刑罚。其中“怒”有两解，随之句义也小有不同：一是解作用刑罚而不过分；二是将“怒”读作“孥”，句义为施用刑罚但不株连。[2]

“及至文、武，各当时而立法，因事而制礼”，讲的是到了周代，文王、武王都是应时应势而制定法令制度。其实周代较之殷商的变革甚为剧烈，[3]春秋战国时人已有定论，故商鞅以之自证。

“礼法以时而定，制令各顺其宜，兵甲器备各便其用”类似于《荀子·正论》中的“彼王者之制也，视形埶而制械用，称远迩而等贡献，岂必齐哉！”两说都在表达合于时宜与随事调整适配之意。“治世不一道，便国不必法古”，义为治世之道不一而足，是故便宜治国不必法古。要注意，商鞅口中的“道”与老子、黄老家大道、天道之道不同，更接近“道”的本义，即路线、方法。

“汤、武之王也，不循古而兴；殷、夏之灭也，不易礼而亡”，说的是商汤、周武之所以成王，并不仰仗遵循古制而得以兴盛。殷商、

---

〔1〕 并见《太平御览》卷七十六引《六韬》文。

〔2〕 参见蒋礼鸿：《商君书锥指》，第4页。

〔3〕 商周代际的政治文化剧变，可参见王国维：《殷周制度论》，载《观堂集林》，中华书局1959年版。

禹夏之所以灭亡,也不是由于改易礼法而致灭亡。

“然则反古者未可必非,循礼者未足多是也”,这句话作为本章言说的结论,其实力度显得不那么强烈,并没有表达出反古必是、循礼必非的观点。只是说到悖反古代法度不一定不对,遵循旧礼者也未必俱是。这同样可看作商鞅论说策略的表现,毕竟杜挚与甘龙不一样,他并不对变法持有根本性否定、反对的态度,只是对变法的效果心存疑惑,属于可被说服的力量。

孝公曰:“善。吾闻穷巷多怪,怪(lìn),同吝,亦作怪。**曲学多辨。**曲学,局部、一隅之学者;辨,亦作辩。**愚者笑之,**笑之,《新序·善谋》篇作之笑,文辞更为通顺。**智者哀焉;狂夫之乐,贤者丧焉。**丧,疑当作哭,可备一说。见蒋礼鸿《锥指》。**拘世以议,**拘,拘束、受制于。**寡人不之疑矣。”**

秦孝公直接肯定了商鞅之论。“吾闻穷巷多怪,曲学多辨”,意思是我听闻偏僻陋巷中人大多鄙薄,偏隘的学者多有诡辩之说。言下之意,前所谓“天下之议”不足为念。“愚者笑之,智者哀焉”,意为愚者笑话,智者悲哀。笑和哀的对象,都是包括变法在内的智者对于天下政治的理解。这个表达颇有些“上士闻道,勤而行之;中士闻道,若存若亡;下士闻道,大笑之。不笑不足以为道”[1]的意味;也与商鞅“民不可与虑始,而可与乐成”之语相印证。总体来说,作为整场论辩的总结,秦孝公明确地表达了对商鞅其人、其说以及变法动议的支持。

---

〔1〕《老子》四十一章。

于是遂出垦草令。

这可以看作对前段对话后果的记载，表明商鞅变法之议最终转化为了立法实践。至于颁行“垦草令”是否确由本次论争直接导出，大可不必过于纠结。《史记·商君列传》收录论争对话，但不见本句，而将“以卫鞅为左庶长，卒定变法之令”作为后果，于理也可通顺。有的学者也认为垦草令与前文论争的关系并不十分直接，史迁之文于理为长，也可备一说。总之，这场论辩标志着秦孝公全力支持商鞅变法，后世编集者以之作为《商君书》首篇的用意亦在于此。至于垦草令的内容，详见《垦令》篇，并可参考《算地》《开塞》等篇。

而在这场论争之后，商鞅在秦孝公的大力支持下开始了对秦国全方位且大刀阔斧的改革，下面先引述几段先秦两汉时人的评述略明其举措和收效，亦可为理解《商君书》和商鞅思想做些铺垫：

> 商君教秦孝公以连什伍，设告坐之过，燔诗书而明法令，塞私门之请而遂公家之劳，禁游宦之民而显耕战之士。孝公行之，主以尊安，国以富强。(《韩非子·和氏》)
>
> 孝公用商鞅之法，移风易俗，民以殷盛，国以富强，百姓乐用，诸侯亲服，获楚、魏之师，举地千里，至今治强。(《谏逐客书》)
>
> 大夫曰：“昔商君相秦也，内立法度，严刑罚，饬政教，奸伪无所容。外设百倍之利，收山泽之税，国富民强，器械完饰，蓄积有余。是以征敌伐国，攘地斥境，不赋百姓而师以赡。故利用不竭而民不知，地尽西河而民不苦。”

(《盐铁论·非鞅》)

商君违礼义,弃伦理,并心于进取,行之二岁,秦俗日败。秦人有子,家富子壮则出分,家贫子壮则出赘。(《新书·时变》)

垦令第二

【导读】

本篇名曰“垦令”，但究竟是不是《更法》篇末提到的“垦草令”，迄今众说不一。张觉认为：“文章的内容并不全是法令，而是包含了法令以及对法令的论证两个方面。它应该是商鞅关于加强农业生产的法令草案的一个意见书。”〔1〕换言之，本篇或是商鞅给秦孝公的条陈之文。〔2〕据此，《垦令》内容与作为法令颁布的“垦草令”应有关联，但不必为一。

所谓“垦草”，字面义是开垦长满杂草的荒地，实质上指的是开荒种地，可以看作商鞅重农主张的典型表现。这个政策与秦国地广人稀的形势相适配，另外也和商鞅“富国”目标有关，所以这篇文字很明显是商鞅入秦之后针对秦国政治社会特点针对性地设计出的治理方案，也与前篇谈到的因时因势变法的思路相契合。

全篇共20章，可以看作20条以垦草为目的，但各自指向不同的政策，“内容相当丰富，涉及行政管理、地税征收、官吏任用、劳动力管理、粮食买卖、音乐服装的控制、雇佣的禁止、旅馆的废除、矿藏资源的国有化、酒肉的价格政策、刑罚制度、居住制度、贵族特权的限制、高级官员的管理、军队管理、政治制度的统一、关税商品税政策、抑制商人的徭役制度、运粮制度、刑狱辩护制度等”〔3〕。所有这些规定，又都收归到了同一的目的，即“垦草”之上；但垦草亦非最终目的，只不过是重农以富国中最为艰苦又必要的内容。

---

〔1〕商鞅原著、张觉校注：《商君书校注》，岳麓书社2006年版，第9页。
〔2〕参见贺凌虚：《商君书今注今译》，台北，商务印书馆1987年版，第9页。
〔3〕商鞅原著、张觉校注：《商君书校注》，岳麓书社2006年版，第10页。

为什么商鞅不直接立法规定、促使民力耕、垦草,而采取一系列外围措施?为此我们必须把握到商鞅对于创设与治理相关的制度的独特思路。表面上看他格外强调“作壹”,但目标单一化却并不妨碍手段多元。具体到制度层面,商鞅始终表达出“一体之治”的认识,即看似单一的政治治理目标和政策,在整个治理体系中有牵一发而动全身之效。反过来说,要达到某一目标,如本篇所说的“草必垦”,同样需要整个体系予以配合。至于具体如何调整、如何运行,按照商鞅的主张都必须以法令的形式呈现,并以按法而治为原则进行落实。

众所周知,商鞅变法的直接目的在于强秦,其中的两大要务为富国和强兵。在商鞅看来,富国的基础在于重农抑商。再结合秦国相对中原诸国地广人稀的特点,重农政策最紧要者在于促使人们开垦荒地,勉力农作。《垦令》篇要解决的问题,即在于如何能让民众开垦务农。可是篇中却没有一条举措直接针对开荒垦草,而几乎全部是在间接促成或提供相关保障。而且似乎篇中任何单一举措都不足以必定致使民众垦草勉农,但是这些措施整合在一起,确实造成了秦民力耕。可见《垦令》篇为我们演示了如何成功实现特定政治目标的改革方案。其中最直接的启示在于,改革不可仅仅就事论事地展开。反过来看,任何政治社会改革,哪怕只是对象、目标非常具体的举措,势必都有牵一发而动全身之效。是故制定政策、颁行法律时所应虑及的后果同样也涉及诸多方面。从另一个角度来看则可谓是,应对政治社会运作有整体性的把握,方可设计出行之有效的方案。

还要理解到,本篇中罗列的所有措施,基本上都是使民开垦荒地、一心务农的必要条件和保障,但其中的每个具体措施又都不足以构成充分或充要条件,也有可能是商鞅以开荒、务农这个能被广泛接受的目标为口实，全面推进政治结构和治理模式等各个层次的全面改革。

【原文·评注】

无宿治，《广雅·释言》："宿，留也。"意为不得积压拖延治事。**则邪官不及为私利于民，**邪，奸邪、不正。**而百官之情不相稽。**情，事情。稽，留止、留滞。**百官之情不相稽，则农有余日。**余，多余、剩余。**邪官不及为私利于民，则农不败。农不败而有余日，则草必垦矣。**

这一章谈到的是官吏治理效率与垦草兴农之间的关系。"无宿治"即治理事务不待过夜，如俗语之当日事当日毕。《靳令》说"宿治则削"，与本章的意旨相契。在商鞅看来，高效运转的官吏治理，可以带来如下图所示的两重效果：

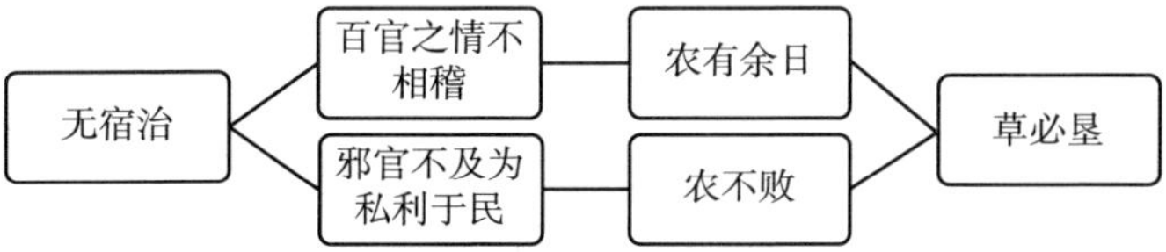

首先是官吏系统高效治理势必造成"百官之情不相稽"，字面意思是百官之间的事务不相留止。当然，如此高效、各负其责且分工明确、责权分明的官吏治理系统，正是商鞅变法所欲达成的目标之一。[1] 如此一来可以获致"农有余日"的局面，即务农者不受官

[1] 细节此处不见，但后续章节中会有详论。

吏侵扰，有充足的时间可用于农耕。这也从反面表明，变法之前官吏行政效率低下以致扰民的情况非常多见。

其次是"邪官不及为私利于民"，大意是奸邪的官吏来不及在民众中谋求私利。显然仅仅有高效治理尚且不足，所谓"无宿治"还包含了让官吏满负荷工作的意思，意味着商鞅力主精简官吏员数。后来荀子入秦亲见"入其国，观其士大夫，出于其门，入于公门；出于公门，归于其家，无有私事也"，[1]应是商鞅这类主张落实的结果。而商鞅意欲以此来防限、消除官吏以权谋私，时至今日看来都可算是非常新颖独特的理解，但是究竟在实践中能够发挥多大作用，由于缺少辅证已经很难判断了。

官吏不谋私则不伤农而"农不败"，文面义不难理解。问题在于，"无宿治"定能导致"农不败"且"草必垦"吗？其实本篇 20 章中的每个举措，单看起来都不必然能导致"草必垦"，但是所有这些举措整合起来，商鞅认为势必能够共同促成垦草。这既印证了前文说到的商鞅变法建制系统性创制而不拘于因事立法的特殊方式，也表明所有这些举措都不可视为"草必垦"的充分条件。

訾粟而税，訾(zī)，计量，或作赀。粟，小米，泛指粮食。**则上壹而民平。**壹，化一，此指目标、标准齐一。平，平和，或解为以之为公平。**上壹则信，**信，有信用、威信。**信则臣(官)不敢为邪。**臣，据俞樾说当作官。**民平则慎，**慎，慎重。**慎则难变。上信而官不敢为邪，民慎而难变，则下不非上，中不苦官。下不非上，中不苦官，则壮民疾农不变。**壮，壮年。疾农，即下文勉

[1] 《荀子·强国》。

农,勉力农作之意。**壮民疾农不变,则少民学之不休。**少民,年轻人。**少民学之不休,则草必垦矣。**

“訾(zī,赀)[1]粟而税”,即计量田亩产出而确定税赋额度。在此处“粟”泛指粮食。“訾粟而税”包含了两层意思:一是按田亩计税。这种税制肇起于春秋时代,代表者有鲁国的“初税亩”。[2]二是纳税不收钱币、不计劳役而只收粮食,这与商鞅的抑商政策相配合。

与税制相配合的是“上壹”,即君主(立法者)法令制度整齐划一,既不令出多门,也不朝令夕改。[3]这可以达成两重效果:一是彰明君主的“信”。以往注家大多仅释出“信用”义,尚不充分。此之“信”还有由不嬗变带来的权威、可信之义,否则不足以达至“官不敢为邪”的效果。二是“民平”,意为民众的赋税负担公平、公正,以此造就民众的生活和民心都能够平和且安稳,进而会“慎而难变”,即民众能执着于务农而不轻易变更营生方式。“平”也可解为常言之“民意难平”的“平”。而且由于“官不敢为邪”和民“慎而难变”,则“上不非上,中不苦官”。这里缺省的主语是“民”,意为民既不抱怨君主及其制定的法令、政策,亦不为官吏的违法行为所苦。如此一来壮年之民勉力于农事而不变,少年亦会不停地效法壮民之所为。既然民众都专注于农事,则必能垦草开荒以兴农,此

---

〔1〕 訾,在睡虎地秦简中多次出现“赀”字,例如赀一甲、赀二盾等,而訾、赀二字在某些场合是同义的,意为财产。而訾还有量、谤、思等多种用法,此处或可作财产或计量讲。见长治:《商君书评注》,第39页。

〔2〕 参见《左传·宣公十五年》。

〔3〕 包括商鞅在内的战国法家都在强调立法权须得集中在君主手中,也有这方面的考虑。

即“壮民疾农不变，则少民学之不休。少民学之不休，则草必垦矣”。很明显这是把税制和严格执行税制，与官吏法治状况和民心、民风、民生联系起来，由此催生出“疾农”、垦草的效果。

文中谈到了上、中、下三个层次共同参与治理。上是君主（立法者），主要通过制定包括税收在内的法令、政策参与治理。中是官吏，上承立法并行使治权，向下直接与民众关联。民则是法令、政策和官吏治理的最终承受者，同时又是国家意志和治理目标的实际践行者。因此无论“上”与“中”、“中”与“下”还是“上”与“下”，关系和作用都是相对的。不过本章中侧重于通过作为“上”的君主之“壹”，依托法律的内容和形式，来塑造居“中”官吏和处“下”民众的行为模式和生活状态。

无以外权任爵与官，外，外国。权，权衡。**则民不贵学问，又不贱农。民不贵学则愚，**愚，此作淳朴解。**愚则无外交，**外交，与外国交通。**无外交则勉农而不偷。**勉农，勉力农作。偷，投机。**民不贱农，则国安不殆。**殆，灭亡。**国安不殆，勉农而不偷，则草必垦矣。**

本章针对当时游学、游士、游宦之风炽盛而发，旨在减少民众因有知识或谋求借助知识谋生而弃农。很多论家都指出，这与肇始于古之“学在官府”传统不复，士人、知识下行等背景有关；也是春秋时代，特别是孔子以后私学大兴的直接后果。前文谈到，秦国地处西鄙，文化较之中原诸国落后，因此秦国的游士大多来自中原外国。秦地民众虽说相较于山东诸国更为“质朴”，但是很明显也已经受到了游学之风的影响。再加上秦孝公之前有广纳游士的政策,受之影响,秦人游历、结交山东各国者也大量出现。

“无以外权任爵与官,则民不贵学问,又不贱农”,意为不因为与外国交接而授予之爵位和官职,则民众不会推崇学问,也不会鄙视轻贱农作。与此相辅相成者,即“民不贵学则愚,愚则无外交,无外交则勉农而不偷”,意为民众不崇尚学问则可保持淳朴,也就没有交通外国之心,如此方能勉力农作。这里的“外权”解作与外国权衡,和后文“外交”同义。[1] “学问”或泛指以儒、墨、纵横等私学授受的知识,并可推及教授、运用这类知识谋食者,日后张仪、苏秦、公孙衍之辈乃其典型。“愚”在这里并无贬义,指的是民众质朴,不精明多识的状态。当时山东各国设立“议论而不治”的虚职官和贵族养士之风一时大盛,一方面刺激了“学问”大兴;另一方面也造成藉此谋求私欲私利者大行其道。两者兴盛都与知识—官爵之间形成的关联密不可分。

相较于山东各国,秦地文化基础薄弱,因此习得“学问”势必要与外国交通。同时秦国也在吸纳各国游士并授予官爵,其实商鞅本人就是其中之一。这也会造成民心不安于农作而向外求学谋官。在商鞅看来,当时盛行的各家学说会惑乱人心,让民众失去淳朴之质。同时掌握知识的游士易于谋得仕宦,会让人们不再甘心情愿勤苦农作。除此之外,鄙视农作,以仕宦、游学为尚的观念在当时知识界非常普遍。鉴于以上三者,商鞅认为有必要从其获益的源头加以防限,即断绝以之获得爵位、官位的可能。

“民不贱农,则国安不殆”再次反映出商鞅以农业为立国、安国

---

〔1〕 有的学者把“权”解作权势或权柄,不妥。《商君书》中的“权”有权衡、权柄、权势三种用法,分布在不同篇中。郑良树曾以词义作为判断各篇成篇时间的证据,不乏参考价值。参见郑良树:《商鞅及其学派》,上海古籍出版社 1989 年版,第 107 页。

之本。而此处强调“国安”,不仅仅是富国,还有强烈的使民安顿于农业为主的生活方式和秩序的意味。众所周知,农耕除了是一种生产方式,同时也意味着与游牧、渔猎等有别的定居为主的生活方式。这种生活方式背后的秩序、价值观和行为模式(习惯)同样是商鞅所倚重者。

禄厚而税多,食口众者,食口,指门客、家人等附庸贵族以谋生者。**败农者也;则以其食口之数,贱(赋)而重使之,**贱,据孙诒让说当为赋。使,役使。**则辟淫游惰之民无所于食。**辟淫游惰,邪辟、淫佚、游方、懒惰。**无所于食则必农,农则草必垦矣。**

“禄厚而税多,食口众者,败农者也”,高亨认为:“此指贵族而言。税是贵族封邑的税。贵族家属人多,又有食客,所以‘食口众’。食口,指不劳动吃闲饭的人。”[1]从农民那里征收的税重本身就伤农,再以这些税收发的俸禄又多,会使贵族和官员有余财养活大量的门客。一方面降低农民收入,另一方面减少农业人口,即“禄厚而税多”势必会“败农”,所以商鞅认为应当按照贵族、官僚家中食客、门人的口数征收口赋,即人头税,并加重徭役以“重使之”。贵族的收入减少,养“食口”者的成本提高,养客的意愿和能力都势必下降,这样一来邪辟、淫荡、游方、懒惰之民便无处谋食了。这是试图通过赋税制度减少非农业人口。

通过赋税来直接或间接地调整民众的职业倾向,抑制务农之

---

〔1〕 高亨:《商君书注译》,中华书局1974年版,第21页。

外的其他职业，是《商君书》中反复强调的主张，实现的方式则不一而足，但大都建立在人好利恶害的本性的基础上。相关的理论阐述，见诸《算地》篇“民之性，度而取长，称而取重，权而索利”。《慎法》篇之“民之欲为之，非好学之，所以避害。故吾教令民之欲利者，非耕不得；避害者，非战不免。境内之民，莫不先务耕战而得其所乐”。当然在本章中还关注到了贵族养客意愿下降，致游民无处谋食带来的间接后果，即“无所于食则必农，农则草必垦矣”。

使商无得籴，籴，买入。**农无得粜。**粜（tiào），卖出。**农无得粜，则窳惰之农勉疾。**窳（yǔ），恶劣，粗劣，懒惰。**商无得籴，则多岁不加乐；**多岁，丰年。**多岁不加乐，**加，更加。乐，享乐。**则饥岁无裕利；**裕，丰富、宽绰。利，收益。**无裕利则商怯，**怯，害怕。**商怯则欲农。窳惰之农勉疾，**勉，努力。**商欲农，**商人欲弃商从农。**则草必垦矣。**

“使商无得籴，农无得粜”，意思是商人不得买入粮食，农民不得卖出，这意味着粮食为国家专收专营，禁止私人买卖。农民不能出卖粮食，则懒惰之人会勤勉于农耕。这个逻辑似乎不太好理解。因此高亨将原文中的“粜”“籴”全部调换，认为应是“农民不得买粮米，懒惰的农民就会努力耕作。”〔1〕

虽说粜、籴二字究竟当不当调换位置学界尚有不同意见，不过我们不妨把二者都当作“买卖”义来读。按此，文中给出的是两个逻辑：其一，商人不得私自定价买卖粮食，这样丰年商家不能压价

〔1〕 高亨：《商君书注译》，中华书局1974年版，第22页。

收粮,饥年无法高价卖粮牟取暴利。不能从粮食买卖中获利,商人必会担忧前景,且惧怕国家的禁令,故会有人转而弃商从农。其二,农民不能私自买卖粮食,尤其是不能买到粮食,则非亲自务农不足以维持生活。这样农民就不敢懒惰,或者从事游学、雇工等而荒废农作,否则即便略有收入也无法获得粮食。当然这需要本篇中其他一系列制度与之配套方能发挥效用。

《外内》篇说:“无田,不得不易其食;食贵则田者利,田者利则事者众。食贵,籴食不利,而又加重征,则民不得无去其商贾技巧,而事地利矣。”所表达的态度同样是抑商而重农,且同样以不能“籴食”作为手段。但是与本章不同,《外内》篇的不能籴食并不借助禁止性法律直接实现,而是通过经济政策,使“籴食”的成本过高以致从事末业无利可图。由于立场和思路上具有一致性,我们或可以将《外内》篇的举措视为《垦令》的具体落实方案之一。

声服无通于百县,声服,声色服玩。**则民行作不顾,**行作,行为劳作。顾,意为分心四顾。**休居不听。**休居,闲暇居处之时。听,指听靡靡之音。**休居不听,则气不淫;**气,精神、气质。淫,淫佚。**行作不顾,则意必壹。意壹而气不淫,则草必垦矣。**

“声服无通于百县,则民行作不顾,休居不听”,即美好的声色服饰不在各地流通,则民众不会受之熏染诱惑,保持“气不淫”的状态。如此农民方能一心一意地从事农作生产。所以本章的举措目的在于使民“意壹”。这个主张中既可以看到道家的影子,如《老子》第三章曰:“不尚贤,使民不争;不贵难得之货,使民不为盗;不见可欲,使心不乱。是以圣人之治,虚其心,实其腹,弱其志,强其骨。常使民无知无欲。使夫知者不敢为也。为无为,则无不治。”同时也能看到墨家的影子,见诸《墨子·节用》《墨子·非乐》《墨子·非儒》等篇。有鉴于老子和墨家在当时的影响力,商鞅受之影响而加以借鉴亦可想见。

老子、墨子、商鞅三家所同在于以民之质朴为尚,且通过排除干扰的禁止性举措而非主动引导的方式保持民心质朴。但三家所差亦甚是显著。老子旨在返朴以合道,墨子旨在节用以养民,曰“民有三患:饥者不得食,寒者不得衣,劳者不得息”(《墨子·非乐上》)。商鞅则意在调动民众务农的积极性和专注度,以此保障“草必垦”。

无得取庸,取,读作聚。庸,雇佣劳工。**则大夫家长不建缮。**家,特指贵族有采地食邑者之家。家长,贵族家户的家主。建缮,营造修缮。**爱子不惰食,**爱子,指贵胄子弟。惰,懒惰。食,吃白食。**惰民不窳,而庸民无所于食,**庸民,受雇佣劳作之民。**是必农。大夫家长不建缮,则农事不伤。爱子不惰食,惰民不窳,则故田不荒。农事不伤,农民益农,则草必垦矣。**

“家”,特指贵族有采地食邑者之家。“家长”是贵族家户的家主。[1] 这一章规定“无得取庸”,即禁止贵族大家因私事雇佣劳工,以此来防止劳动力从农业中流失。“不建缮”,意思是不营造修缮府邸、庭院等;这样一来雇工的需求势必会大大减少,所以“庸民无所于食”,意味靠受雇做工为生者无处谋食。“爱子不惰食,惰民

---

〔1〕《墨子·兼爱中》:“今家主独知爱其家。”孙诒让《閒诂》:“家主,谓卿大夫也。”《周礼·春官》:“家,谓大夫所食采地。”

不窳”意思是家中的儿子不依赖父亲养活，能自己谋生。这会造成懒惰之人没有不务农而苟且谋生的空间。当然，关于这一项还需有强制性的“分家”政策与之相配合。按照文中的推论，如此一来势必能斩断其他谋生途径，迫使无业者务农。同时这项举措相互配套，共同造成不能私自雇佣工人，以此保证劳动力最大化地专意于农作。

废逆旅，逆旅，客舍、旅店。**则奸伪、**奸伪，奸佞诈伪。**躁心、**躁心，心思躁动。**私交、**私交，私自交通外国。**疑农之民不行。**疑农，质疑、鄙薄农作。**逆旅之民无所于食，则必农，农则草必垦矣。**

“逆旅”即旅店，见于《左传》僖公二年“保于逆旅”；并见诸《国语·晋语》“阳处父如卫，反过宁，舍于逆旅宁庸氏”。“废逆旅”意在最大可能地减少人员流动。当时常见的流动人口主要是商人和游士，这两个群体都是商鞅欲图重点抑制者。此外，还有一类流动人员是流民，大多因逃避灾荒战乱而背井离乡。商鞅对他们采取的措施与前两者判然有别，详见《徕民》篇。[1] 由此可知，包括“废逆旅”在内的一系列控制社会流动的举措，意在建构以定居和农耕为基础的社会秩序。这个举措与本篇前文内容可相呼应。

通过“废逆旅”，游民被抑制，游民的奸伪、躁心、私交等致农民心思受干扰的因素势必减少，即“疑农之民不行”。所以这个举措有两重收益：一是减少对农民的干扰；二是迫使游民务农，增加农

---

〔1〕 尽管《徕民》篇应非商鞅所作，但政策思路保持了一致，所以具有参考价值。

业人口。“逆旅之民”包括游民、游学、游士、商贾、劳工等。文中的思路是,没有“逆旅”,这些人便失去了游走间的落脚地,加之农商都不能私自卖粮,这些人无处获得食物,自然“必农”,进而可致“草必垦”。

壹山泽,国家专营山泽。**则恶农、**恶(wù),厌恶。**慢惰、倍欲之民无所于食;**倍欲,多欲。**无所于食则必农,**无所于食,无处谋生。**农则草必垦矣。**

“壹山泽”,即国家专营山泽之利,不许私人擅自采樵、渔猎。粗看起来,这条禁令颇有与民争利之嫌,且于民生多有妨碍。可若是参比汉代《盐铁论》记载的情况可知,即便国家不垄断,山泽盐铁之利也多掌控在豪族大家之手。无论由国家还是豪族大家控制,民众所面临的情况其实都无甚差别。所以国家垄断山泽之利,事实上是国家在与豪族而非一般民众争利。

不过本章关注的并不是增加国家收入。“恶农”是厌恶农作者,“懒惰”是懒于农作者,这两类人有赖于山泽之利能不务农而维持生计。而“倍欲”是希冀通过贩卖山泽产出牟利者,“壹山泽”意味着切断了他们获利的来源。总体来说,按照商鞅的思路,“壹山泽”可以让原本靠山吃山,靠水吃水的渔猎、采矿、伐木谋食之人转向农业生产。

贵酒肉之价,重其租,令十倍其朴。朴,原初、原本,此指原价。**然则商贾少,民不能喜酣奭,**酣,酒乐。奭(shì),盛。酣奭,纵酒作乐。**大臣不为荒饱。**荒,大,此意为过分。**商贾少,**

则上不费粟；民不能喜酣奭，喜，严万里本作善，据范钦本、四库本为喜。**则农不慢；**慢，怠慢。**大臣不荒〔饱〕，**据高亨说有饱字。**则国事不稽，**稽，滞留。**主无过举。**过举，过错之举。**上不费粟，民不慢农，则草必垦矣。**

通过十倍于以往的重税以"贵酒肉之价"，用意有三：一是减少浪费，即"上不费粟"。这是考虑到酿酒和饲养家畜家禽需要消耗大量粮食。二是打压奢靡之风，保持质朴的社会风气。三是抑制商人。这个政策思路在西周初年已有先例，见诸《尚书·酒诰》。当时周公采取的方案是直接颁布禁令，除殷商遗老之外一切人等俱不得私自饮酒，违令者重刑。据考古发现西周墓葬中的酒器较之殷商墓葬显著减少，成为禁酒令确有效果的佐证。而且整个西周的社会风气随之也与前代有别。春秋时齐桓公欲挑灯夜饮，臣下以非礼谏之而止，表明人们对饮酒的态度也仍受到西周禁酒文化的影响和约束。周公和商鞅禁酒的方式有别，旨归、效果也有异同，但基本上都达成了预期。相比较而言，商鞅的举措更加曲折，他没有直接下禁止令，而是采取了经济调节的方式。是亦可知达至同一目标的改革方案不一而足，不过需要综合考量背景、情势、需求做出选择。

更进一步，没有了宴饮之乐，想必会大大缩减聚餐、用餐时间，直接或间接地也对提高行政效率和农作都有助益，即所谓"民不能喜酣奭，则农不慢；大臣不荒饱，则国事不稽，主无过举。上不费粟，民不慢农，则草必垦矣"。这涉及了"贵酒肉之价"的三种效果，即农民不因嗜酒耽误农事，大臣不因宴饮耽误公务，君主不因醉酒作出出格举措。暂且不论这些预想的效果是否完全实现，仅就文中的表述可知，商鞅对于特定政策产生的直接、间接后果考虑得非常全面且深远。反过来也可推知，他想必也是进行了全盘考虑之后，才针对特定事项制定方案再着手立法；而非孤立地看待所需解决的社会问题并寻求解决。更有甚者，从表面上看这是一种立法的模式；而就深层次论，乃是对整个政治社会运作做整体观的思路。这种思路和立法模式古今一理，值得今人学习。

重刑而连其罪，连其罪，即行连坐之法。**则褊急之民不斗，**褊(biǎn)，心性狭隘。急，急躁易冲动。**很刚之民不讼，**很，即狠，凶狠。刚，刚愎。**怠惰之民不游，**怠，懒惰、轻慢。游，游走。**费资之民不作，**费资，浪费资材。**巧谀恶心之民无变也。**巧，巧言。谀，阿谀。恶心，居心不良。变，通辩。**五民者不生于境内，则草必垦矣。**

重刑是商鞅一以贯之的主张，除轻罪用重刑之外，表现之一便是设立连坐制度。《史记·商君列传》载："令民为什伍，而相牧司连坐。不告奸者腰斩，告奸者与斩敌首同赏，匿奸者与降敌同罚。……为私斗者，各以轻重被刑大小。僇力本业，耕织致粟帛多者复其身。事末利及怠而贫者，举以为收孥。"是故汉代以后屡有商君之法"残伤民以骏刑"[1]的评说。

值得注意的是，本章中商鞅表达出的是欲以重刑、连坐移风易俗，改变民风乃至民心，使"褊急之民不斗，很刚之民不讼，怠惰之民不游，费资之民不作，巧谀恶心之民无变"。至于为什么重刑、连

〔1〕《史记·商君列传》。

坐是必需且有效的移风易俗方案，可参见《去强》篇和《开塞》篇中的论说。且要明白，商鞅反复申言他的重刑理论是为了“治”，换句话说也就是以刑去刑以期于无刑。这种无刑只是官民各安其分，无人犯罪致使刑无所施；但是即便在这种境况下，重刑式的刑法仍需定立。

使民无得擅徙，擅，擅自。徙，迁居。**则诛愚乱农农（之）民无所于食而必农。**诛愚，当为朱愚，愚昧无知之义。后一“农”字，据孙诒让说当作“之”。**愚心躁欲之民壹意，**愚心，愚昧。躁欲，躁动多欲。壹意，专心致志。**则农民必静。农静，诛愚，则草必垦矣。**

“使民无得擅徙”，即禁止民众擅自迁徙，与“废逆旅”的禁令相配合。本章论说给出的理由也与之相同，可以参照理解。由秦国而后推行于天下的编户齐民制度也与此相契，并且为汉代以后历朝所沿袭，成为整个传统中国基层地方法律制度与秩序的基础。

“民无得擅徙”，自然就减少了游民。而游民通常是造成农耕社会不安定的重要因素。商鞅将之视为“诛愚”，并非以之为愚笨，而是认为他们不明事理大义，不知国家欲民务农力耕的道理与用心。“愚心”，即不明事理者；“躁欲”，即躁动且多欲之人。这两类人格外容易受到影响和诱惑而心意不专。有鉴于这两种人本无恶性且颇为常见，是故通过切断扰动人心之源，即可保证“壹意”且民“静”。这个政策的两重效果是：潜在的游民由于不得流动，只能在原住地务农。潜在的易受游民影响而脱离农业生产者不受影响而安心务农。两者共同使得农业人口不流失甚至增加，所以可促成

“草必垦”。

文中的“诛愚”和“愚心躁欲之民”不在上章谈到的需以重刑匡饬的“五民”之列。这从一个侧面反映出商鞅对于刑的功能和局限，以及各种治术的应用对象和不同效果有着非常清晰的认识。一般人们在谈到商鞅治理思想的时候，或多或少地表露出商鞅具有重刑倾向等看法。事实上以本篇为例即可看出，商鞅更多的是在综合运用各种治术，他善于调用作为治术的刑罚，但是并没有特别倚重或推崇重刑的意思。

均出余子之使令，均，平均。或以为是主管土地之政的均人，亦可。余子，嫡长子以外的诸子。出……令，即发布法令。使，役使。**以世使之，**世或为册之误，户籍典册之义。**又高其解舍，**解舍，战国时法律术语，指免除兵役徭役。高其解舍，谓提高免除兵役徭役的门槛、条件。**令有甬，**令，发布法令。甬，管理徭役的官员。**官食槩。**槩，据高亨说作槩(xì)，古饩字，供给食物。**不可以辟役，**辟役，逃避服役。**而大官未可必得也，则余子不游事人。余子不游事人，则必农，农则草必垦矣。**

本段大意是不论身份，均等地制定关于每家嫡长子之外诸子(包括义子、门客等)负担赋役的法令，按照户籍名册役使，提高免除兵役徭役的门槛。服役者在官吏徭役的“甬”官那里领取口粮。由于不能逃避服役，同时显要的官位难以求得，人们便不会游方投靠于贵族门下，而选择务农为生。如此一来，农业人口会增多，自然有助于垦草开荒。

上述内容与著名的分家令相互配合，所针对者既有平民，也包括贵族在内。按照商鞅的分家令,嫡长子之外的成年男丁都被强制别籍分财立户。不过本章所论并不直接规定或涉及分家,而是通过设置赋役的方式,让多子之家的负担急剧增加。同时进一步限制分家诸子受雇于人以谋生的手段,与"无得取庸"相配合,以此迫使他们垦荒务农。也可理解为通过这些举措,迫使别立新户之人除了开荒务农之外,毫无其他谋生途径,以此扩大农业人口。由此也可知,强制分家过程中,新立户者不能分得原生家庭的田产,否则很难达到"草必垦"的效果。

国之大臣诸大夫,博闻、博闻,学识广博。**辩慧**、辩,论辩谈说。慧,狡猾多谋。**游居之事,**居,侨居。**皆无得为;无得居游于百县,则农民无所闻变见方。**变,奇异的事物。方,方法、方术。**农民无所闻变见方,则知农无从离其故事,**知,通智。**而愚农不知,不好学问。愚农不知,不好学问,则务疾农。知农不离其故事,**故事,旧业。**则草必垦矣。**

"国之大臣诸大夫,博闻、辩慧、游居之事,皆无得为;无得居游于百县",意思是禁止贵族游学、游仕、游方。这既是针对贵族的限制,同时也意在以此防范民众的生活、思想受到侵扰。就对贵族的限制而言,与前文相为表里,共同造就大臣、贵族、民众各安其位的稳定的秩序格局。这同时也可使农民安于农业生产,最大限度地保障农业劳动人口。

就这个举措而言,大有控制知识、信息传播以维系相对简单、单一的社会的思想。这既是维持以农耕为主的生产、生活状态之所需,也是实现和维持民众对国家意志和官方意识形态无条件认同的保障。近代以来学者们多将此目之为“愚民”政策而极尽批判之能事。诚然,类似的政策在现代社会中既不适用,也失去了成立的基础,但是仅就治理而言,类似政策背后的治理思路的合理性同样值得认真对待。

首先要明确,商鞅主张的不是使民愚笨无知,而是强调消除“不正确”的信息给民众和治理者带来的干扰。只不过由于商鞅特重作“壹”,所以他对于非官方知识信息的排斥、清除力度格外强,不免显现出极端化的倾向。可是抛开这种极端化,过分繁杂的未经校验、整理的知识对于民众而言非是益事。

在传统中国,包括商鞅在内的思想家并不认为私人与公权力之间存在立场和利益诉求的根本对立,相反,二者理应“同心同德”。占据知识、权力优势地位的政权和政府应该且有责任为民众提供正确的知识和思想引导,即教化;同时也有责任消除不正确的知识信息以减少对民众的误导和干扰。这一系列举措理应建立在民本的基础上,即政权确实是在为民众着想。不过虽说理论上如此,但实践中掌权者由于他本身的私心、私欲滥用权力的情况也不少见。

还要注意到,一方面是政权应当筛检知识和信息,另一方面政权也有责任帮助民众形成对于是非、善恶的判断能力。这与一般论说中谈到的“愚民”恰好相反。

令军市无有女子,军市,军队自行设立的市场。**而命其商;**商,贸易。**令人自给甲兵,使视军兴。**视,关注。**又使军市无得私输粮者,**私输粮,私下运送粮食。**则奸谋无所于伏。**奸谋,奸佞之谋。**盗输粮者不私稽,**盗输粮,违法运送粮食。稽,留。**轻惰之民不游军市，盗粮者无所售。送粮者不私，轻惰之民不游军市，则农民不淫，**淫，淫佚。**国粟不劳，**劳，耗费精力。**则草必垦矣。**

“军市”是军队设置的特殊市场，用于解决军队的物资需求。本章中涉及的是对军市的几点限制措施：一是“无有女子”，二是不准私自贩运粮食，及“使军市无得私输粮者”。另外要求“令人自给甲兵，使视军兴”，表明军市中的成员并非军队成员，但是有为军队提供后勤保障，甚至在必要时参与军事行动的职责。

《外内》篇谈到“边利”，即边境贸易的收益，曰：“故为国者，边利尽归于兵，市利尽归于农。”如果与本章的“军市”结合起来，则可理解为商鞅很可能有在边境地区屯兵设立军市，以市养兵的主张。

文中强调“军市无得私输粮者”，以此避免私自贩卖粮食者、游走谋食者等既不务农又不属于军市之人从中谋利并扰乱既有秩序。杜绝私自买卖粮食的理据，可以参见前文的论说。

百县之治一形，形，形态。**则迂者不饰，**迂，邪曲。饰，文饰，文过饰非。**代者不敢更其制，**代者，继任者。**过而废者不能匿其举。**过，过错。废，毁坏。匿，隐藏、隐瞒。**过举不匿，则官无邪人。迂者不饰，代者不更，则官属少而民不劳。官无邪则民不敖。**敖，通遨，指迁居、游方。**民不敖，则业不败。官属少则征不烦，**征，征收于民的赋税。**民不劳则农多日。**日，可以用于农作的时间。**农多日，征不烦，业不败，则草必垦矣。**

这一章讲的是县制和县治。县制是战国时代的新的建制，但不是商鞅的创制，而是此前就已经在三晋、秦、楚等地有了规模不等的实践。商鞅最特殊的创制是使"百县之治一形"，即在所有县都严格地推行标准化的制度设置和治理模式。以此为前提，因地制宜和地方自行设置治理规则、模式就不存在了。商鞅认为这种齐一且标准化的治理模式，可以达到"迂者不饰，代者不敢更其制，过而废者不能匿其举"，即"官无邪人"；还能达到"官属少而民不劳"的高效社会治理的效果。而以上两者都可以减少官对民日常农业生产的干扰，既避免了居民不堪官方之扰而迁徙移居，又减少了官方向民间征收摊派，这些也会间接地有利于垦草。

商鞅变法之后秦国应该将商鞅的上述主张制度性地常态化了，这在始皇统一前夕的睡虎地秦简《语书》篇中有直接反映。例如"古者民各有乡俗，其所利及好恶不同，或不便于民，害于邦，是以圣王作为法度，以矫端民心，去其邪避(僻)，除其恶俗"，这正是"百县之治一形"。还有"今且令人案行之，举劾不从令者，致以律，论及令、丞。有(又)且课县官，独多犯令而令、丞弗得者，以令、丞闻。以次传；别书江陵布以邮行。"[1]此即"过而废者不能匿其举"。

重关市之赋，关市，关口、市场。**则农恶商，商有疑惰之心。**疑惰之心，此指自我怀疑、放弃的想法。**农恶商，商疑惰，则草必垦矣。**

---

〔1〕 睡虎地秦墓竹简整理小组：《睡虎地秦墓竹简》，中华书局1978年版，第13页。

加重关市税负，一则是打击人们从商的欲望，二则也可以增加国家收入。这个政策的关键在于造成“农恶商”的局面。并且由于关市赋税过重，使得商贩获利微少，自然也会造成商人主动放弃从商，即“商有疑惰之心”。这在减少商业活动的同时还可以稳定甚至增加农业人口，所以亦可以间接促成“草必垦”的结果。

以商之口数使商，使，役使，即征徭役、军役。**令之厮、舆、徒、重（童）者必当名，**重，据高亨说当为“童”。厮、舆、徒、童俱是奴仆之称。名，名籍记录，即官方花名册。**则农逸而商劳，**逸，安逸、轻松。**农逸则良田不荒。**荒，荒废。**商劳则去来赍送之礼无通于百县，**通，互通。赍，送。**则农民不饥，行不饰。**饰，装饰、打扮。**农民不饥，行不饰，则公作必疾，**公作，公家的事务。**而私作不荒，则农事必胜。农事必胜，则草必垦矣。**

本章与上章相互配合，通过计口征徭役、军役直接抑制商人，即“以商之口数使商”。辅之以为所有商人及附属于商人的徒役（“厮舆徒重”）单独建立户籍，并且登记在册。因为按口计税，商人为利润之故雇佣徒役势必减少。相形之下，从商反而较之务农更加辛苦，这样就不会有人弃农从商了。同理，从商艰辛会造成商人减少，随之与基本生产、生活无关的商品流通也会减少，对农民的诱惑、干扰也就随之最小化了。这是以税收手段抑商且改变经济结构的又一项举措。

再者，由于奢侈品消费受到压制，民众必定会减少相关花销，奢靡攀比之风也会受到压制，生活负担随之减少，故能“不饥”。由此势必造成民众更加投入农作。文中的“私作”指的就是农作,而“公作”指为公家服劳役或为吏员等。

令送粮无得取僦,僦(jiù),雇别人的车。**无得反庸;**反,返。庸,通佣。反庸,为公家送粮回程揽运私人货物。**车牛舆重设必当名。**舆重,载重额。设,承载设施。当名,与官方登记相合。**然则往速徕疾,**徕,通来。疾,快。**则业不败农。**业,事务,此指送粮。**业不败农,则草必垦矣。**

结合前文可知,商鞅之法要求纯粹以“粟”缴纳赋税,反复强调严禁民间私自贩运、贩卖粮食。本章可以视为与之相配套的一项举措,对民间缴纳公粮的运输方式、工具做了细致规定。内容包括:其一,不准雇车送粮,即“无得取僦”。其二,回程不准揽运货物,即“无得取僦”。其三,运粮车辆的载重额度要登记在册,即“车牛舆重设必当名”。如此一来既可以保证运粮高效,“往速徕疾”,尽可能少耽误农作时间,同时也可抑制商业。

无得为罪人请于吏而饷食之,饷,馈,提供。**则奸民无主。**主,主家,引申为庇护者。**奸民无主,则为奸不勉。**勉,当作免,义为侥幸。**为奸不勉,则奸民无朴。**朴,归附。**奸民无朴,则农民不败。农民不败,则草必垦矣。**

“无得为罪人请于吏而饷食之”,意在禁止有犯罪记录者成为他人的门客、小吏等。这个禁令断绝了刑余之人进入官吏体制谋生的可能。在商鞅看来,这构成了对潜在犯罪者的一种震慑,故曰

“奸民无主,则为奸不勉。为奸不勉,则奸民无朴”,并且间接有利于人们安分于本业。

这项举措的理由与《算地》篇之“故圣人之为治也,刑人无国位,戮人无官任。”相一致。

农战第三

【导读】

《农战》篇很可能是出自(或本自)商鞅的一篇"论文",与之前两篇体例俱不相同。司马迁在《史记》中谈到自己曾读过商鞅的《开塞》《耕战》两篇作品,后世学者多认为今本《商君书》的《农战》篇即史迁笔下的《耕战》。不过这一篇的文字是否即出于商鞅亲撰,历来学界多有质疑。理由集中在:其一,"国危主忧"似与秦孝公初即位时献公一战胜晋、再战胜魏的大好形势不合。其二,"修守备以待外事"与秦孝公时秦国主进攻态势的外交政策看起来并不相符。不过如果认识到这篇文章不一定写成于商君入秦以后,那么上述问题即可迎刃而解。通过和其他篇章比照,再结合商鞅的经历,可知本篇反映出他入秦之前的主张,其中富强在于生力、聚力,依靠农战,且需排除一种干扰而作壹等观点,业已形成,为入秦之后的政治实践奠定了思想基础,并影响深远。但或是囿于时势和处境,本篇虽以"农战"为题,但是入秦之后阐发出的积极务"战"、以战"杀力"等观念和完整的"动态富强"主张此时尚未成型,相较而言此时的商鞅认为农战二者中农之于治理的地位显得更重要,战则更像是不得已而为之的自保手段。

不过诚如蒋礼鸿所说:"商君之道,农战而已矣。致民农战,刑赏而已矣。使刑赏必得所求,定分明法而已矣。他无事矣。"此言既概括了商鞅变法的思路,也示明了本篇的要义,反映出与《商君书》其他篇章的共性所在。立国当以农战为本,这就是篇中反复谈到的"壹"和"作壹"。商君之"壹"的内涵包括农战和凝聚(抟力)两层含义,文中表达得非常清晰。所难者在于示明为什么必需"作壹”(以农战为本);以及如何方能“作壹”,即如何通过法律制度和政治治理使得全社会自觉自愿、心甘情愿地“作壹”。

说得更具体一些,本篇要解决的核心问题在于:如何“令民归心于农”。为此需要正向引导的“劝”(“所以劝民者官爵也”)和“教”民“作壹”(一心于农战)。同时还要排除干扰,包括杜绝官爵任免不以农战为唯一标准的现象,斩断财富(主要是针对商贾)、游学、技艺、朋党四者和社会地位的关联。这些既要落实在立法层面,同时也需在实施过程中,上自国君、下至民众一体遵行。换言之,任何私欲、私利都不能成为国家富强的阻碍,故曰“王道作,外身作壹而已矣”。

由此还可以窥见,本篇中隐含了商鞅一个非常重要又表达得极为隐晦的观念,即所有以富强为目的的政治治理,终极指向既不在某些人的利益,也非国君的利益,甚至也不是某个画地为牢的国家的利益,而是天下,即“至公”。在实现至公的过程中,所用到的一切方法、治术,谋求、获取的利益等,都只是手段而非目的本身。像《画策》篇针对“天下”立论,《定分》篇为“天下”建制,与本篇的旨归可相印证。

【原文·评注】

凡人主之所以劝民者,劝,引导、激励。**官爵也;**官爵,官位和爵位。**国之所以兴者,农战也。今民求官爵,**求,谋求、求得。**皆不以农战,**以,据。**而以巧言虚道,**巧言,花言巧语。虚道,空泛不实的道理。**此谓劳民。**劳民,使民耗费精力于无用之处。**劳民者,其国必无力。无力者,其国必削。**削,削弱。

商鞅对变法改制的认识,特点之一是将之看作立法驱动的政治社会全面改造的基础,其中包含了正向激励和反向禁止两个向度。要注意,这与现代的立法和法律机制存在显著差异。首先,现代法律体系几乎不提供正向激励,更多是通过针对常态的一般化行为建立规则提供正向引导,再辅之以禁止、矫正提供防限与匡饬。同时现代社会的正向激励大多表现为非规范化的政策。这种状况的成因很复杂,也很值得深思。其次,当代中国常见的正向激励主要有精神(如名誉、荣誉等)和物质利益两类,基本上排除了官职,也不存在爵位。当然商鞅之论与当下也不乏共通之处,尤其是古今法律进行行为规制和引导,得以行之有效的基础都在于人的私性、理性和功利,简而言之是法律依托人的理性化的利益诉求获得实效。关于这一层背后的道理与机理,后文中会有详论。

"劝民"代表了商鞅对于政治治理的基本认识,即以之为促成社会健动、高效运作,而不仅仅是维持社会有序的手段。

商鞅很清楚地认识到,立法者可以借助官爵给予民众正向激励,即"凡人主之所以劝民者,官爵也"。他没有提供规范性的物质赏赐激励制度,或与所欲实现的富国目标有关。毕竟大量的常规化财物赏赐会构成巨大的财政负担,而这一点恰好在西周中期以后以恩赏为主要内容的"德治"实践中有着近乎"惨痛"的教训。[1]

为了能保证官爵作为正向激励的机制能行之有效,首先需要做的是确保官爵不能通过除了农战以外更便宜的途径获得,否则借助给予官爵引导、激励农战以图富国就很难实现了。所以说"今民求官爵,皆不以农战,而以巧言虚道,此谓劳民。劳民者,其国必

---

〔1〕 西周"德政"实践中"恩德"赏赐造成的财政负担和政治危机,参见李峰:《西周的灭亡:中国早期国家的地理和政治危机》,徐峰译,上海古籍出版社 2007 年版,第 106-163 页。

无力。无力者,其国必削”。大意是民众不凭借农战的功劳,而是借助言论、朋党等务虚之术谋求官爵,称得上是白白耗费民力。徒耗民力则国家势必无力,进而导致衰落。这种正向激励可谓是商鞅基于变法的社会改造得以成功的最重要手段之一,当然与此同时将官爵打造成为激励措施又面对极大阻碍,是首先须得解决的前提性问题。

另外“劳民者,其国必无力。无力者,其国必削”一句反复谈到的“力”,含义既很特别又值得重视,可以说是商鞅政治治理思想中非常独特的观念之一。通常认为商鞅之学以富强为旨归,不过他所谓“富”与常见理解不同,非是富贵、富裕之义,而是富于“国力”。一国民众的农战能力和农战积极性才是国力的最重要体现,这远远比占有、积聚产品、物资等更为紧要。所以切不可囿于“物”或财富来理解商鞅的富强。也正因如此,如何生力、聚力乃是《农战》全篇的论说重点。

总体来说,这一章虽然不长,但是其中蕴含的观念对于理解整部《商君书》都非常重要,其中最主要者可以概括为两方面:

一是预设了民之所欲是“官爵”,国之所欲是通过“农战”以壮大“国力”而“兴”。同时民和国的行为宗旨并不一致,换句话说国家目标并不是民众的目标。国家只是在借助以官爵提供给民众的引导谋求自己的特殊目标,而民则是随着政治治理中的正向引导满足私欲。这样的设置意味着不存在君、臣、民有机“一体”的基础,尽管这种一体观是战国时代君臣观念的典型。[1] 在商鞅的思

---

〔1〕 例如《管子·戒》篇“君不动,政令陈下,而万功成;心不动,使四肢耳目,而万物情”,《管子·心术上》“心之在体,君之位也。九窍之有职,官之分也。耳目者,视听之官也,心而无与视听之事,则官得守其分矣”。

想中，君、臣、民更像是各取所需的互相利用与“合作”关系。

二是预设了民必定会追求官爵，或者说朝着得到官爵的目标而付出努力。所以执政者只需要通过正向引导和消除干扰，建立农战与获得官爵之间的单向、唯一、必然的联系，就可以激励农战以谋求国家之兴。而这种主张的成立基础是对人性好利恶害的判断，例如《说民》：“民之生（性），度而取长，称而取重，权而索利。”可是按照一般情况，得利并不一定需要通过官爵实现。因此商鞅为之提供了一个配套方案，即将一切农战以外的牟利途径都切断，或者使其成本较之农战更高，同时在农战与官爵之间建立起唯一联系。例如通过政令和赋税压制商贾、技艺、游学、谈说、外权等。而这里的“所以劝民者官爵也”的“官爵”就是他篇中“赏”的主要内容。

善为国者，其教民也，皆作壹而得官爵。作壹，即专一务农战。**是故不官无爵。国去言则民朴，**去言，去除巧言虚道。朴，质朴。**民朴则不淫。**淫，淫佚。**民见上利之从壹空出也，**壹空，即壹孔，意为一个途径。**则作壹，作壹则民不偷营。**偷，苟且懒惰，投机取巧。**民不偷营，则多力，**多力，国力充沛。**多力则国强。**

今境内之民，皆曰：“农战可避，而官爵可得也。”是故豪杰皆可变业，可，认可。业，职业。**务学《诗》《书》，**《诗》《书》，《诗经》与《尚书》，泛指文化作品。**随从外权，**随从，追逐。外权，与外国交往。**上可以得显，**显，显要的名誉、荣誉。**下可以得官爵；要靡事商贾，**要，通幺，小。靡，细微。要靡，即小民。**为技**

艺，技艺，包括方术、手工业技术等。**皆以避农战。具备，**以上情况皆有。**国之危也。民以此为教者，其国必削。**

农战乃诸多事业中最苦最难者；正是因此，现实中稍有可能则民众势必逃避农战。在商鞅看来，当时从事游学、游宦、商业、手工业等，相较于农战都更“易”于谋生、致富乃至成名。因此治理者一方面要让农战更加“有利可图”，另一方面又要消除其他获利途径给民众造成的干扰和诱惑。

文中论述顺着上章“无力者，其国必削”进一步展开，围绕实现章末所言“多力则国强”的目标开出两个问题：一是如何保证民众必会顺着预设的正向激励机制（官爵）行事，给出的方案是“善为国者，其教民也，皆从壹空而得官爵”，也就是让民众只能通过唯一的途径，即农战获得官爵。如果“农战可避，而官爵可得也”，则激励机制势必失效。二是确保正向激励机制施用的对象只有农战，即“上利之从壹空出也”。以“上利之从壹空出”收束民心，抟聚民力。关于这个主张，《去强》篇、《说民》篇有更细致的论说，可以相互参证。[1]

可是按照当时的情况，“务学《诗》《书》，随从外权，上可以得显，下可以得官爵；要靡事商贾，为技艺，皆以避农战”。意思是官爵不只用于奖励农战，也可通过求学、外交甚至工商业获得，这便无从确保人们会因“农战—官爵”的联结而专注于农战。因为在商鞅看来，所有这些都较农战为“易”。张林祥指出：“秦国历史上那些获取高官厚禄的著名山东游士都不以《诗》《书》为能事，也没有

---

〔1〕 是故也有据此判断：“《壹言》《去强》《说民》等篇当写成于《农战篇》之后。”参见张林祥：《〈商君书〉的成书和思想研究》，人民出版社 2008 年版，第 104 页。

假借‘外权’成功的。”[1]比如秦穆公时期的百里奚、由余，后来的张仪、吕不韦即是如此。换言之，商鞅入秦以后并不面对“务学《诗》《书》，随从外权”的局面，这正好说明本篇应写成于入秦之前，也表明商鞅的这类主张形成得很早，入秦仍然保持了相当的一致性，只不过具体主张因地、时、势制宜做了细节上的调整。

另外，本章中谈到的“教民”中隐含了一种非常特殊的“教”的观念，与商鞅之前主流的“教”观念的内涵非常不同。西周以来的教，包括教化和教导两层。教化包括化性、化行两方面；教导则包括观念引导和价值引导两方面。无论教化还是教导，中心都在对民众的内心进行道德化塑造。但是本篇中谈的“教”既不道德化，也不以价值塑造为目的，而仅仅提供一套“利导”模式，让民众基于原有的好利恶害之性，选择并接受官方提供的行为模式和目标。这样一来，被“教”不意味着民的思想观念（特别是价值观和道德观念）有了实质性改变，其中民众的思维模式、价值标准、道德水准等并没有发生变化，而只是接受新的、具体的行为目标。若是置于儒家的立场和标准来看，这根本算不上“先富后教”意义上的“教”，充其量只能算作是官方和民众之间在“富”的层次的相互利用而已。不过在商鞅看来他的“教”足以为富国强兵提供保证，进一步也可以引导、塑造民众的观念，所以已然“够用”。反倒是纯道德层面的教化无法通过标准化政治治理落实，会造成诸如朋党、游学之类的问题，因此当予摒弃。

善为国者，仓廪虽满，仓廪（lǐn），粮仓。**不偷于农；**偷，懒惰。**国大民众，不淫于言，**淫，过分、放纵。言，指巧言辩说之类的

---

〔1〕 张林祥：《〈商君书〉的成书和思想研究》，人民出版社2008年版，第85页。

事务。**则民朴壹。**朴壹,质朴专一。**民朴壹,则官爵不可巧而取也。**巧,投机取巧。**不可巧取,则奸不生。**奸,奸邪。**奸不生则主不惑。**

今境内之民及处官爵者,见朝廷之可以巧言辩说取官爵也,故官爵不可得而常也。常,指有恒常一定之法。**是故进则曲主,**曲主,曲意奉承君主。**退则虑私所以实其私,**实,充实。**然则下卖权矣。**权,公权力。**夫曲主虑私,非国利也,而为之者,以其爵禄也。**以,为、贪图。**下卖权,非忠臣也,而为之者,以末货也。**末,相对为本之农而言的末业。货,财货。

然则下官之冀迁者,冀,希望。迁,升迁。**皆曰:"多货则上官可得而欲也。"曰:"我不以货事上而求迁者,则如以狸饵鼠尔,**以狸饵鼠,用猫引诱老鼠,喻手段与目的背道而驰。**必不冀矣。若以情事上而求迁者,**情,诚,真情。**则如引诸绝绳而求乘枉木也,**引,牵。绝绳,断绳子。乘,乘上,爬上。枉,曲。**愈不冀矣。二者不可以得迁,则我焉得无下动众取货以事上,而以求迁乎!"**

百姓曰:"我疾农,先实公仓,实,填满。公仓,国家粮仓。**收余以食亲,**余,余下的粮食。**为上忘生而战,以尊主安国也;仓虚,主卑,**君主在国家间的地位卑微。**家贫,然则不如索官!"**索,求。**亲戚交游合,**交游,朋友。合,意见相合。**则更虑矣。**更虑,改变初衷。**豪杰务学《诗》《书》,随从外权;要靡事商贾,为技艺,皆以避农战。民以此为教,则粟焉得无**

少，而兵焉得无弱也！

这一章谈论的中心是作为“赏”的官爵如何取得，以及与国之富强、民专于农战之间的关系。文中谈到“进则曲主，退则虑私所以实其私，然则下卖权矣”，看似问题出在了“私”，即人的私欲和私利；但是这种遍见于“民及处官爵者”之“私”并不是批判的对象。按照篇中所示，实际上要害在于官方对于人们拓展、实现他们私欲的制度性规制和引导有问题。这与前章关于“教民”表达的思路是一致的。

所以本章重在阐明制度建构，即如何确保官方提供的制度化激励机制必能引导民众的行为。此中之要在于保持“民朴壹”，而“民朴壹”之要又在于“官爵不可巧而取”。现实情况被商鞅当作了须被彻底改革的反面典型。可是有鉴于当时的国势、处境尚不过分孱弱危急，商鞅首先声明“善为国者，仓廪虽满，不偷于农”，言下之意，任何情景下农作都是根本和第一要务，不可因为粮足而懈怠。这也合于前文所论，即商鞅思想中的“富”不只物质层面的富足，而要富于国力。此外文中隐含的观念还包：让民众一体务农，并不仅仅是为了收获粮食以致“富”，也在于通过农业来形塑社会秩序、生活方式和民风、民心。这个表述也进一步表明，持续不断地生力、聚力而非物资充裕才是富强之本，所以物资是否充足不能作为农战行止的标准。

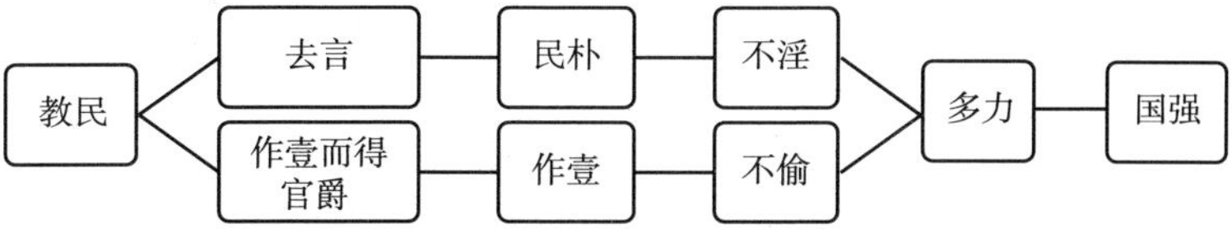

在商鞅看来，如果官爵无法激励农战，那么问题首先出在君主

身上。“今境内之民及处官爵者,见朝廷之可以巧言辩说取官爵也,故官爵不可得而常也”,这话说得尽管隐晦,但也足以表明君主依喜好而任官是“可以巧言辩说取官爵”的根源;也是臣民能“进则曲主”,取巧以谋官牟利的根源。其次是“多货则上官可得而欲也”,类似于俗话说的买官。以上两者同时存在,势必导致人们力图通过从事商贾、聚敛财货、问学游方,或者投君主所好,巧言令色以求官爵。

“然则下官之冀迁者,皆曰:‘多货则上官可得而欲也。’曰:‘我不以货事上而求迁者,则如以狸饵鼠尔,必不冀矣。若以情事上而求迁者,则如引诸绝绳而求乘枉木也,愈不冀矣。二者不可以得迁,则我焉得无下动众取货以事上,而以求迁乎!’”这是站在为官者的视角,针对“多货则上官可得而欲也”的局面对可能造成的不良后果作出的理论推衍。商鞅认为这势必会造成两方面的后果:一是既然努力工作不是升迁的有效途径,那么为官者自会通过迎合、贿赂上司求得升迁;二是一旦财货成了可致升官的手段,官员就会压榨百姓以“动众取货”。

“百姓曰:‘我疾农,先实公仓,收余以食亲,为上忘生而战,以尊主安国也;仓虚,主卑,家贫,然则不如索官!’”这是站在民众的角度展开的理论推衍。大意是说民众意识到,平日尽力农作和战争时舍生忘死,本应造就“尊主安国”的局面,可是事实上却换来了“仓虚,主卑,家贫”,于是便会放弃农战,转而寻求因财货求官。产生这种情况的前提即是社会普遍存在前段中谈到的为官者“以货事上”的状况。这段引述非常典型地表达出,民的欲求与“主”“国”不一致。与之前谈到的“教”的思路一样,民的这种力求满足自我私欲、私利的诉求并没有被批判,商鞅也没有追求让民形成某种大公无私、以公废私的观念。只要使农民意识到“疾农”足以“收余事亲”,“忘生而战”足以得名利,同时坚信除了农战之外无处“索官”,则百姓自然就会“作壹”。

再者,本章开篇提到了“善为国者,仓廪虽满,不偷于农”。如果对比管仲“仓廪实而知礼节,衣食足而知荣辱”[1]的表达,就可以直观地感受到两种不同治理思路的差异。在管子那里,生存层面的仓廪实、衣食足只是为了更好地生活提供基础,礼节、荣辱等指的就是高于生存的生活层次。但对于商鞅的治理理论而言,根本没有所谓生存与生活之分。在他看来,农战就应该是政治治理和社会生活的全部主题。

若是结合之后《去强》《说民》等篇的“动态富强”观,重农为了富强,富强了便应战争,战争开疆辟土,再辅之以诸如垦草令之类的政策进一步重农。这构成了一个近乎无限的循环,在其中农和战都不是目的。

文中提到的“民朴壹”,即是塑造、凝聚民心,与抟民力共同构成生力以富强的基础。类似主张在《吕氏春秋·上农》篇中表达得更加细致:

> 古先圣王之所以导其民者,先务于农。民农非徒为地利也,贵其志也。民农则朴,朴则易用,易用则边境安,主位尊。民农则重,重则少私义,少私义则公法立,力专一。民农则其产复,其产复则重徙,重徙则死处而无二虑。舍本而事末则不令,不令则不可以守,不可以战。民舍本而事末则其产约,其产约则轻迁徙,轻迁徙,则国家有患,皆有远志,无有居心。民舍本而事末则好智,好智则多诈,多诈则巧法令,以是为非,以非为是。

---

〔1〕《史记·管晏列传》。

通说认为《吕氏春秋·上农》篇是战国“农家”所作，而非商鞅后学或法家的作品。这说明持“民朴壹”观念者非是商鞅一家，而且有可能在商鞅之前或同时代，类似的对于农与民心、民风关系的理解已有多种，商鞅亦是择其善者而从之。

善为国者，官法明，官法，官方制定的法律，即国法。**故不任知虑；**任知虑，依赖智谋。**上作壹，故民不俭营，**俭，应为偷字，取巧。**则国力抟。**抟，集中、凝聚。**国力抟者强，国好言谈者削。故曰：农战之民千人，而有《诗》《书》辩慧者一人焉，**辩，论辩谈说。慧，狡猾多谋。**千人者皆怠于农战矣。**怠，懈怠。**农战之民百人，而有技艺者一人焉，百人者皆怠于农战矣。**

国待农战而安，待，依赖。**主待农战而尊。夫民之不农战也，上好言而官失常也。**常，常法、准则。**常官则国治，**常官，官治有常法。**壹务则国富，国富而治，王之道也。故曰：王道作，外身作壹而已矣。**外身，抛弃个人的智虑。作壹，专一于农战。

本章继续讨论如何保障官爵作为激励机制能够行之有效。不过侧重点有所变化，开始转向君主（立法者）与官法（法律）的关系，用文中的话来说，就是“官法明”和“上作壹”。与前章一样，论述同样分了正反两方面展开。

所谓“官法明”，既有法律明确、确定之义，也是在要求法律公开，如此方能保证标准、明确且“不任知虑”。不过相比较而言，“上作壹”更重要,也更难实现,因此商鞅给予的关注远多于前者。毕竟在当时的政治环境中,君主理论上可以凌驾在他所定立的法律之上。而且君主具有个性化的行为即便不公然与法律相悖,也往往会对法律施行的实效产生影响。

事实上不仅仅是商鞅,战国时代绝大部分政治理论都在尝试为限制君主任意擅权提供理论和制度方案。当然要让君主权力受到法律约束,单靠制度框限显然不够,还需要君主自觉自愿地接受。对此,各家的实现方案多有异同,大体上以讲道理[1]和陈得失为主。商鞅此处就是在陈得失,欲让君主相信“上作壹,故民不偷营,则国力抟”,“国待农战而安,主待农战而尊”;反之,“上好言”必将导致“官失常”,进而“民之不农战”。考虑到商鞅对包括君、官、民在内的所有人的基本判断是具有私性和功利理性,所以他认为示明得失利害,君主自当会理解并笃信其所论。

所谓“农战之民千人,而有《诗》《书》辩慧者一人焉,千人者皆怠于农战矣。农战之民百人,而有技艺者一人焉,百人者皆怠于农战矣”,当然是略带夸张的论说,意在强调“《诗》《书》辩慧”和“技艺”,即论辩知识和工商业对农战造成的严重的不利影响。这个态度,以及类似的论说在《商君书》中反复出现且非常一致。

论说最后以“王道作,外身作壹而已矣”作结,明示了两方面信息:一是“王道”乃是治国、富强的最终旨归。或曰商鞅的治理方案是以天下而非一国为念,不过他的“王道”更侧重治道层面,实现的基础是治理实践,即国治与富强。二是“外身”和“作壹”是“王道”成立的两个必要条件,“作壹”前文已述,“外身”就是要去私。到了战国中后期,各家都在不约而同地强调去私成公,但是对于公私关

---

〔1〕 例如黄老家以天理、天道理论陈说,可参见帛书《黄帝四经》。

系的理解,以及去私和成公的方案存在显著差异。商鞅的主张代表了其中的一种类型。去私在商鞅的治理思想中意味着个体欲求与国、天下相分离,但并不要求消除个体的私欲。恰恰相反,私欲被认为是政治治理,特别是赏罚机制得以有效的基础,因此“外身”只是要求排除不合于官方正向引导的私人欲求。

今上论材能知慧而任之,知慧,智识聪慧。**则知慧之人希主好恶使官制物,**希,迎奉、顺从。使,任用。制,处理。**以适主心。**适,取悦。**是以官无常,**常,常法。**国乱而不壹,辩说之人而无法也。如此,则民务焉得无多,**务,农战以外的杂务。**而地焉得无荒?**

《诗》、《书》、礼、乐、善、修、仁、廉、辩、慧,国有十者,上无使守战。国以十者治,治,治理。**敌至必削,**削,削弱。**不至必贫。国去此十者,敌不敢至,虽至,必却;**却,退却。**兴兵而伐,必取;按兵不伐,必富。国好力者以难攻,**以难攻,依靠难能可贵者(实力)进攻。**以难攻者必兴;好辩者以易攻,**以易攻,依靠轻易可得者进攻。**以易攻者必危。故圣人明君者,非能尽其万物也,**尽,穷尽,全部掌握。**知万物之要也。**要,枢要、关键。**故其治国也,察要而已矣。**

与理想的“官法明”和“上作壹”相反,当时面临的状况是:“今上论材能知慧而任之,则知慧之人希主好恶使官制物,以适主心。是以官无常,国乱而不壹,辩说之人而无法也。如此,则民务焉得无多,而地焉得无荒?”大意是说当时君主以聪明才智为标准选任官员，而富有智谋之人则迎奉君主个人的好恶来为官理事，以求合于君主心意。这造成任官和官员行为缺少标准，国家混乱而不“作壹”，善于辩说之人不遵守法度。这样一来，民众必会被各种杂务侵扰而不能专力务农，土地自然也会荒芜。其中问题的关键在于官吏完全是为君主个体服务，受制于君主其人而非法律制度。这个判断与其他篇章中强调将君主个人的利益、欲望与国家乃至天下的利益与欲求严格分开思路一致。

同时还要考虑到，上述情况所针对者，与商鞅入秦前居魏时魏惠王的做派颇为相符。国君汲汲于为求治国、富强而大量招来游士，原因之一是当时缺乏行之有效又经过实践验证的治理方案，所以士人的知识积累、论辩能力成为他们的理论方案能否受到青睐的关键。游士们敏锐地察知了君主之所欲，并且投其所好地极尽迎合之能事，但鲜有人真正以国家、天下为念。君主受惑于此，加之其人缺少稳定的判断和行为标准，引发的后果自然是任官不淑且治理方案摇摆不一，进而造成民众疲于应对而荒废农事。

反例则是国家倚重“《诗》《书》、礼、乐、善、修、仁、廉、辩、慧”十者，〔1〕而非依赖内容指向“作壹”的官法进行治理。结果是“国以十者治，敌至必削，不至必贫”。十者大致可分为三组：《诗》《书》、礼、乐为一组，泛指学问和文化；善、修、仁、廉为一组，指德行和道德评价；辩、慧者为一组，指的是人的才智。〔2〕

可是像善、修、仁、廉四者作为人的道德品质，对任何社会的和

---

〔1〕 这十者还见于之后的《去强》篇。

〔2〕 不少论家注意到，《商君书》中对所谓“国害”的归纳并不统一，“十者”“八者”“六虱”等不一而足。郑良树甚至尝试从中理出一条时间线，用以辨别各篇作成时间。参见郑良树：《商鞅及其学派》，上海古籍出版社 1989 年版，第 51 页；张林祥：《〈商君书〉的成书和思想研究》，人民出版社 2008 年版，第 102-103 页。

谐有序都有助益。治理者即便是不加推崇，也没有必要明确反对。故此必需认识到，商鞅在此处反对的是将这十项置于法律之上，或者以之为足以与法律等量齐观的标准来选人、用人。同时要注意，上述“十者”的特质之一是难以形成明确的标准和规范。因此，它们很难纳入商鞅主张的标准化、规范化的按法而治的模式中去，也给依君主个人好恶所形成的主观臆断留下了空间。其中蕴含的强调标准化、规范化的法治与以德治为代表的讲求个人特殊性的治理之间的不洽，同样存在于现代社会。商鞅的态度是将无法形成明确标准的要素完全排除到政治治理之外去，可以说代表了一种非常极端化的解决方案。这种方案在秦孝公及之后数代君主治下的秦国取得了相当显著的成效；但是结合秦亡的教训，以及汉代以后的政治实践，纯粹建立在量化和标准化之上的按法而治并不是足够充分的治术。相反按法而治与“《诗》《书》、礼、乐、善、修、仁、廉、辩、慧”相结合，融会成合于时、势之需的平衡状态，在中国政治史的长时段中表现得更具生命力。不过具体到如何结合，又如何求得合于时宜的平衡非常难以把握，乃是被后世思想家反复讨论，且值得今人结合历史经验和教训思考以为今鉴、今用者。当然这是超越于《商君书》之外更为宏大的问题，在此不加展开。

依本章所论可知，商鞅认为国家选任官吏的用人标准只能是经由法律确定的农战功绩。除此之外，学识、品德、才能等，甚至连同君主的喜好、意志都不能成为授人官爵的依据。所以农战是立国（富国强兵）之“要”，“壹”于农战的官爵任用标准、法律是促成农战之“要”。

商鞅明确地意识到，让民众务农，较之游学、游仕、从商、技艺等其他职分和生活方式而言是“以难攻”，非常不易为之。换句话说，在他看来但凡是有任何其他的出路或者营生，哪怕是成为雇工，老百姓都会倾向于放弃务农。而且这已经成为一种必须要强力干预的社会问题，说明在当时的基层社会已然明显地表现出逃离农业生产的现象。且商鞅在本篇，以及之前的《垦令》篇中都谈到了类似的情况，表明这至少是秦晋地区共同存在的现象。各篇中间或也说到了一些成因，诸如游士、商贾、君主喜好等的影响，但主要是以之为背景讨论如何加以解决。于是我们可以进一步思考，为什么会有这种现象，是广泛甚至普遍化地存在，还是商鞅有所夸大？结合战国前中期的社会经济史料和相关研究，大抵可以确定这是真实存在的情况，当然也不排除商鞅为了证成己说而做了些许夸大和有倾向性的论述。较之春秋时代，战国时期社会经济结构已有显著变化，其中城市化、商业化和大量的人口流动等新动向都是其表征。与齐地的《管子》学派不同，商鞅并不认同这种变化趋势，并将之视为亟待遏制、匡正的"问题"。也就是说，这种新的社会状况与商鞅预想的"天下"秩序既不一致，也不兼容；因此在整本《商君书》各篇中都表达出相当一致的反对态度。而商鞅关于治道与治术的基本设计，整体上都契合于他本人的观念预设，并非如他表面上声称的完全是基于时势考量去设定治理方案。所以应当认识到，商鞅的因时因势而持续变法的主张属于治术层面，而所坚守的"天下"则属于政道层次。不过由于种种现实的策略性考虑，他的政道层面的主张表现得非常隐晦。尽管如此，我们还是可以通过诸如本章中的零星表达窥知其要，且这对于深入理解商鞅的思想至关重要。

今为国者多无要。朝廷之言治也，纷纷焉务相易也。纷纷，众说纷纭，争论不休。务，致力于。易，变更。**是以其君**

惛于说，惛（hūn），糊涂昏乱。说，辩说。**其官乱于言，其民惰而不农。故其境内之民，皆化而好辩乐学，**化，易于变化。**事商贾，为技艺，避农战，如此则亡国不远矣。国有事，则学民恶法，**学民，游学之民。恶（wù）法，厌恶法令。**商民善化，**善，善于。**技艺之民不用，**不用，不为国家所用。**故其国易破也。**

夫农者寡而游食者众，故其国贫危。今夫螟螣蚵蠋春生秋死，螟（míng），螟蛾的幼虫。螣（téng），一种专食苗叶的小青虫。蚵（kē），屎壳郎。蠋（zhú），蝴蝶、蛾等的幼虫。**一出而民数年不食。今一人耕而百人食之，此其为螟螣蚼蠋亦大矣。**大，更甚。**虽有《诗》《书》，乡一束，**束，捆。**家一员，**员，读作书卷之卷。**独无益于治也，非所以反之之术也。**反之，指扭转乏食局面。**故先王反之于农战。故曰：百人农，一人居者，王；**居，闲居。**十人农，一人居者，强；半农半居者，危。故治国者欲民之农也。国不农，则与诸侯争权不能自持也，则众力不足也。故诸侯挠其弱，**挠，扰。**乘其衰，土地侵削而不振，则无及已。**无及已，不能止息。

这章中批判的主要是“为国者”，即执政者，包括国君。商鞅认为当时执政者的治理大多“无要”，且政策不一而多端。而“朝廷之言治也，纷纷焉务相易也”，应该反映了当时的政治实态，众多的施政方案相互竞争而莫衷一是，甚至出现政令不一、朝令夕改的情况亦不足为怪。本章所重者在于阐明这种情况给“农”带来的不利影响，至于其他不良后果则略而不论。这是造成“无要”的直接原因，其中包含了两个方面：一是朝臣对于政治方略莫衷一是；二是大臣们怀有私心相互侵轧，即“务相易”。由此造成君、官、民三个方面的后果：“君惛于说，其官乱于言，其民惰而不农。”而且朝廷论争不止的进一步的后果必是“境内之民，皆化而好辩乐学，事商贾，为技艺，避农战”和“国有事，则学民恶法，商民善化，技艺之民不用，故其国易破也”。

相对于“无要”，商鞅认为治理之要在于解决百姓逃离农业生产的问题。这个现象的起因，也正是本章中侧重者，乃是君、臣的不当作为。而一旦政权无法提供合于“要”的引导，尤其是制度建构无法保障自君到臣让自己的私欲只在指向农战的事务上发挥作用，那么游食、《诗》《书》、技艺、商贾泛滥引发的重重社会问题必将会暴露出来，并且严重影响国力，甚至导致“国贫危”。对这些的理解要联系前文所论，即在《商君书》中始终没有要求克制乃至消除私欲，而是强调利用、引导私欲，使之能为“公”所用。因此整个社会的秩序和经济状态始终系于政权所提供的引导和治理方式；只要政权对“私欲”的引导不当，社会的发展必定出现问题。

类似“夫农者寡而游食者众，故其国贫危”的表达反复见于《商君书》中。“今一人耕而百人食之”不乏夸张的意味，但是这是战国诸子常见的论说策略，为的是让君主意识到不以农战为本且游士众多的危害性。文中说到“先王反之于农战”云云，同样是论说技巧，不必确有所本，不过“国不农，则与诸侯争权不能自持也，则众力不足也。故诸侯挠其弱，乘其衰，土地侵削而不振，则无及已”确是商鞅基于当时局势作出的实质性判断，也表明“壹”于农战的必要性和紧迫性。

圣人知治国之要，故令民归心于农。归心于农，则

民朴而可正也。正，匡正，即通过政治治理予以塑造、驱使。**纷纷，则不易使也；信，可以守战也。壹，则少诈而重居；**重居，看重、珍惜安居的生活。**壹，则可以赏罚进也；**进，驱使。**壹，则可以外用也。**外用，对外。**夫民之亲上死制也，**死制，至死守法。**以其旦暮从事于农。**旦暮，早晚。**夫民之不可用也，**用，为上所用。**见言谈游士事君之可以尊身也，商贾之可以富家也，技艺之足以糊口也。民见此三者之便且利也，**便，便宜。**则必避农。避农则民轻其居，**轻，不在乎。居，安居的生活。**轻其居则必不为上守战也。**

凡治国者，患民之散而不可抟也，抟，凝聚。**是以圣人作壹，抟之也。国作壹一岁者，十岁强；作壹十岁者，百岁强；作壹百岁者，千岁强，千岁强者王。**

君修赏罚以辅壹教，修，整顿。壹教，专一于农战的政策引导。**是以其教有所常，而政有成也。王者得治民之至要，故不待赏赐而民亲上，不待爵禄而民从事，不待刑罚而民致死。**致死，效死命。**国危主忧，说者成伍，**成伍，成群。**无益于安危也。**

夫国危主忧也者，强敌大国也。人君不能服强敌，破大国也，则修守备，便地形，便，熟习。**抟民力以待外事，**抟，凝聚。**然后患可以去，而王可致也。**致，达成。**是以明君修政作壹，去无用，止畜学事淫之民，**畜学，从事于学问。事淫，行事淫佚过度。**壹之农，然后国家可富，而民力可抟也。**

前章论及“今治国者多无要”，本章则反过来谈“圣人知治国之要”，明确提出治国之“要”在于能“令民归心于农”。要注意，这里不仅在强调事实上的民务农，而且还要求“令民归心”，也就是让民众自觉自愿地务农为生。“归心于农，则民朴而可正也”，这种“朴”和“可正”，是商鞅之“教”与“作壹”得以实现的基础。这既是治理的要点，同时也是难点。因为“纷纷，则不易使也；信，可以守战也”，意思是如果存在多样化的选择，民众就不容易被驱使；反之只提供一种获利途径并信守之，则可驱使民众为之征战。因此必须要“壹”，包括上之官方政策目标和治理思路唯一，下之民心、民务专一、齐一。“壹，则少诈而重居；壹，则可以赏罚进也；壹，则可以外用也。”这里讲的“壹”就民而论，是“朴”的效果，涉及三个方面：一是质朴且看重安居生活，二是能够被赏罚驱使，三是可以用于对外征战。反过来看，“夫民之不可用也，见言谈游士事君之可以尊身也，商贾之可以富家也，技艺之足以糊口也。民见此三者之便且利也，则必避农；避农则民轻其居，轻其居则必不为上守战也”。这说明商鞅把政治治理对民缺乏驱动力，归因于无法实现“壹”，致使在有其他牟利途径的同时，民有选择余地。而“避农则民轻其居，轻其居则必不为上守战也”，也表明重农的用意之一在于营造民风和民心“朴”与“重居”。换句话说，“农”既是一种生产方式，也被当作一种生活方式来看待。

虽说关键的问题在于“令民归心于农”，即促成民众专心务农，但是在商鞅看来这非是单一政策引导可得实现，而须以系统化的制度和治理机制为之支撑。文中蕴含的逻辑可以概括为：君作壹—官法明—据农战授官爵—辩学、商贾、技艺不兴—民归心于农—民朴而可正—亲上死制—国富兵强。

一方面是“夫民之亲上死制也，以其旦暮从事于农”，另一方面是“王者得治民之至要,故不待赏赐而民亲上,不待爵禄而民从事,不待刑罚而民致死”。如何才能将这两者勾连起来,正是治理之“要”,按照本章所示即是“壹教”。

就文中所述来看,最表层的是要“壹于农战”,为了这个目的需要整肃官员任用、考课机制,要求君主不以农战之外的其他标准任意任用、迁黜官员。所以更进一步是包括国君在内的所有人都“壹于法”。可是如果说壹于农战和壹于法可视为治理内容和治理形式互补的两方面,那么目的显然既不在农战,也不在法,而在于国家富强。如果再结合其他篇章关于“动态富强”的论说,那么“国家”还不足以为之框限,商鞅的用心实在于“天下”。为此,壹于农战、壹于法、壹于国家还都只是表面,最核心者在于所有人心思、行为“壹于公”。不过或许是受限于情势,这个论题始终隐含在他的论说逻辑中,未被直接彰明。

今世主皆忧其国之危而兵之弱也,而强听说者。说者,空谈辩说者。**说者成伍,烦言饰辞,而无实用。**烦言,烦乱之言。饰辞,文饰浮华之辞。**主好其辩,不求其实。说者得意,道路曲辩,**曲辩,邪说。**辈辈成群。**辈辈,比比。**民见其可以取王公大人也,而皆学之。夫人聚党与说议于国,**与说,相与论说。**纷纷焉小民乐之,大人说之。**说,悦。**故其民农者寡,而游食者众;众则农者怠,农者怠则土地荒。学者成俗,则民舍农,从事于谈说,高言伪议,**高言,空虚之论。伪议,不实之论。**舍农游食,而以言相高也。**相高,相推崇。**故民离上而不臣者成群,此贫国弱兵之教也。夫国**

庸民以言，庸，用。**则民不畜于农。**畜，从事于。**故惟明君知好言之不可以强兵辟土也，**好，喜好。**惟圣人之治国，作壹，抟之于农而已矣。**

这一章点出“今世主皆忧其国之危而兵之弱也”，这是当时各个诸侯国国君共同的忧患意识。通过现实中的反例，文中进一步申明“惟圣人之治国，作壹，抟之于农而已矣”。可以看作前述诸章的总结，并回归了“作壹”的主旨。文中的反例集中在“说者成伍，烦言饰辞，而无实用”，同时国君“强听说者”。游学辩说而获致君主、贵族青睐，并通过投其所好成为官僚、家臣而影响政治治理，是战国时期各诸侯国中普遍存在的现象。

既然一方面诸侯国君普遍怀有忧患意识，另一方面游士辩说“烦言饰辞”又无“实用”之效，为什么还会出现“主好其辩，不求其实。说者得意，道路曲辩，辈辈成群”呢？其实背后的原因并不难理解，因为当时面临的局势是，人们对宗周建立起来的政治体制、治理方案，也就是人们常说的“德礼”体系不再信任；可是抛弃了既有方案之后，究竟应该采取怎样的方式应对危机，重建政治社会秩序，至少在商鞅变法以致强秦之外，论说层出不穷，却没有一种理论设想在政治实践中展现出足够具有优势和说服力的实效。所以非止是商鞅，在任何一家看来，别家所论俱是“烦言饰辞”，而总体表现出来的即是“纷纷”。这有些类似于《墨子·尚同上》说的“一人则一义，二人则二义，十人则十义，其人兹众，其所谓义者亦兹众。是以人是其义，以非人之义，故文相非也”。在俱无实践验证的情况下，理论方案只能依靠论述技巧和旁征博引来获得说服力和吸引力，因此游士们竞相在君主面前以各种各样的“辩说”之法求得理论被选中并应用成为一时风尚。与此同时,君主虽说是为了应对危机、实现富强,但是又没有可依从以判断良莠的标准,是故势必出现“主好其辩”。可是这种情况究竟在多大程度上与广泛存在的“民不畜于农”“农者怠则土地荒”现象有直接的因果联系其实还颇为值得推敲。毕竟按照商鞅自述的形势,当时三晋人多地少,秦国地广人稀。因此三晋没有条件让所有人都以务农为生,秦国则更需要“垦草”而非安居。这样看来,商鞅强调“说者成伍,烦言饰辞”与“农者怠则土地荒”之间的关联,恐怕是有为了反对前者而强为之因果的用意。对于意在让君主坚信己说以厉行改革的商鞅而言,较之民众“舍农游食”,君主莫衷一是和臣下“纷纷”才是最大的阻碍,也是最可能致使变法失败的原因。

去强第四

【导读】

《去强》篇是整部《商君书》中最具枢纽性的一篇，其中提到的绝大部分主张，以及蕴含的治理思路大都可以在其他篇章中找到印证，甚至像《说民》《靳令》《弱民》等篇，和本篇之间很像是“经注”“经说”与“经”的关系。这是战国子学著作的常见模式，还见于《墨子》中的《经》与《经说》，也和《文子》《韩非子·解老》《韩非子·喻老》与《老子》的关系相近。本篇有对应的两到三篇类似的经说，足以见得这篇文字的重要性。

本篇题目取篇中首句“去强”二字，文面意为除去骄奢淫逸而不守法的强悍之民。命名反映首章义涵，并不涵盖全文主旨。文章中心是论述如何使国家富强，也可看作围绕如何富强的一系列举措的汇集。

篇中提出了一系列指向富国强兵的具体措施，主要包括：第一，除去不守法的强民，曰“以弱去强”；第二，以法治防止六类虱害；第三，废除《诗》《书》礼乐等十种标准；第四，重罚轻赏；第五，作壹，即重农战；第六，“攻敌之国”，即生产与消费（战争）；第七，提高行政效率；第八，建立户籍；第九，以刑去刑；第十，重农抑商；第十一，人、物资源登记与统计；第十二，农战与爵制关联。本篇与之前的《农战》可相印证，之后《弱民》《说民》两篇对本篇内容既有深入发明，又可互为补充。

就文本而论，篇中章与章之间内在关联并不十分紧密，所以有学者指出这些内容组织在本篇中略显驳杂，有可能是后人编撰、汇集、加工商鞅的言论、作品而成，非商鞅亲定成篇；但是各章文字应可视为商鞅所作。

【原文·评注】

以强强民政策。**去强**强悍之民。**者弱；**国家贫弱。**以弱**弱民政策。**去强**强悍之民。**者强。**国强。**国为善，**善，指仁慈、恩德等。**奸必多。**奸，作奸犯科之人。**国富而贫治曰重富，**贫治，重节俭，以使民贫穷的方式治理。重(chóng)，加倍。**重富者强。国贫而富治曰重贫，**富治，以让民富裕为目的的治理。**重贫者弱。**国家贫弱。**兵行敌所不敢行，**兵敢打敌人不敢打的仗。**强；**国强。**事兴敌所羞为，**做敌人不齿于做的事。**利。**于国有利。**主贵多变，国贵少变。国多物，**物，物资。**削；**削弱。**主少物，强。千乘之国，**乘(shèng)，四马一车为一乘，指小国。**守千物者削，**守，固守不用。**战事兵用曰强，**事，据《弱民》篇当作事。战事，战争有序进行。兵用，兵为上所用。**战乱兵息而国削。**战乱，战争进行得混乱。息，或当作怠。兵怠，兵士懈怠。

本章是全篇的总纲，也可说是整本《商君书》关于政治治理，尤其是治术主张的最集中表达，大多在其他篇章中有印证。章中所论大致可以归纳为四个方面：一是“以弱去强”；二是“国富贫治”；三是“事兴敌所羞为”；四是在“国多物”的前提下“战事兵用”。

“以弱去强”是“弱民”政策的最凝练表达。《弱民》篇第一章正是在解说本章首句，文曰：“民弱国强，民强国弱，故有道之国，务在弱民。朴则强，淫则弱；弱则轨，淫则越志；弱则有用，越志则强。

故曰：‘以强去强[1]者弱，以弱去强者强。’”蒋礼鸿解释说：“民不从令曰强，从令曰弱。治国在去民之强。然去之一使民得强之道，则不足以去其强；惟以弱之之道，则强可去。故以强去强则国弱，以弱去强则国强也。礼乐、《诗》《书》、善修、孝悌、廉辩之属，胥所谓民得强之道也。”[2]要以（削）弱民的政策去除强民，意味着治理的手段不能是“善”，即不能以恩德、赏赐为主，而必须是强力手段。这与下文“重罚轻赏”“以刑去刑”“刑生力”等主张相呼应。

“贫治”意味着把国家当作贫国来治理。虽说商鞅此处并没有详细论说究竟哪些政策算是贫治，不过结合其他篇章关于治理的论说，贫治与常言今人之艰苦奋斗颇有相似性。壹于农战和反对奢侈、淫佚、礼乐等，包括下文说到的“六虱”“十者”应该都属于被反对之列。因此与“贫治”相应，“国富”是富于力，而非仅以物资充裕丰富为表现。而“多物”带来的奢侈、淫佚之风反倒是有碍于民心、农战而须被剪除。所以会有“国多物，削”之论。[3]

“兵行敌所不敢行”和“事兴敌所羞为”，讲的都是行动时无须顾及任何底线，其中具体针对者主要是既有的礼、孝、悌、善、修等具有道德意味的评价标准。这其实也是商鞅“作壹”主张的一个必要环节，即将一切价值标准齐一化、单一化并聚焦于农战。这样一来价值标准就被量化为了事实标准，例如农之好坏以收成量化，战之好坏以斩首量化。这个转化非常重要，它构成了整个政治治理和社会治理得以成立的基础。因为一准于法、按法而治是一种纯粹理性化、标准化的治理模式，只有当所有评价标准都同质并可量

---

〔1〕 强或作“弱”。《意林》引作“弱”。

〔2〕 蒋礼鸿：《商君书锥指》，中华书局1986年版，第26–27页。

〔3〕 关于“国多物，削；主少物，强”一句，王时润以为当作“国少物，削；国多物，强”，亦可通，但不如原文于义为长。说见蒋礼鸿：《商君书锥指》，中华书局1986年版，第27页。

化的时候,才有针对不同事务全面推行且要求一体遵行的基础。就好像现代法治机制将所有社会关系都转化为法律关系,并且以同质化权利(实质上即利益)为之定量。类似表述见诸《弱民》:"兵易弱难强,民乐生安佚,死难难正,易之则强。事有羞,多奸寡;赏无失,多奸疑。敌失必利,兵至强威。事无羞,利用兵,久处利势,必王。故兵行敌之所不敢行,强;事兴敌之所羞为,利。"

"国多物"的前提下"战事兵用"和下文要求"攻敌之国",以及《说民》篇相呼应。商鞅的这个主张非常特殊,按照他的理解,国富本身不是目的,财富只积累却不使用,反而会导致"自攻",也就是内耗,滋生出"六虱"之类的害处。因此需要把这些财富通过"攻敌"的方式消耗掉,以此换取自我壮大和敌国削弱。

"国少物,削;国多物,强。千乘之国,守千物者削。战事兵用曰强。战乱兵息而国削",大意是说国家不能物资匮乏,但富国和财富、物资积累不是目的,同理积累兵力意义上的强兵也不可取。富国和强兵应该形成一个接续不断且循环往复的过程,可称为"动态富强",它指向的目的实际上是得"天下"。或者说,"动态富强"的治理过程乃是针对增强国力以得天下的阶段性的历程。如果联系《史记·商君列传》中谈到的商鞅以帝道、王道说秦孝公不得用,退而求其次以强国之术陈说,[1]可知"强国之术"只不过是应秦孝

〔1〕《史记·商君列传》载:孝公既见卫鞅,语事良久,孝公时时睡,弗听。罢而孝公怒景监曰:"子之客妄人耳,安足用邪!"景监以让卫鞅。卫鞅曰:"吾说公以帝道,其志不开悟矣。"后五日,复求见鞅。鞅复见孝公,益愈,然而未中旨。罢而孝公复让景监,景监亦让鞅。鞅曰:"吾说公以王道而未入也。请复见鞅。"鞅复见孝公,孝公善之而未用也。罢而去。孝公谓景监曰:"汝客善,可与语矣。"鞅曰:"吾说公以霸道,其意欲用之矣。诚复见我,我知之矣。"卫鞅复见孝公。公与语,不自知厀之前于席也。语数日不厌。景监曰:"子何以中吾君?吾君之驩甚也。"鞅曰:"吾说君以帝王之道比三代,而君曰:'久远,吾不能待。且贤君者,各及其身显名天下,安能邑邑待数十百年以成帝王乎?'故吾以强国之术说君,君大说之耳。然亦难以比德于殷周矣。"

公之需的权宜之计，在此之上商鞅还有帝道、王道的追求。并可参见《弱民》篇的进一步解释："利出一孔，则国多物；出十孔，则国少物。守一者治，守十者乱。治则强，乱则弱，强则物来，弱则物去。故国致物者强，去物者弱。"

"主贵多变，国贵少变"，大意是说政治治理中君主以能权变为贵；而国家运行，包括官、吏、民则须依法行事，以安于既定法律秩序为贵。文义可参见《弱民》篇："法有，民安其次；主变，事能得齐；国守安，主操权利。故主贵多变，国贵少变。"但本章中此句与上下文衔接不畅，据《弱民》篇的表述义理方可通达，或存在传写阙漏。相对而言，"国贵少变"与《商君书》中反复强调的按法而治和一准于法相契，含义较为清晰。但是"主贵多变"相对而言要更难把握，因为商鞅一方面要求君主守法，另一方面又认为君主理应运用他超越于法律体系之上的地位行"权"以消弭法治过分机械、固化等所带来的局限性。其中涉及商鞅对于君主职分与行为原则的特殊认识，以及与法治机制之间的复杂关系，详细论述可以参见《画策》篇和《禁使》篇原文和评注。

农、商、官三者，官，官吏。**国之常官也。**官，职业。**三官者生虱官者六：**虱(shī)官，高亨以为当作虱害。**曰岁，**指年终宴请。**曰食，**指大吃大喝。**曰美，**指美丽之物。**曰好，**指珍奇玩好。**曰志，**指私意。**曰行，**指谋私之行。**六者有朴，**朴，根质。**必削。**削，(国家)被削弱。**三官之朴三人，**三人，即三类人。**六官之朴一人。**官，虱官、虱害。一人，暗指君主。**以治法者强，以治政者削。**治法，当作法治，按法而治。治政，当作政治，依据政令为治。**常官治者迁官。**常官，久任一官。治，能治理。迁官，升官。**治大，**治术繁多。**国小；**国土缩小。**治小，国大。**治小，指专用法治。**强之重，**重(chóng)，加倍。同以强去强之义。**削；弱之重，强。夫以强攻弱者，亡；以弱攻强者，王。**与篇首两句同义。**国强而不战，**战，发动战争。**毒输于内，**输，灌输。**礼乐虱官生，必削；国遂战，毒输于敌国，无礼乐虱官，必强。举荣任功曰强，**荣，陶鸿庆以为当作劳。举劳，提举、崇尚农业劳作者。任功，任用有军功者。**虱官生必削。农少商多，贵人贫、**贵人，官吏。**商贫、农贫，三官贫，必削。**

"三官"，即农、商、官三种职业。其中农即农民，商包括商人和手工业者，官则包括官和吏。农、商、官"三官"说与当时常见的"四民"说(士、农、工、商)略有不同。"工"即《商君书》中常说到的"技"。三官的"商"包含四民的工、商两类。两者合称或与秦国工与商业和商人群体的发展程度不及持"四民说"的齐国有关。[1]

"三官"生"六虱"，并见于《说民》《壹言》《靳令》《弱民》等篇，可以相互印证，是商君惯用的表达。意思是农、商、官三种职业不加规制，势必会催生出六种流弊。这其实也可看作国"多物"而不"攻敌"带来的"自攻"的表现。"六虱"中岁、食源自农业，美、好源于工商业，志、行出自官吏。归纳来说，商鞅特别在意社会自然发展势必产生的奢侈、淫佚和懈怠，而力主通过政治治理，尤其是法治将国家和社会形塑至节俭、精进、高效运转的状态，也就是"贫治"。类似主张在之前的《垦令》《农战》以及之后的各篇非常

〔1〕"四民说"，最典型的论述见于《管子》的《小匡》《治民》两篇。该书是包含了管仲思想的齐国稷下学宫作品集，主要反映了战国齐地学者的思想观念。

多见。

从三官生六虱，导出两个重要命题：一是前文谈到的，必须借助强势政治治理来匡饬、引导社会风气。“三官之朴三人”，意思是产生六种虱害归根结底是三种职业的参与者所致。二是治理不可完全寄希望于君主其人，因为“六官之朴一人”，即六种虱害都会依附于君主。如此一来，说“以治法者强，以治政者削”就显得顺理成章了。以法治为基础，简化政令、弱民以使之守法、以战输毒于敌国三种去“六虱”以致治的具体方略才有可能实现。相反，依据君主个人喜好临事发布政策以图治理，必定会致国家削弱。顺着这个思路，政治治理越是繁复不一，带来的侵扰势必越多，这就是“治大，国小；治小，国大”之义。

国家富强并不以积累物质财富为标志，这是商鞅的独特观点之一。为此文中一直在强调特殊的“强”和“富”，说得简单一些，前者是国力强，是能生力、能杀力；后者则包括富有土地、人口、物资，以及国力，即国家调动、支配人、物的能力。

与此同时，过分积累财富、资源而不用，则势必导致社会风气奢靡化，反而会造成国力削弱，所以说“国强而不战，毒输于内，礼乐虱官生，必削”，“农少商多，贵人贫、商贫、农贫，三官贫，必削”。而商鞅认为最好的解决方案无疑是“战”，以此“毒输于敌国”，即以本国之力造成敌国混乱、削弱，同时可以进一步增进国力。与之相匹配的是“举荣任功曰强”，也就是将社会评价标准建立在农战之上，这样既有助于农战，同时也可抑制奢靡之风。

总体来说，政治社会治理能够达至社会有序、大量产出粮食、积极接受官方引导且积极参与农战，同时官方可以调动大量力与物，这种状态可称得上富强。还要注意本章中出现了若干处不同含义的“强”，目的其实在于凸显上述之“强”，同时否弃一般意义上的“强”。对待“富”也是这个思路。

国有礼有乐，有《诗》有《书》，有善有修，有孝有悌，有廉有辩：廉，指有廉洁之名者。辩，辩说之士。**国有十者，上无使战，**不能使之战斗。**必削至亡；国无十者，上有使战，必兴至王。国以善民治奸民者，必乱至削；**善民，宽厚仁慈之人。奸民，狡猾刻薄之人。**国以奸民治善民者，必治至强。国用《诗》、《书》、礼、乐、孝、悌、善、修治者，敌至必削国，不至必贫国。不用八者治，敌不敢至，虽至，必却；兴兵而伐，必取，取必能有之；**有，占有、掌控。**按兵而不攻，必富。国好力，曰“以难攻”；**难，难能为者。攻，治。**国好言，曰“以易攻”。国以难攻者，起一得十；**起，动用。**以易攻者，出十亡百。**出，付出。亡，失去。

文中明确指出“礼、乐、《诗》、《书》、善、修、孝、悌、廉、辩”十者，是国削、国贫的原因。类似表述见于《农战》篇：

> 《诗》《书》、礼、乐、善、修、仁、廉、辩、慧。国有十者，上无使守战。国以十者治，敌至必削，不至必贫。

还见于《靳令》篇：

> 六虱：曰礼、乐，曰《诗》《书》，曰修、善，曰孝、悌，曰诚、信，曰贞、廉，曰仁、义，曰非兵，曰羞战。国有十二者，[1]上无使农战，必贫至削。十二者成群，此谓君之治

---

〔1〕 这里的“十二”恐有误，或有脱文。因而顾元起质疑道：“止九事，何云十二耶？”（张觉：《商君书校疏》，知识产权出版社2012年版，第159页）

不胜其臣，官之治不胜其民，此谓六虱胜其政也。十二者成朴，必削。

通过对比可见，“十者”之说内容虽大致相同，但无定式。同时本章中还提到了另一种组合，即“《诗》、《书》、礼、乐、孝、悌、善、修”八者，缺少了“十者”中的“廉、辩”，尽管论说对象特别针对治理的变化，但是似乎也没有展现出必须排除后两者的必要性。所以这些不同的排列组合方式其实有着相当的任意性，没有一定之规。而“十者”之所以要被摒除，最主要的原因在于它们非但对于强国毫无助益，反倒会引发“敌至必削国，不至必贫国”。

近来不少论家认为文中“十者”属于儒家意识形态，是故商君加以反对，实则不然。前篇解说中已经谈到，商君所反对者不是这些情形存在于社会之中，也没有特意针对儒家思想学说，而是反对以它们为评价标准展开治理。对于商鞅来说：一方面这些无法形成量化标准融入法治机制，另一方面社会中只能有一种标准，机制是法律，内容指向强国，形式则表现为可以细致、量化。强国依仗的只能是富国、强兵，而只有农、战才是富国强兵的根本。因此一切举措都是为促成全社会专心致志且积极致力于农战而设置。如果用现在的话来说，这是一个极度系统化、目标单一、亢奋精进的特殊政治社会状态。为此，一方面要建立有效的激励机制，另一方面要排斥一切可能的干扰。这种社会状态和运作机制既不同于当时各国，也不同于秦国以往。所以商鞅变法既面对巨大的社会改造阻力，亦没有成熟的理论和实践经验可得借鉴，难度可想而知。

或者可认为商鞅的变法思路是先有明确的目标，再做理论思考和谋划，再进行立法建制，进而通过强势推行落实到实践层面以改造政治社会运作，并同时寻求改造社会风气和思想观念。

“国以善民治奸民者，必乱至削；国以奸民治善民者，必治至强”,这里的“善民”其实就是以文中“十者”为标准评定出的人选。运用这些人进行治理,势必造成国家无法作壹,也无法抟力于农战。所以“必乱至削”。与之相对的“奸民”非是奸邪之人,而是类似于后世的“酷吏”,即聪明干练而不讲私情的严格执法者。这些人才能严格、不讲情面地执行法律,伺察、揭露各种过错。所以说“国以奸民治善民者,必治至强”。同理,“国用《诗》书礼乐孝悌善修治者”,对于农战毫无助益,反倒是会扰乱民心,所以“敌至必削国,不至必贫国”。

前文说到,商鞅将农、战判定为难为之事,所以国家要富强,就需要着手于“难”事,以聚力农战为务,所以说“国好力曰‘以难攻’”,这是事半功倍、“起一得十”的关键。

重罚轻赏,重,倚重。轻,程度浅,数量少。**则上爱民,民死上;**死上,对君主死忠。**重赏轻罚,则上不爱民,民不死上。兴国行罚,**兴国,发展国家。**民利且畏;**畏,敬畏。**行赏,民利且爱。国无力而行知巧者,**知巧,智谋、巧诈。**必亡。怯民使以刑必勇,**怯,孱弱胆小。**勇民使以赏则死。怯民勇,勇民死,国无敌者强,强必王。贫者使以刑则富,富者使以赏则贫。治国能令贫者富,富者贫,则国多力,多力者王。王者刑九赏一,强国刑七赏三,削国刑五赏五。**

赏罚(或曰刑赏),利用的是人趋利避害、计算得失之心,亦即所谓“功利理性”。二者在商鞅看来是进行社会激励、引导、禁止的最主要手段。

主张重刑的论断遍见于《商君书》各篇中,也是人们对商鞅刑罚观念的共识。不过本章中谈到的与重刑相关的两个原则却引起了不小的争议。主要集中在文中的"重罚轻赏""刑九赏一",是不是和其他篇中"重刑厚赏"[1]的主张相冲突?[2] 事实上"重罚轻赏"与"重刑厚赏"并无抵牾。"重罚轻赏"的"重"是偏重、侧重之义,"轻"是减少赏赐名目和不滥用的意思,两者都是在讲刑赏名目的"量",即罪名和赏赐名头的数量要做到罪名和刑罚使用量多,赏赐的名目少。而"重刑厚赏"则是讲"质",其中的重刑是轻罪用重罚,即"重其轻者";厚赏亦同此理。但这并不妨碍罪刑名目多而赏赐名目少,即"重罚轻赏""刑九赏一"的原则同时成立。"王者刑九赏一,强国刑七赏三,削国刑五赏五",自然不是严格意义上的比例划分,而是借此强调"刑多赏少"的程度与治理效果之间的大致对应关系。

更需要细致理解者在于,商鞅认为"刑"是激励人们行为的最有效的治器,如后文所说,"刑"可以"生力",甚至"贫者使以刑则富","怯民使以刑必勇,勇民使以赏则死"。这构成重刑政策的理由,强调的正是刑罚的正向激励作用。这是商鞅刑罚思想中非常独特的一个面相,与后文"刑生力"可相照应。通常认为刑罚的基本功能在于示"禁"。与之相应,刑法的最主要功能便是告知民众什么不能为、不应为。换句话说,刑罚的要求与特定的不作为而非作为(应为)直接相关。例如《垦令》篇说:"重刑而连其罪,则褊急之民不斗,很刚之民不讼,怠惰之民不游,费资之民不作,巧谀恶心之民无变也。五民者不生于境内,则草必垦矣。"可是除此之外商

〔1〕 例如:"虽民至亿万之数,县重赏而民不敢争,行罚而民不敢怨者,法也。"(《商君书·画策》)

〔2〕 有的学者认为不洽,并以之为据判定《去强》篇非商君之作。

鞅却还认为“刑生力，力生强”，极力主张以刑罚作为社会激励机制，这显得格外“非常”。“重罚轻赏”能够导致“民死上”尚且还好理解，可是为什么还能导致形成“上爱民”的效果呢？反过来，“重赏轻罚”会导致“上不爱民”，更加难以理解。

为此，首先需要了解一个特定的背景：西周以来被当作意识形态并关乎政权正当性基础的“德政”，基本上可说是基于恩赏落实的。甚至可以认为西周的政治实践中德政就是恩德政治，恩德的表现形式包括赏赐土地、爵位和物质财富。西周初年屡次实施的分封是最典型的表征，其中主要是封土、封民。据说屡次分封之后，是因为王畿空闲土地封赏殆尽，中期以后赏物逐渐占据了主导地位。由此也造成了周王室财政困难，转而又以封爵取而代之。而从最早的封土封民，到封物，再到封“空头”的爵位，周王的“恩德”无疑严重衰减，亦导致政权的号召力急剧下降。[1] 这既是造成西周覆灭、东周孱弱的主要原因之一，也成为春秋战国以后包括商鞅在内的思想家不得不面对和反思的存在重大缺陷的政治治理方案。换句话说，西周的恩德政治构成了一个在当时人所共知的“教训”，随之物质性的赏赐和依托赏赐的治理机制，无疑都会受到质疑。过度赏赐会造成国力衰落，已经直接反映在了《商君书》中。在这个问题上，商鞅给出的方案明显有着“反周”的意味。

由此可知，轻赏，也就是赏赐的名目要少，主要是出于两个方面的考虑：一是赏物赏利耗费国库，不利于“富国”。二是赏赐名目过多过滥，而不集中在农战两者，会导致不“壹”于农战。所以这里的轻赏，其实也有“壹赏”的意思。

---

〔1〕 参见李峰：《西周的灭亡：中国早期国家的地理和政治危机》，上海古籍出版社2007年版，第106-163页。

此外，使用重刑的重要理由还有文中“行刑重其轻者，轻者不生，重者不来”，这是战国时期常见的论调，此中的“重”指的是轻罪用重罚之义。类似论断在《商君书》中还会反复出现并有详论，此处暂不展开解说。

国作壹一岁，作壹，专意农战，说见《农战》篇。**十岁强；作壹十岁，百岁强；作壹百岁，千岁强，千岁强者王。威，**威，声威、权威。**以一取十，以声取实，**声，声势。实，实利。**故能为威者王。**

“作壹”中的“壹”，既有统一、齐一、化一的意思，指标准；又有凝聚之义，即将国家中所有的力量都“抟”于一处。这是《商君书》中反复强调，并且含义非常统一的特有论断，可以参见之前《垦令》《农战》两篇中的解说。当然本章中谈到的“作壹”的效果更多是修辞，而非实质性的论证。

同时要注意，战国中期以后的黄老家、儒家等也喜谈“一”，其中还包括与之同义的“太(大)一”等。不过这个“一”无论是理论渊源、基础还是内涵都与商鞅的“壹”(或“一”)存在质的不同。商鞅的“壹”更类似于后世诸子常说的治理层面的本末论之“本”，而黄老家、儒家说的“一”或“太一”则上通形而上层面的至上、唯一之“道”；下落到政治治理层面则强调有统纪的和而不同。这是与讲求齐一、化一的商鞅之论最显著的差异。

文中进而又引出了“威”这个新命题，但是没有针对性的解说。下章说到“威必王”时也是如此。《说民》篇载“刑生力，力生强，强生威，威生德，德生于刑”，《靳令》篇表达作“力生强，强生威，威生德,德生于力”。还有《修权》篇“权制独断于君,则威”;《弱民》篇“敌失必利,兵至强威”;《外内》篇“赏少而威薄”等。根据这些表述,“威”含有权威、声威、威望等义,且以国力、强势和信用为基础。治内而达至“王”的要求是始终保持“作壹”,在此过程中“威”是必不可少的要素和环节之一。

本章中“作壹”以抟力的方略,主要针对治内而言,而“威”则针对治外,所谓“以一取十,以声取实”颇有借助声威不战而屈人之兵的味道。这是治外而至于“王”的要求。尽管全书都强调“农战”,但是对外以“战”并不是王政的表现,充其量只是由霸而王这个过渡阶段的状态,其中透露出商鞅思想中的霸政和王政确实有着明确的分判。虽说《商君书》中提供了大量关于霸政实现的方案,也就是霸术,但是霸政和霸术始终被当作王政实现的过渡性阶段,有着因时因势的“不得已”,这一点在前文中已经反复说到了。

能生不能杀,曰“自攻之国”,攻,消耗。自攻,内耗。**必削;能生能杀,曰“攻敌之国”,必强。故攻官,攻力,攻敌,国用其二,舍其一,必强;令用三者,威,必王。**

“攻”是商鞅政治治理思想中又一个非常新颖独特且重要的概念。用现在的话来说,“攻”的意思类似于消耗、耗费,不过这个解释似尚不能充分表达它的含义,除此之外还包含有运行、运作等义。商鞅反对的“自攻之国”的基本特征是“能生不能杀”,即能够生产、造就财富但是不能有效地加以利用。而商鞅认为有效利用乃是针对国力而言。生产、累积的大量物质财富不能为增进国力之用,则势必会被用作日常消费,以致形成奢靡的社会风气,进而造成国内虱害得不到剪除而陷入内耗。所以积累物质财富意义上的“富国”并不是商鞅政治治理的追求。取而代之能够运用积累的财富和国力“攻敌之国”才是正途。此举包含两重用意:一是将国内积聚的力量使用掉,有些类似于今天所谓转移国内矛盾的意思;二是通过损耗、削弱敌国来壮大自身实力。

接下来说到的“攻官”“攻力”“攻敌”,言下之意是要让官僚系统、农耕、对外战争都高效地运作起来。如果国家能够做到其中的大部分,也就是“用其二,舍其一”便足以致强;如果全部做到,即“令用三者”则可以形成“威”并且由霸而王。这与前章对于霸、王的理解相连续。

十里断者,里,县级以下的基层地方单位。以十个里为单位断事、治理。**国弱;九(五)里断者,**九,据《说民》篇当作五。**国强。以日治者王,**以日治,白天的事务白天处理完毕。**以夜治者强,**以夜治,白天的事务晚上处理完毕。**以宿治者削。**以宿治,白天的事务隔日处理完毕。

本章意在推崇“五里断”和“日治”,可以认为都是在承接“攻官”作进一步解说。反对“十里断”,主张“五里断”,是要求日常行政决策和执行单位要尽可能地贴近基层。到了《说民》篇更进一步推进为“治则家断,乱则君断”,“以十里断者弱,以五里断者强,家断则有余”。除了更加强调治理贴近基层之外,又叠加了民众俱能与官方保持统一的行为和价值标准的意味。

反对“宿治”而崇“日治”“夜治”的观点,与《垦令》篇提出的“无宿治”之论相契,都是在强调行政、治理效率。按文中“日治”

"夜治""宿治"与"王""强""削"的对应,可知商鞅认为行政和治理的效率越高,越能助成国力强大。

举民众口数,举,记录、登记。**生者著,**著,记录在册。**死者削。**削,删除。**民不逃粟,**粟,指农业。**野无荒草则国富,国富者强。**

"举民众口数,生者著,死者削",就是人口登记,即户籍制度。这是商鞅变法中在秦国推行的家户制度改革的思想基础,直接目的在于促进民众务农、纳粮,当然也可强化官方对社会的掌控。由此需要理解到,户籍制度、税制和官僚机构三者的设置及运作,共同构成了抟力农战的社会基础。商鞅所有的具体变法主张,都不能割裂开来。反过来,任何一个由变法带来的社会政治转变,都不能看作是单由某一项或几项举措所致。政治治理和社会运作,统统都是复杂且系统化的机制。这个思路在《垦令》篇中已经有了非常清晰的表现。

与本章相应的主张和具体策略,在《商君书》中多有相似表达,例如《境内》篇:"四境之内,丈夫女子皆有名于上,生者著,死者削。"

以刑去刑,国治;以刑致刑,致刑,导致犯罪刑罚。**国乱。故曰:行刑重轻,**重轻,轻罪重罚。**刑去事成,国强;重重而轻轻,**重重,重罪重罚。轻轻,轻罪轻罚。**刑至事生,国削。刑生力,**刑罚产生驱动力。**力生强,**驱动力产生强劲。**强生威,**强劲产生威严。**威生惠,**惠,恩惠。**惠生于力。**据文义,当作惠生于刑。**举力以成勇战,战以成知谋。**

这一章的观点与前文可相照应。“以刑去刑”是商鞅反复申明的观点，就当时的思想环境来看，似也是一种反传统的标新立异之说。后世很多人在解读时更关注其中的“以刑”，再联系到“行刑重轻”这类表述，将商鞅视为重刑主义者，进而又与残酷等评价联系在一起，可是作为目的的“去刑”却被有意无意地忽略了。

《农战》篇说“不待刑罚而民致死”，《说民》篇曰“重轻刑去”，《靳令》篇之“以刑去刑，刑去事成”，《刑赏》篇云：“重刑连其罪，则民不敢试。”“民不敢试，故无刑也。……刑重而必得，则民不敢试，故国无刑民。”“明刑之犹，至于无刑也。”《画策》篇曰：“以刑去刑，虽重刑可也。”“刑重者，民不敢犯，故无刑也。而民莫敢为非，是一国皆善也。”是可见，商鞅的旨归始终在于“无刑”，重刑、用刑等都只是手段。换句话说，他只把应用刑罚作为社会风气塑造阶段具有过渡属性的治理机制。

与此同时，尽管使用刑罚是过渡性机制，但是在立法层面设置刑罚却应是常态。这与商鞅对刑法作为一种常态化、制度化的社会激励机制的认识相统一。且所谓“刑去”“无刑”等并不是无刑法可依，也非有刑不用，而是有刑法但又无须用刑，亦即制定、颁布刑罚便足以达到治理实效。所以整本《商君书》中，似乎并没有针对达至“无刑”以后的社会做出设计，这很容易让读者忽略商鞅给用刑赋予的过渡性属性。

“行刑重轻，刑去事成，国强；重重而轻轻，刑至事生，国削”，可参照《垦令》篇“重刑而连其罪，则褊急之民不斗，很刚之民不讼，怠惰之民不游，费资之民不作，巧谀恶心之民无变也。五民者不生于境内，则草必垦矣”理解。

“刑生力，力生强，强生威，威生惠，惠生于力”，也是在论述刑的功能。“刑”之所以能生“力”，即增进国力，之前“行刑重轻”句已有解说。而"惠生于力",按照文中逻辑,言下之意是"惠"由"刑"产生。这很明显是针对自西周以来政权的恩德、恩惠生于赏赐的常识进行反驳。这样一来非止"刑"的功能拓展了,而且"刑"在治理中扮演的角色和地位也随之提升。

金生而粟死,金,黄金,泛指贵金属货币。粟,此指粮食。**粟死而金生。本物贱,**本物,粮食。贱,价格低廉。**事者众,**事,从事。**买者少,农困而奸劝;**奸劝,奸商活跃。**其兵弱,国必削至亡。金一两生于境内,粟十二石死于境外。**死于,此指输出。**粟十二石生于境内,金一两死于境外。国好生金于境内,则金粟两死,仓府两虚,国弱。国好生粟于境内,则金粟两生,仓府两实,国强。**

"国好生金于境内,则金粟两死,仓府两虚,国弱。国好生粟于境内,则金粟两生,仓府两实,国强",本质上是抑商以重农的政策。大意是一国喜好在国内积聚货币,则货币和粮食都会损失,粮仓、府库俱会空虚。反过来,国家以境内的农业生产为重,则货币和粮食都会增益,粮仓、府库并可充实,国家亦会由此强盛。是可见在商鞅看来,重农必须以抑商为前提,因为:其一,商业投机行为会导致粮价波动,使农民受损失。其二,商鞅认为商业获利较之农业更高且更容易,因而很容易诱使人们弃农从商。

类似的政策思路还见于古代斯巴达王国吕库古(或译作莱克格斯)的立法。为了抑制贸易(尤其是海外贸易)和民间的奢靡淫佚风气,吕库古废除了金银等贵金属的货币功能,代之以铁币。如此一来,斯巴达以外的邦国因不愿意接受铁币而大量减少与之的贸易往来，同时国内富人也因铁币单位价值低下而不再贮藏货币财富。这些举措的直接目标之一同样在于重农，由此也造就了斯巴达特立于古希腊世界的社会文化风貌和政治模式。[1]

本章提出“金生而粟死，粟死而金生”，将粮食生产与货币贸易设置为对立关系，最主要的理由是粮价低，务农者少，买粮的人也少，则通过流通货币来计算价值势必导致农民困苦，进而引发兵弱国削。所谓“金一两生于境内，粟十二石死于境外。粟十二石生于境内，金一两死于境外”，意思是通过卖粮食给外国以赚取货币，十二石粟才内换来一两黄金，言下之意是极不划算的买卖。反之如果国内积累十二石粟，则意味着外国的一两黄金无可致用，所以可算得上一两黄金“死于境外”了。这个思路对应的政策是禁止卖粮给外国，同时可以向外国买粮来消费货币，以此来削弱敌国。

强国知十三数：境内仓口之数，仓，即仓廪存粮之数。口，人口。**壮男壮女之数，老弱之数，官士之数，**官，官吏。士，学士。**以言说取食者之数，**以言说取食者，即游士门客之属。**利民之数，**利民，工商业者。**马牛刍藁之数。**刍藁（chú gǎo），草料、禾杆。**欲强国，不知国十三数，**十三，包括仓、口、壮男、壮女、老、弱、官、士、以言说取食者、利民、马、牛、刍藁共十三项。**地虽利，民虽众，国愈弱至削。**

“知十三数”，要求官方掌握与社会治理有关的诸如人口（分别

---

〔1〕 参见［古希腊］普鲁塔克：《希腊罗马名人传》，席代岳译，吉林出版集团有限责任公司2009年版，第79-113页。

包括壮男、壮女、老人、幼弱）、土地、粮食、官吏、牲畜、粮草等各种数据。这是标准化治理思路的体现，同时也要求建立起一套极为细致、精确的典册账目系统用于管理各种数据。《史记·萧相国世家》载："沛公至咸阳，诸将皆争走金帛财物之府分之，（萧）何独先入收秦丞相御史律令图书藏之。沛公为汉王，以何为丞相。项王与诸侯屠烧咸阳而去。汉王所以具知天下阸塞，户口多少，强弱之处，民所疾苦者，以何具得秦图书也。"由此可见商鞅的这个治理方案确实在秦国得到了落实，并且大有成效，并且在汉代以后成为常态。

人们经常论及的法家"法治"思想，其中很重要的面相是标准化治理，而细化且严格执行的标准必须来自法律。在此基础上的按法而治就足以把标准化治理落实下去。通过睡虎地《秦律》，可以直观地了解到一些相关的具体规定。[1]

国无怨民曰强国。兴兵而伐，则武爵武任，武爵武任，以武功授爵任官。**必胜；按兵而农，**按兵，休兵时期。**粟爵粟任，**以纳粮授爵任官。**则国富。兵起而胜敌，按兵而国富者，王。**

本章强调了农时、战时分别使用两种不同的授爵标准，主旨仍不离农战。"国无怨民"被当作了"强国"的必要条件之一。照整个《去强》篇来看，"强国"表现出三个方面的特质：一是"重富"，即国富且"贫治"。二是能"生力"的同时也能"杀力"。三是本章中谈

---

〔1〕 典型者可参见《秦律十八种》《秦律杂抄》和《法律答问》。底本据睡虎地秦墓竹简整理小组编：《睡虎地秦墓竹简》，中华书局1978年版。

到的“无怨民”。按本章的表达,达到“无怨民”的状态并不甚难,只要做到“武爵武任”和“粟爵粟任”,也就是只按军功和纳粮多少为标准行授官任爵之赏即可。事实上要实现“无怨民”并不这么简单,这里更多是择其一端而论。

“无怨民”这个说法在《商君书》中出现得并不多,此处也没有直接给出针对性方案,但其实前文谈到的涉及民生、民心的很多主张、举措都与之相关。大体上可以归纳为,国家能够致民一心“作壹”,能够依法信赏必罚,高效行政而不扰乱农战,民众自会无“怨”。其中的无“怨”主要涉及两个方面:一是民众对于自己的生活状况没有怨言,二是民众对于官方的制度和治理状态感到满意。正如上文所述,要同时做到这两个方面,需要非常复杂的举措辅成。甚至可以认为,整个《去强》篇中列举的政治方案,都是致民无“怨”的必要条件。

说民第五

【导读】

“说民”,按字面意为论说民众。篇中所论者大都关乎如何因民之性以治民,故篇题可算是全篇大意的总括,或是后人所拟。

值得注意的是,本篇内容与《去强》篇中的几章论述关系密切,很明显是承之而做的进一步细化阐发。换句话说,《去强》和《说民》的关系,有些类似于“经”与“经注”。这种著述方式在战国时代并不罕见,体例上相近者,莫过于时代相仿的《管子》中《版法》和《版法解》,《明法》和《明法解》等;还有《墨经》的《经上》《经下》与《经说上》《经说下》也是这种关系。

本篇内容可分作10章,各章之间的关系并不太紧密,缺乏前后连贯的思维脉络,不是“一篇”精心谋篇布局的论作,开篇和结尾也都显得很突兀。若将之视为以解释《去强》篇为目的的“经说”,就内容而言确可成立,但是形式上两篇文字又非是工整对应。以此观之,《说民》更像是一篇汇集了与之前《去强》篇相关的解释性论说的作品。这与相对而言集中解释《去强》篇前两章的《弱民》篇有别,尽管两者广义上都可算是“经说”。本篇所汇集的各章,很难直接断定是否为商鞅本人所作。不过篇中所论与被解释的《去强》篇并无抵牾,所以就义理的一致性而论,至少不妨碍且有助于认识商鞅的思想。

【原文·评注】

辩慧,辩,论辩谈说。慧,狡猾多谋。**乱之赞也;**赞,助。**礼**

乐，此处专指礼乐仪式。**淫佚之征也；**淫，荒淫。佚，通逸，安逸、懒惰。征，召，诱因。**慈仁，过之母也；**过，过错。母，本。**任举，**任，保，指侠义私斗。举，当作誉，称赞他人。任举，义近朋党比周。**奸之鼠也。**鼠，通窜，藏匿，引申为藏身之所。**乱有赞则行，淫佚有征则用，**用，通涌，大量出现。**过有母则生，奸有鼠则不止。八者有群，**有群，成群。**民胜其政；**胜，凌驾。政，政权。**国无八者，政胜其民。民胜其政，国弱；政胜其民，兵强。故国有八者，上无以使守战，必削至亡；国无八者，上有以使守战，必兴至王。**

文中首先提到引发"乱"的"辩慧"，造成"淫佚"的"礼乐"，促成过误的"仁慈"，以及导致奸人藏匿的"任誉"八项，认为"国有八者，上无以使守战，必削至亡；国无八者，上有以使守战，必兴至王"。将这八者如此归类，在全书中并没有再出现，[1]内涵接近者有《农战》篇之"《诗》、《书》、礼、乐、善、修、仁、廉、辩、慧，国有十者，上无使守战。国以十者治，敌至必削，不至必贫。国去此十者，敌不敢至；虽至，必却；兴兵而伐，必取；按兵不伐，必富"。此外，相近者还有《赏刑》篇"所谓壹教者，博闻辩慧，信廉礼乐，修行群党，任誉清浊，不可以富贵，不可以评刑，不可独立私议以陈其上"。

总的来说，《商君书》八类、十类、六类等归纳，无论是排列组合

---

〔1〕《去强》篇也有"八者"，但是内容与本章不符，文曰："国有礼有乐，有诗有书，有善有修，有孝有悌，有廉有辩：国有十者，上无使战，必削至亡；国无十者，上有使战，必兴至王。国以善民治奸民者，必乱至削；国以奸民治善民者，必治至强。国用诗书礼乐孝悌善修治者，敌至必削国，不至必贫国。不用八者治，敌不敢至，虽至，必却；兴兵而伐，必取，取必能有之；按兵而不攻，必富。"

还是取舍增删都显得较为“随意”，但所含诸项在各篇中又相对稳定且反复出现。这也表明书中各篇大多不是为了严谨的学理讨论或论证，更多是特定场景下为特定需求而作。

具体来看，将“辩慧”二者并称还见于《慎法》《定分》篇，主要指的是辩说狡黠之人，特别是游士。文中说他们是“乱之赞”，会助推社会思想乃至社会状态混乱。“礼乐”并称的情况也较为固定，在《商君书》中，通常指动态化的礼乐场景和行为，即外化的礼乐仪式，而不是整个礼乐文化。文中以之为“淫佚之征”，显然是认为礼乐仪式会造成奢靡、竞富的社会风气。“仁慈”指的是表面上的仁恩慈爱，所批判者更接近借仁慈以谋利。以之为“过之母”，是在批判私行仁恩、包容罪过。“任誉”指的大致就是朋党比周之类，这会导致奸邪聚集，故谓之“奸之鼠”。

这八者大量出现的直接后果是“民胜其政”，也就是民间提供的行为指引、评价标准，以及这些对民众的影响超越了政权。如此一来，政权实际上对民间失去了治理和控制能力；而这正好和商鞅“作壹”以抟民力的主张相反，更进一步这样自然会导致“国弱”“上无以使守战”乃至“削至亡”。

用善，善，指宽厚仁慈、私予恩德之人。**则民亲其亲；**亲，亲近。**任奸，**奸，指狡猾多智之人。**则民亲其制。**制，政制。**合而复之者，**复，通覆，遮蔽。私相亲合、互相照顾之人。**善也；别而规之者，**与人相别而规制、治理之者。**奸也。章善则过匿，**章，彰显。过，罪过。匿，隐匿。**任奸则罪诛。**罪诛，有罪者伏诛。**过匿则民胜法，**人情胜过法律。**罪诛则法胜民。民胜法，国乱；法胜民，兵强。故曰：以良民治，必乱至削；以奸民治，必**

治至强。

本章解释《去强》篇“国以善民治奸民者,必乱至削;国以奸民治善民者,必治至强”。上章讨论了“民胜其政”的原因和解决方案,这章则说“民胜法”。两者之间有显著差别。前者是政权控制问题,后者是法律如何实现的问题。

任奸治民是商鞅治理思想的一大特色。首先要明确,本章中的“善”与“奸”都特有所指,和一般观念中的所指不同。按文中所说,“合而复之者,善也”,即《去强》篇中“善民”之“善”,指的是私相遮蔽,私下授受恩惠。这与当时思想家普遍反对朋党营私的主张本质相同,但是将朋党营私的成因归于政权行“善”、用“善”则是商鞅的创见。“用善”的后果有三:一是“民亲其亲”,即对所亲之人(包括亲戚、亲近、亲昵、亲信之人)施以私爱。二是“过匿”,人们私相为善,势必造成互相包庇,进而会使很多罪过难以被发觉。三是“民胜法”,即法律无法对民的行为构成完全约束,或曰人情在王法之上。这势必削弱法律的权威性和治理实效。所以说“民胜法,国乱”。“任奸”的“奸”,按照高亨的解释:“只顾自己而监视别人的罪恶。”[1]“任奸”所期待的效果是“别而规之”,即相互分别以规制。这样可以做到有罪者必被发觉和惩罚,所以说“任奸则罪诛”。

表面上看,“用善”还是“任奸”是治术层面的选择,但内理上却涉及三个非常重要的问题:一是公私之辨。二是如何对待、安顿血亲伦理,这是一个关乎政治根基和基本政治原则的大问题,同时也表明商鞅与儒家判然有别的立场。三是把个人单元化为直接的治理对象,再把个体之人都具备的“私性”作为治理得以有效的基础,

---

〔1〕 高亨注释:《商君书注译》,中华书局1974年版,第53页。

并调动之以促成、维系法律运行,这是“任奸”之所必需的理论基础。

国以难攻,难,难为之事。攻,治理。**起一取十;**起,动用。取,获取。**国以易攻,**易,易于获得的治术。**起十亡百。国好力,**力,实力,即农战。**曰:“以难攻”;国好言,**言,学问谈说。**曰:“以易攻”。民易为言,**为言,从事谈说。**难为用。**为用,驱使。**国法作民之所难,兵用民之所易(难),**据《去强》篇易当作难。**而以力攻者,起一得十。国法作民之所易,兵用民之所难(易),**据《去强》篇难当作易。**而以言攻者,出十亡百。**

本章解释《去强》篇:“国好力,曰以难攻;国好言,曰以易攻。国以难攻者,起一得十;以易攻者,出十亡百。”其中“攻”是从事的意思。“以难攻”是《商君书》中一贯的主张,《靳令》篇解释作:“以力攻者,出一取十,以言攻者,出十亡百。国好力,此谓以难攻;国好言,此谓以易攻。”“以难攻”的“难”,文面义是难为而不易得者,按照商鞅所论指的是农战。这意味着商鞅明确地意识到农战是诸事中最难为者。而明知难为却以之为基点,原因在于能够“起一取十”,即收益方面的考量。相对而言,“易”为者莫过于“言”,即前文谈到的“辩慧”等事,而这些“易”事无益于国家富强。所以“国法作民之所难,兵用民之所易(难)”,表明国家的正向激励机制都应当建立在推进民之所“难”,即农战上。

罚重,爵尊;刑罚重方可彰显爵位尊贵。**赏轻,刑威。**恩赏轻方可彰显刑罚的威慑力。**爵尊，上爱民；刑威，民死上。**死上，为国、君效死命。**故兴国行罚则民利，**利，受利。**用赏则上重。**上重，君主受到尊重。**法详则刑繁，**详，细致全面。**法简则刑省。民不治则乱，乱而治之又乱。故治之于其治，**在治的局面下治理。**则治；治之于其乱，**在乱的局面下治理。**则乱。**

本章解释《去强》篇“重罚轻赏，则上爱民，民死上；重赏轻罚，则上不爱民，民不死上”。对应的解说是：“罚重，爵尊；赏轻，刑威。爵尊，上爱民；刑威，民死上。”两相比较，《去强》篇的“重罚轻赏”与“上爱民”之间的关系更为曲折，显得较难理解；而在本章中引申出“爵尊”对应“上爱民”就显得理义通畅了。可见《说民》篇确是针对《去强》篇作出的文义疏解。

“罚重，爵尊，赏轻，刑威”，意思是刑罚重方可彰显爵位尊贵，恩赏轻能显出刑罚的威慑力。而之所以“罚重”彰显“爵尊”，需要结合爵位可以抵罪的制度设置才能理解。按照商鞅的设计，一方面轻罪重刑，另一方面爵可抵罪，再加上只有农战方有可能获得爵位，三者相配合，势必可以促成人们积极地从事农战。由于积极从事农战得来的爵位能够用来冲抵后果严重的刑罚，自然显得爵位很可贵。而“赏轻”意味着爵位难得，自然反过来可显得刑罚可畏。所谓“爵尊，上爱民”，意思是尽管爵位可贵，但君主能以之赏赐于民，自可表明君主爱民。“刑威，民死上”则是因为刑罚可畏，民会积极农战以求爵位，积极农战即是为君主效死命了。相应的具体的制度设计可以参见《境内》篇。顺着这个理路设置的赏罚，于君于民都有利，故曰“兴国行罚则民利，用赏则上重”。

“法详则刑繁，法简则刑省”一句颇难理解。根据睡虎地《秦律》,秦国的律令的覆盖面极广,且规定得非常细致,很难对应“法简”的要求。或许这里的“法简”是要求法律针对某一事项的规定简明清晰。相应地,“法繁”当理解为针对某一事项法出多门,内容繁复且不统一,致守法者莫衷一是且备受侵扰。

“民不治则乱,乱而治之又乱。故治之于其治,则治;治之于其乱,则乱”,大意是说必须有积极的立法建制和治理,否则民众仅仅依赖自发秩序势必陷入混乱。这种主动立法和治理要针对“治”,即预先设定的秩序状态来设计治理方案;而不可只着眼于既有之“乱”,纯以止乱为目的来设计方案。这个说法可以参考《荀子·不苟》篇的论说:

> 君子治治,非治乱也。曷谓邪?曰:礼义之谓治,非礼义之谓乱也。故君子者,治礼义者也,非治非礼义者也。然则国乱将弗治与?曰:国乱而治之者,非案乱而治之之谓也。去乱而被之以治。人污而修之者,非案污而修之之谓也,去污而易之以修。故去乱而非治乱也,去污而非修污也。治之为名,犹曰君子为治而不为乱,为修而不为污也。

尽管荀子对“治”的理解,以及成治的方案与商鞅差之甚远,但是“治治”而不“治乱”的出发点二人相同。

民之情也治,民心希望治世。**其事也乱。**事,行事。乱,造成混乱。**故行刑,重其轻者;**重,重罚。轻,轻罪。**轻者不生,**生,出现。**则重者无从至矣。**至,产生、出现。**此谓“治之于其治”也。行刑,重其重者,轻其轻者;轻者不止,则重者无从止矣。此谓“治之于其乱”也。故重轻,则刑去事**

成，刑去，罪刑不生。**国强；重重而轻轻，则刑至而事生，国削。**

这一章是在解释上章“治之于其治”和“治之于其乱”两个比较难以理解的命题。“民之情也治，其事也乱”，意思是民众虽然希望身处治世，但是他们的自发行为往往反而造成乱世。要注意，商鞅对“民之情”的认识非常统一，简言之就是自私且趋利避害。前文任奸为治得以成立的基础也是如此。

文中隐含的判断是“民之情”的自发、任意状态势必致乱而非致治，因此治世是政治治理的结果，或曰政治治理是形成治世的必要条件。而实现政治治理以致治又只能因民情而以“利”导之，因此政权就需要掌握、提供民众所趋之“利”。这就是为什么要强调“作壹”“利出一空（孔）”。

当然还要看到，“治”本身，以及民生与民之利对商鞅来说都不是政治治理的目的，国家富强乃至天下有序才是旨归所在。故此民的趋利行为只有在合于政治需求的情况下方能被合法化，且被激励劝进。大量设置罪名、使用刑罚的主要目的之一正在于保证民之私利不会对国家富强造成妨害。相应地，诸如工商业等其他与国家富强无关的获利行为，都被强势地遏制或径直非法化了。

同时，刑与赏是调控趋利避害必需且最有效的手段，因此在商鞅的理论中也显得格外重要。“行刑重其轻者，轻者不生，则重者无从治”是《商君书》中一贯的主张，且与《去强》篇“行刑重其轻者，轻者不生，重者不来”的表述大体一致。简而言之这是希望通过对轻罪施以重刑，获致以刑去刑的效果。与之相反，如果“重其重者，轻其轻者”，即对重罪用重刑，轻罪从轻处罚（或可理解为轻罪用与之相应的轻刑），会导致“轻者不止，则重者无从止”，进而造成“国削”的结果。言下之意,不能轻视轻罪对于国家的危害,更不能本于不恰当的仁慈、恩德之心容忍轻罪。而在当时,乃至更早期的周代政治实践中,赦免轻罪往往被看作彰显政权恩德的常用方式之一,本章论说很明显是在反对西周的这类治理模式。

民勇,则赏之以其所欲;民怯,怯,怯懦。**则刑之以其所恶。故怯民使之以刑,则勇;勇民使之以赏,则死。怯民勇,勇民死,国无敌者必王。**

这一章解释《去强》“怯民使以刑必勇,勇民使以赏则死。怯民勇,勇民死,国无敌者强,强必王”,既是在陈说如何针对不同的民使用刑、赏,同时也解释了为什么刑、赏都可以作为正向激励的手段。同时也照应了《去强》“刑生力”的表述。为此“民”被判分为“勇”与“怯”。

在此之前“勇”经常被看作美德之一,例如:子曰:“知者不惑,仁者不忧,勇者不惧。”(《论语·子罕》)再如子曰:“君子道者三,我无能焉:仁者不忧,知者不惑,勇者不惧。”子贡曰:“夫子自道也。”(《论语·宪问》)不过“勇”始终不是极致的德性,故曰:“仁者,必有勇。勇者,不必有仁。”(《论语·宪问》)到后来孟子区分匹夫之勇(小勇)和文王、武王之勇,[1]其实是在一般观念中的“勇”的基础上,尝试对它的内涵与践行方式加以伦理化的约束、引导。

可是在商鞅眼中,“勇”并没有道德属性,而是一种与人的自然

〔1〕 参见《孟子·梁惠王下》。

本性有关,可以且理应通过政治治理手段促使民众共同达至的状态。民只需要被加以适当的引导,就可使其天生的勇的秉性被激发出来并施加于农战,是故较少且疏的赏就足矣。同时对于天生怯弱之人则需要首先使之自反其本性而勇敢、积极地作为。这显然不是对他们而言可有可无的赏。同时还需要通过不为则必有恶果的刑罚来反向促成。换句话说,"勇"是民积极作为的状态背后的支撑。而这种积极作为的状态,是商鞅设计的成就富国强兵的政治社会基本风貌,也是对每个置身其中之人的基本要求。

姑且不论商鞅的这种治术设计是否能够完全达到目的,以及随之引发的不良后果会有哪些,单就他对人的自然本性与政治治理机制之间关系的判断而言,这种思路确实非常精到。之后秦国的强盛,以及荀子亲身感受到的独特社会风貌都可视为印证。[1]

民贫则弱,弱,柔顺。**国富则淫;淫则有虱,**虱,喻害处。**有虱则弱。故贫者益之以刑,**益,加。**则富;富者损之以赏,**损,抑制。让富人出财物用于行赏。**则贫。治国之举,贵令贫者富,富者贫。贫者富,富者贫,国强。三官无虱,**三官,农、商、官。**国久强而无虱者必王。**

本章进一步申说《去强》"贫者使以刑则富,富者使以赏则贫。治国能令贫者富,富者贫,则国多力,多力者王"。论说的前提是"民贫则弱,国富则淫;淫则有虱,有虱则弱",意思是保持民众相对贫穷可致其柔顺,国家过分富裕必生淫佚之风。若是淫佚则会生

〔1〕 参见《荀子·强国》篇和《儒效》篇中的表述。

虱害,有虱害则国家势必削弱。

“三虱”见于《去强》,不过表达略有不同。《去强》中说的是“三官生六虱”,并无“三虱”。本章所论的中心在于如何使得农、商、官“三官无虱”。文中给出的方案是“令贫者富,富者贫”,手段是以“贫者益之以刑,则富;富者损之以赏,则贫”。这个主张看似简单,却并不太好理解。首先要明确,商鞅所欲者并不是造成穷人变成富人、富人变成穷人的阶层流转。经常有学者谈到商鞅变法的目的和举措之一是打击以致摧毁秦国的旧贵族,取消他们的特权等。甚至也有学者认为这代表了新兴阶级对旧贵族的反对与打压。尽管从表象上看变法确实造成了这类后果,但是上面所列判断显然与商鞅的本旨存在差异。

“富者损之以赏”的表述与商鞅对国家的看法一样。国家需要聚拢大量物资实现富国,但是又不能以积聚财富为目的,而是要善于将积聚的物、力使用出去,最主要是进行战争,以此来消耗、削弱敌国,同时也进一步实现自我富强。由此需要把握到商鞅讲的富国、富民之“富”,与一般观念中以拥有财富数量为标准的“富”有质的不同,它是一种始终不息的动态富强,衡量的标准在于富有“国力”,而非物质财富。

准此,“令贫者富”不是简单地让穷人变得富有,而是让他们积极行动起来,投身于农战而获得动态富强。当然在这个过程中,民生问题自然也可得到解决。之所以主要通过“刑”来调动,联系上章便可分明。使“富者贫”的“富者”,当指囤积财富者。使之“贫”也非是简单地让他们变得贫穷,而是使他们的财富在运转中被消耗。因为在商鞅看来,囤积不为国所用的财富、资源毫无价值,还不免会造成“富则淫,淫则有虱”。朱师辙解释说“民富粟多者,使输粟得官爵,以杀其富,故贫”〔1〕,可算是最贴切的理解。

刑生力,力生强,强生威,威生德,德,恩德。**德生于刑。故刑多则赏重,赏少则刑重。民之有欲恶也,**恶(wù),厌恶。**欲有六淫,**淫,过分、过度。**恶有四难。**难,难行之事。**从六淫,国弱;行四难,兵强。故王者刑于九,而赏出一。刑于九,则六淫止;赏出一,则四难行。六淫止,则国无奸;**奸,奸宄。**四难行,则兵无敌。**

本章解说《去强》篇“刑生力,力生强,强生威,威生惠,惠生于力”。表述与本章有一字之别,即其中的“惠”,本章作“德”,或是所据底本与今本有别。在《商君书》中的绝大部分情况下,“德”的含义就是恩德,同于“惠”之义。〔2〕

文中提出基于民好利恶害的本性,即“有欲有恶”,引申出“欲”(欲望、欲求)生发的“六淫”和“恶”(厌恶)之“四难”。文中对“六淫”和“四难”二者的含义没有直接解释,但可以通过上下文推断“六淫”或与“六虱”相应。

文中给出的基本判断是要立足于“四难”设计治理方案,同时抑制“六淫”。这一方面印证了“刑生力”,另一方面也和《去强》篇和本篇“以难攻”的主张相合。

“王者刑于九,而赏出一”,与《去强》篇“王者刑九赏一,强国刑七赏三,削国刑五赏五”相对应。引申出“刑于九,则六淫止”,意

---

〔1〕 张觉:《商君书校疏》,知识产权出版社 2012 年版,第 81 页。

〔2〕 类似的对“德”的用法其实是当时黄老、法家的常态,也与西周时代以来“德”的基本含义和用法一致。不过与经孔子改造以后的“德”义存在显著差别。

味着刑罚的主要功能之一在于止“六淫”,进而可臻于“国无奸”。“赏出一,则四难行”,表明赏能够发挥出正向激励的作用,最终达至“兵无敌”的效果。

要注意,这句论说很清晰地将赏赐定位为正向激励机制,而将刑罚定位为禁止、矫正机制。这与《算地》篇“刑者所以禁邪也,而赏者所以助禁也”之论并不完全一致,同时也和《错法》篇将刑罚作为主要的正向激励机制的观点存在显著差异。现在很难断言究竟是商鞅本人在各个不同时期、处境下的观点有别,还是后学对于商君思想的发挥与商鞅本人观点不同,抑或两种情况兼而有之。

民之所欲万,而利之所出一。民非一则无以致欲,故作壹。作壹则力抟,抟,凝聚。**力抟则强;强而用,**用,此指对外用兵。**重强。**重(chóng),加倍。**故能生力,**生力,指增强自己的实力。**能杀力,**杀力,指削弱敌国的实力。**曰:“攻敌之国”,必强。塞私道以穷其志,**塞,杜绝。私道,私人的方法、途径。志,私人的想法、欲望。**启一门以致其欲,**门,门径、途径。一门,指农战。致,获得。**使民必先其所恶,**先,先做。**然后致其所欲,故力多。力多而不用则志穷,志穷则有私,有私则有弱。故能生力,不能杀力,曰:“自攻之国”,必削。故曰王者国不蓄力,家不积粟。国不蓄力,下用也;**下用,指让臣民把力量用于农战。**家不积粟,上藏也。**上藏,指将粮食藏于公仓。

本章的主题是“作壹”,是在针对性地解释、展开《去强》篇“国作壹一岁，十岁强；作壹十岁，百岁强；作壹百岁，千岁强，千岁强者王。威以一取十，以声取实，故能为威者王”。

前章谈到动态富强，最主要的依托就是全社会积极地“作”。之所以能够进行政治动员而使得全民皆能积极作为，基础在于“民之所欲”。不过放任民之所欲自然生发，结果必定会是“民之所欲万”，对于国家富强而言毫无助益。因此要通过政治治理，即“启一门以致其欲”形成“利之所出一”的局面，使“民非一则无以致欲”，如此一来民的所有作为都只能在契合国家需求时方可得到满足。此之谓“作壹”，质言之是要把所有的积极作为全都收束到能致国家动态富强的事业上来，形成抟力于一处的“生力”，也就是增长国力的状态。

除要抟力以作壹之外，动态富强还需要在“能生力”的同时“能杀力”。这是对《去强》篇“能生不能杀，曰‘自攻之国’，必削；能生能杀，曰‘攻敌之国’，必强”的解释。

关于“生力”，文中的解说是“塞私道以穷其志，启一门以致其欲，使民必先其所恶，然后致其所欲，故力多”，这和“以难攻”的原则相契合，与之相配合的是通过立法限制、去除“易”的干扰，形成获利必自“难”处作为的局面。而关于“杀力”的解说是“力多而不用则志穷，志穷则有私，有私则有弱”，大意是生力之后不加使用，则民的进取心（“志”）会消磨殆尽，随之产生与“作壹”不一致的私欲、私念，例如他处常谈到的奢靡淫佚之风等，如此反而会造成国力削弱。

最理想的状态即文中的“国不蓄力，下用也；家不积粟，上藏也”，详细解说可参见前文评注。当然所有这些的前提都建立在“民之所欲万”上。这表明：其一，民的欲望有且多，这是民能被治理者引导的根本原因。其二，民之所欲并没有“先天”的指向，只需要有获得满足的途径,便会有倾向性的牟利行为。所以基于民的欲望的政治治理的关键,在于设定并控制“利之所出”的“孔”。

国治,断家王,断家,即断于家,意为各家自己知道如何判断和行为。**断官强,**断官,由官方依法处断。**断君弱。**断君,专断于君。**重轻刑去,常官则治。省刑要保,**要保,建立什伍保甲制度。**赏不可倍也。**倍,背弃。**有奸必告之,**告,告发。**则民断于心。**断于心,心中知道标准而有判断。**上令而民知所以应,**上令,君主发出政令。应,应对,配合行动。**器成于家而行于官,则事断于家。故王者刑赏断于民心,器用断于家。治明则同,**同,同心。**治暗则异。同则行,异则止。行则治,止则乱。治则家断,乱则君断。**

治国贵下断,下断,处断于下。**故以十里断者弱,以五里断者强,家断则有余,**有余,指官府有余力。**故曰“日治者王”。**日治,当日事务白天处断完毕。**官断则不足,**不足,力有不足。**故曰夜治者强。**夜治,至当天夜里处理完事务。**君断则乱,故曰宿治者削。**宿治,当日事务隔天处理。**故有道之国,**有道,法度彰明且严格依法。**治不听君,民不从官。**

本章释《去强》篇“十里断者,国弱;五里断者,国强。以日治者王,以夜治者强,以宿治者削”。之所以“十里断者,国弱;五里断者,国强”,原因在于“治国贵下断”。所谓的“下断”,是越是下层能够自行作出行为判断、决断越好。秦国最基层的社会单位是“家”,之上是“五里”。这个“断”于“下”当然不会是任凭下层擅断，而当是以《靳令》篇之“法已定矣，不以善言害法”，“行法由断”为前提，也就是在法律明白清晰的前提下，每个治理单位都能够明确了解、掌握法律规定，并严格依据法律来作出判断。按照这个理路，需要官府亲为的事务就会减少，同时民间在日常生活中的疑惑和不确定性也会减少，整个社会的运转也随之会越发平稳高效。这样方可实现《垦令》篇说的“无宿治”。反过来说，需要上层决断的具体事务越多，越是不利，故曰“官断则不足”，“君断则乱”，“宿治者削”。

不过文中进一步将“五里断”极致化为“民断于心”和“事断于家”。每人、每家面对同样事类都能够作出相同判断，是实现此二者的基础；前提在于已有足够明确、细致、齐一且为民众周知的法律制度和行为标准。

按照这个思路，官员在政治社会治理中不需要也不能够发生“自由裁量”，而只能严格依照既有的法律制度、行为规则作为。表面上看是“断”下行了，实则是意在消除政治社会运作中具有个性化的判断、裁断。若真能如此，那么政治治理的效率无疑会获得极大提升。“有道之国，治不听君，民不从官”，言下之意是君、官的个人意志都不应该左右治理，只有“法”才是唯一的标准。

还需看到，商鞅对治理的这种理解恰好与儒家，尤其是与孟子截然相反。在孟子看来，“徒法不足以自行”，任何已有的外部规则都无法涵盖所有需要处理的事物，它们充其量只能提供一般性行为模式。而本自良知以行“权”，才是确保社会良性运作的根基。之所以产生此等差异，又与商鞅、孟子对于人、治理乃至更深层的人与世界的关系、人参与世界的方式等根本性问题的看法不同有关。

算地第六

【导读】

本篇应该是商鞅撰写的一篇奏疏,因为篇中有“臣请语……”“此臣所谓过也”等表述,所以内容有着强烈的论证、说服意味,各章之间的承接递进显得非常紧凑。全篇内容和主张与《商君书》中其他篇章多有重合或印证。不过这篇奏疏究竟是商君入秦之后还是在魏国时的作品,现已不能确知。

所谓“算地”,即规划土地。不过和规划土地直接相关的论述只有开篇的前三章。之后的各章可以看作以规划土地为引子,着重论述如何治民,主要涉及商鞅一贯主张的重农和重战。

算地的政策内涵大体上说是统计土地和人民数量,进而加以规划。意在实现最大化地利用自然资源,同时也最大化地调动民力(即如今之所谓生产力),做到“任地待役”,并加以立法,此之谓“夫地大而不垦者,与无地者同;民众而不用者,与无民者同”。

其中的难点在于,如何调动民众为上所“用”,使之专心致志地从事农业生产,且又能够在战争中为国家、君主效死命。在商鞅看来,这些之所以难以实现,主要原因在于政权的治理能力出了问题,致使外有私利、内有私赏。换句话说,尽管农战本是民所“难”之事,但是政权理应能通过政治治理调动民众而达成。

如何实现使民“壹”于农战呢?论述从“民”的特性,即“民之生(性)”“民之情”入手。商鞅的看法很明确,求食求利就是民的特质。治理者要想调动民力,必需利用这种特质。至此论述的重点转化到了君主如何调动“民能”以致农战上了。充分调动“民能”,一方面涉及君主如何操持、行用权柄,其中包括了如何立法、如何行用权力以及需得排除哪些干扰；另一方面需以农、战是难行之事为前提。

全篇的思路大致可归纳为："度地"以保证民与地相称；规划土地用度以保证用度；保障"能尽地力而致民死"；明察"民之生（性）"之好利恶害的本性；基于民性，以名利促农战；借当时的反例指出要排除"五民"干扰；强调须"胜其所难"，以强力强势去巧知以成治；细说民之性，以明民"壹"且"朴"的重要性；论说与前列主张相吻合的刑罚方案。

【原文·评注】

凡世主之患，世主，当代君主。患，忧患。**用兵者不量力，治草莱者不度地。**莱，秽草。度，计量。**故有地狭而民众者，民胜其地；**胜，超过。**地广而民少者，地胜其民。民胜其地者，务开；**开，开辟耕地。**地胜其民者，事徕。**徕，招揽农民。**开则行倍。**行倍，指收获倍于以往。**民过地，则国功寡而兵力少；地过民，则山泽财物不为用。**为用，为人所用。**夫弃天物，**天物，天生之物，此指自然界中可用之物。**遂民淫者，**遂，放任。淫，淫佚过度。**世主之务过也，**务，任务。过，错误。**而上下事之，**事，从事。**故民众而兵弱，地大而力小。**

全文以"凡世主之患，用兵者不量力，治草莱者不度地"开篇，把日常治理中的"度地"对于政治的重要性置于与战争同等重要的位置。民、地相当，是治理政策得宜的基础。为此国家必须要掌握人口数据,具体应包括《去强》篇谈到的“强国知十三数”;另外就是本章中的“度地”,也就是规划土地。以此方能避免地广人稀的“地胜其民”和民多地少的“民胜其地”两类不良状态。对应性解决方案是:“民胜地”当“务开”,即如《垦令》所强调者。“地胜民”则“事徕”,如《徕民》篇所示的招揽农战之民的政策。

过去人们经常强调,战国前期的秦国较之关东各国地广人稀,因而商鞅采取了徕民政策,似应在实践中倾向于“事徕”。不过事实上商鞅以及他身后秦国的治理者并不是做非此即彼的选择,而是兼而用之。所以我们才会在《商君书》中同时看到《垦令》和《徕民》两篇。

以此再来反观本章,会发现“度地”是基础,而“民过地”导致的“国功寡而兵力少”,和“地过民”导致的“地大而力小”都要避免。换句话说,商鞅希望一面拓展土地,一面增加人口。其间官方要做到对于土地和人口的数量始终保有清晰的把握,能够及时调控以做到在增长的过程中始终保持二者相契。这才是本章“度地”的要义。

反过来说,如果无视土地开垦不足,同时又不将民众约束于农耕而放任其淫佚,则势必导致“民众而兵弱,地大而力小”。这种先正面论说再以反面论说佐之,是商鞅习用的论述模式。不过本章的反面论说并没有多谈“民胜其地”,而只聚焦在“地胜其民”引发的不良后果,很可能是针对了秦国当时的境况特意为之。

故为国任地者,任地,规划土地。**山陵居什一,**什一,十分之一。**薮泽居什一,**薮(sǒu),草木聚集的沼泽。**溪谷流水居什一,都邑蹊道〔居什一,**都邑,村镇。蹊(xī),小路。道,大路。**恶**

田居什二,良田〕据《徕民》篇补。**居什四。此先王之正律也,**正律,正确的法度。**故为国分田数,**数,指赋税数额。**小亩五百,**小亩,指周制之亩。**足待一役,**待,对待。役,战役。**此地不任也。**任,胜。地不任,指地力不胜。**方土百里,**方,见方,即面积。**出战卒万人者,数小也。**数目不大。**此其垦田足以食其民,**食(sì),供养。**都邑遂路足以处其民,**遂路,道路,与前文"蹊道"同。**山陵薮泽溪谷足以供其利,薮泽堤防足以畜〔……〕。**畜,通蓄,积蓄。畜后疑有阙文。**故兵出,粮给而财有余;**给,供给。**兵休,民作而畜长足。**作,农作。长足,始终充足。**此所谓任地待役之律也。**待,供给。

这一章开示了"度地"的另一个面相,由此可知,"度地"不仅仅要了解土地数量,更是要规划土地使用格局,以实现对土地的最大化同时也最合理的利用。按文中所示,山林、薮泽、溪谷流水当各占 10%,都邑蹊道占 10%,恶田 20%和良田 40%。〔1〕不过有的学者认为这种分判的比例不是占地面积,而是税率,〔2〕但不可信。文中将所列的规划方案归诸"先王之正律",现在已经不能确知这是托古之辞还是言之有据。但是之后说到的"小亩五百""方土百里"明显不是战国乃至春秋秦国的境况,再结合后章说到"今世主有地方数千里",本章中提供的"任地待役之律"明显是针对一个小国的规划方案,很可能确有所本。商鞅试图以之为学习、借鉴的成法,来形成对当时不当治理模式的调整方案。

---

〔1〕 本篇此句有脱漏,据《徕民》篇补足。
〔2〕 参见张觉:《商君书校疏》,知识产权出版社 2012 年版,第 90 页。

相同的土地规划方案，还见于《徕民》篇，文字上较本篇更加完整。有鉴于《徕民》篇非是商鞅作品已有公论，且很可能成篇不早于公元前260年，有理由认为商鞅关于土地规划的思路和方案为之后秦国思想界所接受和承袭。

规划土地的直接目的是充分利用土地，也就是“任地”，以此实现民众的温饱和安顿，同时也保障战争中足够的粮草供应，故曰“故兵出，粮给而财有余；兵休，民作而畜长足”。

今世主有地方数千里，食不足以待役、实仓，食，粮食。待，应对。役，军事行动。实，充实。实仓，充实仓廪。**而兵为邻敌，**为，与。邻，邻国。敌，相敌，义为势均力敌。**臣故为世主患之。夫地大而不垦者，与无地者同；民众而不用者，与无民者同。故为国之数，**数，通术。**务在垦草；用兵之道，务在壹赏。**壹赏，据《刑赏》篇：“所谓壹赏者，利禄官爵抟出于兵。”**私利塞于外，**外，指农战之外。塞，阻塞。**则民务属于农；**属，归属。**属于农则朴，**朴，质朴。**朴则畏令。**令，法令。**私赏禁于下，则民力抟于敌，**抟，凝聚，集中。**抟于敌则胜。奚以知其然也？夫民之情，朴则生劳而易力，**劳，勤劳。易力，不吝惜用力。**穷则生知而权利。**知，智谋。权利，计算利益得失。**易力则轻死而乐用，**轻死，舍生忘死。乐用，乐于受役使。**权利则畏罚而易苦。**易苦，轻视劳苦。**易苦则地力尽，乐用则兵力尽。夫治国者能尽地力而致民死者，名与利交至。**

这一章以“今世主有地方数千里，食不足以待役、实仓”开篇，与上章谈到的“正律”所达至的效果明显不符。商鞅意在以此凸显当时政权在土地规划上出了问题，并且应当回归“正律”。不过本章讨论的重点集中在“度地”（规划）之后的要务，侧重对土地最大可能地加以利用，即“地大而不垦者，与无地者同；民众而不用者，与无民者同”。利用涉及用地和用民两个方面，当然二者归总起来都是要对农耕和兵战提供助益。所以问题仍旧回到了如何约束、调动民众，使之专力于耕战。

文中表达出的思路有二：一是“私利塞于外”，即断绝私人与外国的交通→“民务属于农”→“朴”→“畏令”。二是“壹赏”，禁“私赏”于下→“民力抟于敌”→（战）胜。

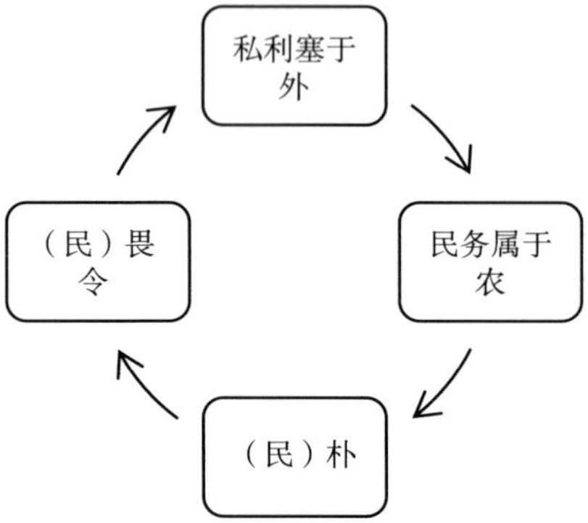

商鞅认为，为了保持农、战的积极性和效率，要让民众的生活保持“朴”且“穷”，即淳朴而朴素的生活的状态，因为“夫民之情，朴则生劳而易力，穷则生知而权利”。淳朴才能唯上是从，相对贫穷便会穷于计算得失，从而保证官方提供的赏罚机制能够发挥引导、激励作用。这个思路与《农战》篇的“民朴壹”和《去强》篇的“贫治”论一致，同时也把调动民力建立在“权利”，[1] 即民之好利

〔1〕 要注意这个“权利”与作为现代法学术语的权利含义完全不同，义为权衡利弊。

恶害之性的基础上,可看作在为下文张本。

民之性,饥而求食,劳而求佚,佚,安逸,休息。**苦则索乐,**索,求。**辱则求荣,此民之情也。民之求利,失礼之法;**礼之法,礼制、礼俗的规则。**求名,失性之常。**性之常,本性的常态。**奚以论其然也?今夫盗贼上犯君上之所禁,下失臣子之礼,故名辱而身危,犹不止者,利也。其上世之士,衣不煖肤,食不满肠,苦其志意,劳其四肢,伤其五脏,而益裕广耳,**裕广,宽裕旷达,此指心里不在乎。**非性之常也,而为之者,名也。**为了名声。**故曰名利之所凑,**凑,聚集。**则民道之。**道,通导,趋向。

民之所以可以被政权调动,同时又必须约束,商鞅认为归根结底是基于人性。喜言人性是战国时期思想界的风尚,尤其是到了战国中期以后,几乎所有政治治理理论都尝试寻求建立在人性论的基础上。但是各家对于人性的理解,无论是层次还是侧重往往存在差异。

本章谈到的“饥而求食,劳而求佚,苦则索乐,辱则求荣”的“民之性”就是“民之情”。若按照宋人张载气质之性、天命之性两分来看,这种“性”属于人的气质之性,基于生存本能生发,具有动物性的内涵,但又不同于动物性。或可归纳为生存本能的人化表征,包含的特质既有私性,即自我满足、成就的欲求;又有功利理性,即基于权衡的趋利避害。另外还有,人会追求物质财富之外的“名”,并以之为同质于实物的“利”。这正好为商鞅的政治引导和治理提供了可能性,毕竟以物质性的恩赏之利施治会大量损耗国家财富,而爵位、官位之赏相较而言更加合用。

放任私性不加约束，个体之人定会通过各种各样的途径寻求私利最大化以实现自我满足和自我成就。这种情况势必造成“失礼之法”“失性之常”，是故必须要规制引导。同时也因为求利源于性情的本能，所以才会“名辱而身危犹不止”。此中隐含的预设是，由于本性，人必定会积极作为以求利。这正好契合并构成了前篇中谈到的“动态富强”成立的基础。

“其上世之士，衣不煖肤，食不满肠，苦其志意，劳其四肢，伤其五脏，而益裕广耳”，在商鞅看来不是常态，也不是常态化治理的目标和对象，并且认为“非性之常，而为之者，名也”，如此便须一方面在治理中排除超越功利的道德因素，另一方面也不把道德塑造作为治理的目标之一。这与《商君书》中反复强调排除以“善、修、仁、廉”等为标准立法和治理相契合。按此，社会中所有的行为都被解释、定性为理性的功利性诉求的表达，这样一来无论表现上差异何其巨大，俱本自“民之生”且可通过同样功利性的赏罚机制加以约束、调整和引导。

主操名利之柄，柄，权柄。**而能致功名者，数也。**数，度数。**圣人审权以操柄，**审，审查，弄清。权，权威。**审数以使民。数者臣主之术，**臣主，或当作人主，即君主；或理解为臣子和君主，亦通。**而国之要也。故万乘失数而不危，**乘（shèng），兵车。万乘，古人对大国的称谓。**臣主失术而不乱者，未之有也。今世主欲辟地治民而不审数，臣欲尽其事而不立术，**尽，尽力。**故国有不服之民，主有不令之臣。**令，善。

故圣人之为国也，入令民以属农，令，命令。**出令民以**

计战。计，求取。**夫农，民之所苦；而战，民之所危也。**危，以之为危险。**犯其所苦，行其所危者，计也。**计，算计。**故民生则计利，死则虑名。**虑，顾虑。**名利之所出，不可不审也。利出于地，**出于，由于……而产生。地，指耕种。**则民尽力；名出于战，则民致死。**致死，效死命。**入使民尽力，则草不荒；**草不荒，指地不荒芜。**出使民致死，则胜敌。胜敌而草不荒，富强之功，可坐而致也。**

既然认定了人对名、利的追求根于本性，则名、利作为能为最有效地调动民众提供"数"，且掌握"名利"与夺的标准势必成为最重要的权柄。

商鞅治理思想中的"数"含义非常独特，指的是治理过程中依据的度数、标准。与之相关者，"法"是治器的形式，名、利是治器的内容。是故数、法和名利三者在实际治理过程中始终纠缠在一起。

要注意，很多论家将商鞅之"数"等同于战国诸子所论之"术"，并不准确。尽管在广义上看，商鞅的"数"也属于治术之"术"。诚然，在战国政治理论发展过程中，如何操术、用术成为越来越重要的论题。而且《商君书》中也讨论了用"术"，但相较而言商鞅对术的论说较之更晚的诸如《韩非子》等作品稍显粗略，且论旨有别。

若按上文所论，本章中的"数"确实可以归入治理之"术"的层次，但是所指并不是治理的技艺、技法，更不涉及权谋之术，而仅仅指的是度数。而所谓操"名利之柄"也好，掌握"术"或"数"也好，所掌握的是制定和解释标准化的度数的权力。或者也可分辨得更细致一些，"数"侧重度数、标准，"术"侧重制定、解释、运用"数"的使用方式，当然商鞅坚守的共同前提是依法。

本章对“数”的基本定性是“臣主之术”,施用的对象是“入令民以属农,出令民以计战”,简言之就是治民。这与之后《韩非子》论“术”时侧重治官治吏而非治民不同。以上差异至少反映出两方面问题:一是在商鞅看来,当时政治的要务是治民以富国强兵,而非解决权力运行中出现的问题。二是商鞅判定官僚系统严格按法而治便能够收到预期的高效、有序的治理局面,是故并没有给予治官、治吏过多关注。

也正是因为针对的是治民,所以商鞅并没有强调用“数”当专属于君主,因为遵“数”而行就是依法而行,这是对包括君主在内的所有人共同的要求。

“故圣人之为国也,入令民以属农,出令民以计战”,是“数”的设定的基础。言下之意,依据农、战设定名利之“数”,设立获得名利的标准,是“审权以操柄”的关键。因为按照农、战乃是对民众而言最“苦”最“难”之事的认识,人们之所以“犯其所苦,行其所危”,绝非发自本心,而只可能源于功利计算。所以必须要确保名利只能通过最难的农、战获得,即“利出于地,则民尽力;名出于战,则民致死”,并且这种获利一定要是可量化、可预期的。这样一来民众才会尽最大可能地投身于农战,进而可致“入使民尽力,则草不荒;出使民致死,则胜敌。胜敌而草不荒,富强之功,可坐而致也”。

今则不然。世主之所以加务者,加,特别。**皆非国之急也。身有尧舜之行,**行,德行。**而功不及汤武之略者,**略,通掠,获得。**此执柄之罪也。**执柄,掌握政权者。**臣请语其过。**过,过错。**夫治国舍势而任谈说,**舍,舍去。势,实力。**则身修而功寡。故事《诗》《书》谈说之士,**事,任用。**则民游**

而轻其上；游，游方、迁徙。轻，轻视。**事处士，**处士，隐士。**则民远而非其上；事勇士，则民竞而轻其禁；**竞，好斗。轻其禁，轻视国家的禁令。**技艺之士用，则民剽而易徙；**剽，轻浮。徙，迁徙。**商贾之士佚且利，**佚，安逸。利，富有。**则民缘而议其上。**缘，攀附。议，非议。**故五民加于国用，**五民，指谈说之士、处士、勇士、技艺之士、商贾之士。**则田荒而兵弱。谈说之士，资在于口；**资，本钱。**处士，资在于意；**意，思想。**勇士，资在于气；**气，胆气。**技艺之士，资在于手；**手，手艺。**商贾之士，资在于身。**身，身家。**故天下一宅，**宅，家。**而圜身资；**圜(huán)，通环。圜身，周身、浑身。**民资重于身，**重于身，重在身体(即前文的口、意、气、手、身)。**而偏托势于外。**偏，即徧，通遍。资重于身，指本钱比身体还重要。托，倚重、投靠。势，势力。外，外国。**挟重资，归偏家，**挟，携带。偏家，指私家。**尧舜之所难也。**难，难以治理。**故汤武禁之，则功立而名成。**

承接着上章用“数”的话题，本章重在辩驳当时君主之所“务”的方向出了问题，即所务“皆非国之急”。文面上看是说君主用人不当导致民风出了问题，进而导致不务农战而国家不致富强。不过也可反过来理解，即针对当时国家不富强寻找原因，层层推进，最终将根源归结到君主身上，即“持柄者之罪”。其中君最主要的过错在于“舍势”，也就是不能清晰地认识、判断，罔顾形势，因而会错误地选择政治策略与方案。像“任谈说”“事《诗》《书》谈说之士”“事处士”“事勇士”“技艺之士用”“商贾之士佚且利”，以及由此造成的不良后果，都源于君主的认识和方略选择出了问题。

文中归纳了“五民”，包括“谈说之士、处士、勇士、技艺之士、商贾之士”，是整部《商君书》中都在加意排斥的职业类型，他们分别引起不同的不良后果，即“故事《诗》《书》谈说之士，则民游而轻其上；事处上，则民远而非其上；事勇士，则民竞而轻其禁；技艺之士用则民剽而易徙；商贾之士佚且利，则民缘而议其上”。而“五民”带来的总体性后果，乃是“田荒而兵弱”。

同时文中商鞅提出了一个新的理解思路来分析“五民”为什么不能重用且难于治理，围绕的核心概念是“资”，含义大致可以对应今天俗语所说的资本、本钱。“谈说之士，资在于口；处士，资在于意；勇士，资在于气；技艺之士，资在于手；商贾之士，资在于身”，这些人群的共性在于安身的本钱在“身”上，而不在于身外。相反，农民的“资”应该在身外，虽然此中未有明示，但可以推想指的是土地。比较而言，资在于身的“五民”，较之资在身外的农民更具有流动性，也势必更容易“托势于外”而不受约束。所以说“故天下一宅，而圜身资民；资重于身，而偏托势于外。挟重资，归偏家，尧舜之所难也；故汤武禁之，则功立而名成”。以上构成了商鞅主张压制“五民”的重要理据之一，同时也反映出他对政治治理作用模式的理解。其中非常重要的面相是治理的核心在于治民，而治民之要在于“制”民，即对民形成规制、约制，像制民、胜民等说法都在表达这层含义。这也是下章所论的重心。

圣人非能以世之所易，易，容易具备者。**胜其所难也；**难，难以获致者。**必以其所难，胜其所易。故民愚，则知可以胜之；**愚，质朴。**世知，**知，指眼界广、知识多、有智谋。**则力可以胜之。民愚，则易力而难巧；**巧，技巧。易力，易于用力。**世**

巧，则易知而难力。易知，易于用智。**故神农教耕而王天下，师其知也；**师，以（神农）为师。知，知识。**汤武致强而征诸侯，服其力也。今世巧而民淫，方仿汤武之时，**方，正好。仿，如同。**而行神农之事，以随世禁，**随，当为堕，意为毁坏、废弛。**故千乘惑乱。此其所加务者过也。**加，特别。务，从事。过，错误。

本章与《开塞》篇部分相同，章旨是在制民、胜民的前提下，强调治国须“胜其所难”，即能导民投身、专注于难为之务，也就是农战。这与《去强》《说民》等篇强调的“以难攻”含义相同，表明商鞅深切地感受到农、战二者相对于其他营生和事务来说最为不易，同时对国家富强而言又最为重要。

由此，能让人心甘情愿地从事于难为之务，甚至被当作了圣人的标志。其中神农和汤、武分别代表了两种不同情势下的不同方略。前者是“民愚”之世，百姓多蒙昧无知，“知可以胜之”，即统治者关于生存、生活的知识可以全面胜过民众，是故神农教民农耕知识、技巧，便可治理天下。后者是“世巧”之时，民众所缺乏的不是知识，因此只能借助压倒性的武力优势“强而征”以求“服其力”。言下之意，当世所能行用的只有汤武模式，以此印证以刑赏促农战以求国力增益的主张。由这段论述表达出的是具体的治理方案须得因时势而定，并无陈规可守。不过治理须以制民、胜民为基础，却是圣人们在确立治理方略时始终恪守不变的前提。

陈说了前代圣王治法之例后，商鞅接着对当世的时势作出了判断，即“今世巧而民淫，方仿汤武之时”，言下之意，应当采取“服其力”的方针。但事实上当时各国大多行用的却是“行神农之事，以随世禁”，也就是广开知识、民智，同时禁令、规制不足。这与商鞅一直批评的当时谈说、游宦盛行相应。由此带来的必是“千乘（之国）惑乱”。而所有这些的根源，都在于对形势的认识，以及对于所应“加”之“务”的判断出了问题。

还要看到，商鞅眼中的“圣人”，以能治天下，即掌握治术和拥有判断时势并选择与之相匹配的治术的能力为标志；有别于儒家专以道德水准为标准。且但凡谈到圣人，相对应的必定是“天下”而非一国，这在《商君书》中表现得非常一致。同时一以贯之的还有“天下”之治才是商鞅论说的旨归所在。

民之生，生，通性。**度而取长，**度，度量。**称而取重，**称，称量。**权而索利。**权，权衡。**明君慎观三者，则国治可立，**治，高亨以为当作“法”。**而民能可得。**能，能力。**国之所以求民者少，**求民，对民的要求。**而民之所以避求者多。入使民属于农，出使民壹于战。故圣人之治也，多禁以止能，**能，通态，奸巧。**任力以穷诈，**穷，杜绝。**两者偏用则境内之民壹；**偏，通徧。民壹，一心一意。**民壹则农，农则朴，朴则安居而恶出。**安居，安于定居。恶（wù），厌恶。**故圣人之为国也，民资藏于地，**资，资产。**而偏托危于外。**偏，少。托危于外，意为前往外国危险之地。**资于地则朴，托危于外则惑。民入则朴，出则惑，故其农勉而战戢也。**勉，勉力、尽力。戢（jí），读作捷，意为胜利。**民之农勉则资重，战戢则邻危。**戢，疾，此解作积极。**资重则不可负而逃，**负，背负。**邻危则不归于无资。**不归于无资，指民不归附贫穷的外国。**归危外托，狂夫之所不为也。**

狂夫，疯人。

故圣人之为国也，观俗立法则治，观，考察。**察国事本则宜。**事本，从事农战。**不观时俗，不察国本，则其法立而民乱，事剧而功寡，**剧，过度。**此臣之所谓过也。**

由“民之生”引申出的“度而取长，称而取重，权而索利”，即前文谈到的功利理性，这是人的特殊性（理性）与生物性的欲望结合以后的状态。君主操刑赏之柄以调动、引导民众的基础恰在于此，也是解决“民能”如何“可得”的根本。

既然民众会理性地权衡利弊，因此可以利用他们对资产得失的顾及来促成他们安于农耕且积极对外作战，实现的前提是让民只能通过农耕获得利益。是故要“多禁以止能，任力以穷诈”，也就是通过禁止性规定和国家权力的强势介入杜绝巧避农战以获利的奸邪诈伪行为。

进一步还要营造国内安定而外交危险的局面。这样民众权衡之后便会“民之农勉则资重，战戢则邻危。资重则不可负而逃，邻危则不归于无资”。所谓“民资藏于地”，正是前文谈及但未曾明示的民众的资产当固着于土地，而不可是附着于身的能力，或是能够轻易随身而移转之物。否则民众的生活便缺乏稳定性，同时也很难针对性地治理和引导。以上不是治术问题，而属于立法建制，即确定政策方略并将之落实成为法律规则的问题。

换句话说，商鞅认为政治方略、规划得以实现的根本在于把握人性，而后再基于对人性的把握设计社会调动和激励机制，促使全社会能够“一心一意”且将君主的政治目标转化为日用而不知的“己之所欲”的主动践行。

作为总结，文中说到“故圣人之为国也，观俗立法则治，察国事本则宜”，这强调了因“时”立法和专注“本”务两个方面并重。按照商鞅的论述习惯，接下来说反例，即“不观时俗，不察国本，则其法立而民乱，事剧而功寡”。

夫刑者所以禁邪也，而赏者所以助禁也。羞辱劳苦者，民之所恶也；恶（wù），厌恶。**显荣佚乐者，民之所务也。**务，追求。**故其国刑不可恶而爵禄不足务也，此亡国之兆也。**兆，征兆。**刑人复漏，**复，通覆，隐藏。漏，漏网。**则小人辟淫而不苦刑，**辟，通僻，邪辟。苦刑，苦于刑法。**则徼幸于民上。**徼（jiǎo），通侥。侥幸于民上，希望从君主处侥幸获得赦免或青睐。**徼幸于民上以利求，显荣之门不一，**显荣，显赫荣耀。门，途径、门径。**则君子事势以成名。**事势，追求权势。**小人不避其禁，**不避，不害怕。**故刑烦；**烦，繁多。**君子不设其令，**设其令，执行法令。**则罚行。刑烦而罚行者，国多奸，则富者不能守其财，而贫者不能事其业，**事，从事。业，本业。**田荒而国贫。田荒则民诈生，**诈，诈伪。**国贫则上匮赏。**匮，匮乏。

故圣人之为治也，刑人无国位，国位，官方承认的地位。刑人，受过刑的人。**戮人无官任。**戮人，通刑人。官任，任用为官。**刑人有列，**有列，列于官爵之位。**则君子下其位；**下，轻视。**戮人衣锦食肉，**戮人，刑余之人。**则小人冀其利。**冀，贪图、希望。**君子下其位，则羞功；**羞，感到耻辱。**小人冀其利，则伐奸。**伐，夸耀。奸，奸巧。**故刑戮者，**刑戮，刑罚杀戮。**所以止奸也；而官爵者，所以劝功也。**

今国立爵而民羞之，羞，以之为耻。**设刑而民乐之，**乐，以之为笑谈。**此盖法术之患也。**法术，法律、治术。**故君子操权一政以立术，**操权，掌握权柄。一政，统一政策。立术，制定方案。**立官贵爵以称之，**称之，与之相称。**论劳举功以任之，则是上下之称平。**平，公平。**上下之称平，则臣得尽其力，而主得专其柄。**专，专有、垄断。

前文已经说到，刑赏是最重要的治器。基于人本性的好利恶害和理性权衡，刑能对应“羞辱劳苦”，赏可对应“显荣佚乐”，是故刑赏足以调整、驱动人的行为。其中的道理不难理解，但是要想真正地用好刑赏，使之能够获得预期的治理实效却非常不易。这章着重讨论的就是如何设定刑、赏以成治。

在商鞅的理论中，虽然刑赏常常并称，但是两者的定位和重要性并不相同。“刑者所以禁邪也，而赏者所以助禁也”表明“赏”是“刑”的辅助，甚至连主要功能都侧重“助禁”而不是通常人们习惯认为的正向激励。这是一个非常特别，同时又贯注《商君书》全书的判断和设定。在商鞅的思想中，刑赏与法令大致可以看作内容与标准的关系。法令提供标准化的行为模式，其中蕴含的行为导向、模式等通过刑赏来实现。所以刑赏不仅仅是治理手段，同时也是法律本身。而刑赏二者，明显是刑占据主导，赏则是刑的辅助。这个基本定位意味着刑不仅仅只有设“禁”和惩罚的作用，同时也承担着引导、激励的功能。赏则是在刑不足，或者效果需要进一步强化的时候发挥作用。

由于刑赏取得实效建立在人性好利恶害且会进行理性的功利算计的基础上，也就是“羞辱劳苦者，民之所恶也；显荣佚乐者，民之所务也”。因而一旦刑赏不足以或者不能切合人性或人们的好恶，整个法律体系便会丧失社会控制和调动能力，即“其国刑不可恶而爵禄不足务也，此亡国之兆也”。文中指出赏赐、刑罚缺乏调动实效的关键在于可以被规避，也就是人们经常说的不能“信赏必罚”。由此便会引发三种情况：其一，“刑人复漏，则小人辟淫而不苦刑，则徼幸于民上。徼幸于民上以利求，显荣之门不一，则君子事势以成名”，意思是刑罚不“必”而致犯罪者能不受刑罚，小人就会找到侥幸逃避而不罹受刑罚之苦的门径，甚至可以此获利，这势必会造成刑罚失去应有的效用。其二，为了规制各种逃避刑罚的徼幸行为大量设置过分繁密的罪名，造成“小人不避其禁，故刑烦”。其三，不通过立法而擅自颁布禁令实施刑罚，“君子不设其令，则罚行”。商鞅认为以上三者最终势必引起“刑烦而罚行者，国多奸；国多奸则富者不能守其财，而贫者不能事其业，田荒而国贫”，还会进一步造成“田荒则民诈生，国贫则上匮赏”。顺着这个思路可以看出，恰当地设置刑罚，是社会治理能够获得成效的基础条件之一。

为了让刑罚发挥出治理实效，还需要“刑人无国位，戮人无官任”。这其实是古已有之的制度安排，[1]在观念层面被表达为“君子不近刑人”（《盐铁论・周秦》）。不过到了战国时代，被称为刑人、戮人的刑余之人已经不再当然地被贬低和被道德减等，相应的贬责制度和安顿机制也不复存在。商鞅敏锐地注意到，这种情况反映出此时刑罚本身的引导和评价机能存在严重缺陷。当刑罚不能必然给犯罪者带来实际损失，负面评价可以被规避，反倒是受刑

---

〔1〕关于先秦刑余之人的制度安排和实态，参见李平：《先秦刑余之人考论：形象、制度与观念》，载《法商研究》2017年第2期。

者可以获得锦衣玉食、高官厚禄，一方面会让刑罚丧失应有的功能，另一方面也势必造成原本通过刑罚禁止的那些谋利途径被继续利用。相反法律加以推崇并提供正面引导者却得不到推崇。当然这些情况建立在特定的前提上，即商鞅认为农战本是最“难”为之事，而力图借助刑罚所压制乃至禁止的谈说、商贾、技艺、游学等易于谋利。

因为上述种种，才会出现“今国立爵而民羞之，设刑而民乐之”的情况，意味着“法术”即围绕施用法律展开的治术事实上已经失去了效用。为此商鞅提供的应对方案是“故君子操权一政以立术，立官贵爵以称之，论劳举功以任之”，用前文的话来说，便是“作壹”与据“数”，如此方能做到“上下之称平”，进而除了能够治民外，还能使“臣得尽其力，而主得专其柄”。

还需要再次强调，这里谈到的“术”和前文的“数”含义并不相同。“术”质言之就是“法术”，也就是按法而治的治理技术。“数”则是用法律形式承载的各种标准、度数，是用“术”的依据。尽管对两者的论说都属于治术层次，不过侧重各有不同。

开塞第七

【导读】

本篇是《史记·商君列传》中提到的两篇商鞅作品之一。篇题"开塞",字面意思是重新开启(被)闭塞(者),取自篇中的一段表述:"汤武之道塞,故万乘莫不战,千乘莫不守。此道之塞久矣,而世主莫之能开也,故三代不四。非明主莫有能听也,今日愿启之以效。"意思是要重新彰显已然闭塞的汤武之道,以图再造三代的辉煌。这即是全篇旨归所在。

就论说方式而言,这是一篇比较典型且严整的"论"文。也可以认为是商鞅最完整、系统地表达自己的政治治理"理论"的一篇作品。篇中从人性、历史、现实有效性三个角度,论说了君主政治、政治治理的必要性和正当性基础,以及它们共同的功能——"治"。再接下来阐明了为了达到"治"的有序状态所应采取的治理方案和技术,围绕如何立法、如何运用赏罚展开。

全篇共可分为6部分,(1)以政治哲学式的解释,将人类历史判分为"上世亲亲而爱私""中世上贤而说仁"和"下世贵贵而尊官"三个阶段,对应不同的社会风貌和治理模式,意在彰明"世事变而行道异"。(2)阐明治道层面的王道、臣道别异,同样以彰明"世事变而行道异"为目的。(3)以三代世势异而治不同为据,强调"圣人不法古,不修今"。(4)通过古今民风之异,凸显当时行用"刑治"的必要性。(5)论说"刑治"的原则与方式,尤其强调"刑多而赏少""刑用于将过"。(6)以古今之同,彰明按法而治与"立君"对于天下之治而言具有相同的重要性,并给出了"王者以赏禁,以刑劝;求过不求善,藉刑以去刑"的结论性论说。

与其他各篇不同,《开塞》更多的是在直接针对“天下”而非一“国”之治平立说,因此文中更加侧重如何型构、维系秩序,对诸如徕民、垦草、攻战等立足诸侯国自保、富强、削弱敌国乃至取天下等方面的话题,尽管也有涉及,但并不以之为重点。而且文中所论基本上都围绕治、乱展开,几乎不直接涉及富强、强国等话题。

由于有《史记》明文记载,是故对本篇的作者向来少有争议;不过并不能以此完全排除后世整理、汇编时对文本进行过删改加工的情况。且文中多次出现了“故曰……”,似乎是在有意识地针对某些既有文本或言论作出解释。可是由于文献阙如,“故曰”之后引述的文句来源已不可知,所以对此也只能结合文义进行推测,无法给出确定的结论。

【原文・评注】

天地设而民生之。设,设立、形成。**当此之时也,民知其母而不知其父,其道亲亲而爱私。**亲亲,亲爱自己的亲人。私,自我、自己。**亲亲则别,**别,分别亲疏。**爱私则险,**险,奸险、险恶。**民众而以别险为务,**众,多。务,从事,致力于。**则民乱。当此时也,民务胜而力征。**胜,(互相)胜过。征,争夺,争取。力,尽力。**务胜则争,力征则讼,**讼,同争。**讼而无正,**正,标准,亦可解为正长或居于上位的裁判者。**则莫得其性也。**性,本性、人性。**故贤者立中正,**中,不偏。正,不邪。**设无私,而民说仁。**说(yuè),通悦,喜爱。仁,仁慈。**当此时也,亲亲废,上贤立矣。**上,通尚,崇尚。**凡仁者以爱〔利〕为务,**利,据钱本、四库本等补。爱利,爱人、利人。**而贤者以相出为道。**相出,相互推举。道,方法、模式。**民众而无制,**制,指法律制度的规制。**久而相出为道则有乱。故圣人承之,**承,承接。**作为土地、货财、男女之分。**分,分判、划分。**分定而无制,**制,法律制度规制。**不可,故立禁。**禁,法禁、禁令。**禁立而莫之司,**司,掌管。**不可,故立官。**官,指官僚制度。**官设而莫之一,**一,统一支配。**不可,故立君。既立君,则上贤废,而贵贵立矣。**贵贵,尊崇贵人,此指尊崇君、官等。**然则上世亲亲而爱私,中世上贤而说仁,**说(yuè),通悦。**下世贵贵而尊官。上贤者,以道相出也;而立君者,使贤无用也。**无用,没有价值,无处可用。**亲亲者,以私为道也,而中正者使私无行也。此三者,非事相反也,民道弊而所重易也,**弊,坏、衰败。重,侧重。易,变化。**世事变而行道异也。故曰:"王道有绳。"**绳,准则、法度。

本章要解决的问题,是从历史(或曰历史哲学)的角度论说为什么会有政治治理,以及政治治理的标准、模式为何代有不同。当然和绝大部分战国诸子的相关论说一样,这不是严格意义上的历史考证和描述,而更类似于"六经注我"式的遴选、重塑历史以印证自己的观点。

商鞅认为人类社会文化的第一阶段是生民之初"民知其母而不知其父"的时代,近似于人类学界定出的母系氏族社会。这个认识在战国时很常见,例如《吕氏春秋·恃君》说:"昔大古尝无君矣,其民聚生群处,知母不知父。"文中商鞅关注的是私性和私心在前政治时代早期的表现,即"亲亲"和"爱私"。亲亲必会"各亲其亲"

(《礼记 · 礼运》),直接后果是产生自我和他者之“别”。要注意的是,传统中国文化中绝大部分“自我”都不指个体自我,而是以家为单位的群自我。换句话说,个体自我在其中扮演的是“立足点”而非“目的”的角色,商鞅将亲亲与爱私联系在一起,已经明示了这一点。有了明确的自我意识和自我—他者之分以后,民众的自发表现便必定会是意在自我保全、自我满足的“爱私”。各爱其私的后果之一会是人以险恶之心对待他者。基于亲亲和爱私导向的后果将会是“务胜而力征”,进而“务胜则争,力征则讼”。争和讼,通常人们关注到的后果是破坏秩序。但这里商鞅则强调了另一面:参与争、讼者势必“莫得其性”。这个“性”就是造成亲亲、爱私、险、别乃至争、讼的本性。和常见的简单化的性善、性恶等说不同,此性是人的自然本性和特殊能动性(包括但不限于理性)的混合。商鞅给出的演化线索表明,人们顺着这种本性自发的行为,导致的后果恰恰会是本性得不到满足,同时还会造成秩序混乱。

至此进入了第二阶段的“贤者立中正,设无私而民说仁”。贤者以中正、无私为价值标准自处,并给出行为原则,足以解决由亲亲、爱私带来的问题,是故“亲亲废,上贤立”。

可是进入“上贤”时代之后,同样衍生出一系列问题。仁者专务爱利他者,贤者则力求相互推举。按他篇之论,这种不良后果与仁、贤,乃至善、德等缺乏明确标准有关,其中仁与贤两个非常难以量化的价值标准成为行为指针,再加上人所共有的私心,便难免会有朋党出现。一旦并没有明确的制度、法律规则,势必导致乱局。总的来说,商鞅藉此还表达出:一是法律制度“后起”;二是治民必得依赖具体的制度规范。因此便有了作为立法者的“圣人”出现。

第三个阶段源于圣人立法,立法建制的核心在于定分和立禁。而法律有效运作的关键在于“立官”,即建立官僚体系。为了避免

“官设而莫之一”,必需“立君”。至此人们崇尚的不再是贤者设定的具有个人主观色彩且标准模糊的价值评判,而是权力,故曰“上贤废而贵贵立”。这个阶段开始出现了固化的“土地、财货、男女之分”,并为了固化这种“分”而建立法律制度,产生了常态化政治治理和“禁”,即惩戒刑罚的需要。所有这些都意味着:其一,貌似“堕落”的社会代际变化的根本性的原因是人之“私”性的表现方式出现了差异。其二,设官、分职、建制、立禁,都是应治理之需而产生。

总的来说,商鞅认为上古迄今经历了三个阶段:“上世亲亲而爱私,中世上贤而说仁,下世贵贵而尊官。”藉此也表明“世事变而行道异”,证成因世制法的必要性。全章归结道“王道有绳”。“绳”即标准,也就是要把握时易世变之不同治法背后的一以贯之者。而在商鞅看来这个始终不变者,是人性和因时立法的原则。

另外还要注意,同样是从“亲亲”开始,商鞅之论导向了“别”“险”“乱”;而儒家则导出了“爱人”。这反映出两家对人、人性、社会的理解方向和思路存在根本性不同。

夫王道一端,而臣道一端;所道则异,道,通导。所道,即所行。**而所绳则一也。**绳,准则、法度。**故曰:“民愚,**愚,质朴无知。**则知可以王;**知,智慧、智谋。**世知,则力可以王。**力,力能、力量。**民愚,则力有余而知不足;世知,则巧有余而力不足。**巧,巧诈。**民之性,不知则学,力尽而服。**服,服从权威。**故神农教耕而王天下,师其知也;**师,师从。**汤武致强而征诸侯,**强,强力。**服其力也。”夫民愚,不怀知而问;**怀,掌握。**世知,无余力而服。故以爱王天下者,**爱,仁爱。**并刑;**并,读为屏,摒除。**力征诸侯者,退德。**退,摒退。

这一章可以看作在为下章“不法古,不修今”张本,阐明不同时势应采用不同治理方式。文中部分论说与《算地》篇相同,主张治理模式需要与时代、社会和民众状态相契合,也与上章所论相衔接。篇中的“王道”“臣道”,义与儒家等的王道内涵不同,不含有任何道德内涵;但和早期儒家相同者在于形式上指的都是王、臣的行事模式。说王、臣“所道则异,而所绳则一”,要在强调“所绳”同一,但这种根本性的同一又要通过不同的行为模式表现出来。“绳”如“绳之以法”的绳,为约束义。此处可进一步引申为王道、臣道背后的基础性约束。结合上章可知,这个约束在于二者当据人性和时宜而立。至于为什么要提出王道、臣道不同,在本章及全篇中并未明示,也与本篇主要论旨无关。考虑到本章与《算地》篇有部分重合,这一章或是因观点相近而被整理者拼入本篇。类似情况在《商君书》中并不少见。

“民愚则知可以王”,对应的是“神农耕教而王天下”。商鞅认为神农之所以王天下,乃是因为一方面他是“知”的提供者,另一方面当时“民愚”,需要并可以受到有知识、智慧者统治。对应前章的“上世”和“中世”两个阶段,由此带来的后果是“世知”。是亦可见文中的“知”包括知识智能和道德觉悟两个向度。此时民的特点是“巧有余而力不足”。上章谈到此两世的弊端最终要通过圣人立法和建立官僚制度来解决。而本章侧重的是君王、政权如何得立,商鞅看来关键在于“力”,故曰“汤武致强而征诸侯,服其力也”。与此同时,“上贤”阶段立的道德标准要让位于政权基于法律制度设定的新标准,故须“退德”。

还要注意,商鞅这种对时、世的判断,并不如当时很多思想家那样,以之为三世循环,或者三、五循环的状态,而是做了近乎线性的理解。所以商鞅只提供了针对古代和当时时势的解释,却始终没有针对未来的远期社会情势做出判断。由此也可推知,在商鞅的观念中,立法始终必须是“当时”态,或曰基于当时的情势设立。当然其中始终需要包含一以贯之的不变原则,即“所绳则一”。

圣人不法古,不修今。修,循。**法古则后于时,**后,落后。**修今则塞于势。**塞,受制。势,时势、情势。**周不法商,夏不法虞,三代异势,而皆可以王。故兴王有道,而持之异理。**持,推行、维持。理,理路。**武王逆取而贵顺,**逆取,通过反逆取得天下。贵顺,崇尚顺从。**争天下而上让;**上,同尚,崇尚。让,谦让。**其取之以力,**取之,取天下,夺取政权。**持之以义。**义,道义。**今世强国事兼并,**事,从事。**弱国务力守;**力守,以力自守。**上不及虞夏之时,**时,时势、时运。**而下不修汤武之道。汤武之道塞,故万乘莫不战,**万乘(shèng),即万乘之国,此指大国。**千乘莫不守。**千乘(shèng),即千乘之国,此指小国。**此道之塞久矣,而世主莫之能开也,**开,开启、开辟。**故三代不四。**三代(夏、商、周)没有增加为四代。**非明主莫有能听也。**

“圣人不法古,不修今”中包含了两个各有不同的论点:一是“不法古”,这可以通过前两章所论推出,指的是不以古代的治理模式和制度为标准。二是“不修今”,意思是当下既有的政治方略和制度设置也不可因循。言下之意,商鞅认为当时各个诸侯国已经推行的所有制度模式,以及已有的治理理论方案都无法适应秦国发展的需要,甚至往大里说,这些与当时的“势”都不能做到完全契合,所以以之为据会造成“修今则塞于势”。

按照上章所述可知,没有哪两个时代的“势”完全相同,因此每个时期的法律制度和治理模式都必须在清楚明确地把握时势的基础上设置,故曰“周不法商,夏不法虞,三代异势”。同时“势”之“异”意味着需要不同的治法与之对应,也就是“持之异理”。例如,同样都面临力争力取的局面,但是周武王时和战国时的势其实相异,是故周武王可以“逆取而贵顺,争天下而上让”,“取之以力,持之以义”;可是战国时势的关键在于“世强国事兼并,弱国务力守”,因此不能袭禹夏汤武的治法而用之。这也意味着具体的治术、治法并无定制,治理者只能随着不断变化的时势不停地调整适配。这个判断和思路,对于当下的改革和立法同样适用。当然治术、治法因时而变的同时,必须把握其中的不变者,如言所绳之“一”,即只需以天下治平为念。这对当下政治治理同样具有指导意义。

而商鞅之所欲,是达至与“三代”可以等量齐观的盛世,这可由“此道之塞久矣,而世主莫之能开也,故三代不四”一句推知。同时他又苦于并企图扭转“今世强国事兼并,弱国务力守;上不及虞夏之时,而下不修汤武之道。汤武之道塞,故万乘莫不战,千乘莫不守”。这既是商鞅入秦的根本动因,也是变法的真正目标。所以也可认为,尽管商鞅在涉及具体治理模式时强调因时因势而为,但同时他也在力图通过立法建制和治理实践造“势”。这可以结合商鞅变法的实践来理解。通过变法,以及商鞅身后几代君王持续坚守力行,到了战国晚期秦国已经获得了雄霸天下之“势”。这种“势”显然是人为创造出来的。所以对于立法者(君主)而言,在立法建制时既需要判断当时所处的时与势,同时也要明确所欲创化出来的“势”。而实现两种“势”之间的转化,商鞅始终认为最主要的依靠是法律制度和政治治理积极引导、激励、驱使下的民众作为。换句话说,理解商鞅的政治思想时,必须把握商鞅绝非是在被动地面对情势、环境变法、立法,而是在认清时势的基础上,秉持着积极、健动的姿态“造势”。

综上可见,在商鞅看来因时因势的变革,或按今人的习惯表述即法律制度和治理模式的“改革”是常态。其间把握古今一贯的“所绳”,判断当下的时、势,针对性地设计、调整治理方案,三者相结合,是政治治理有效的基础。相应地,任何既有的历史经验、理论都不足以构成设置具体法律制度和政策的标准,而只能成为参考项。这一点古今一理,对于当下仍具有直接的指导意义。

今日愿启之以效。启,开启、彰明。以效,从效果上说。**古之民朴以厚,**朴,质朴。以,及。厚,敦厚。**今之民巧以伪。**巧,巧诈。伪,诈伪。**故效于古者,**效,效法。**先德而治;效于今者,前刑而法;**前刑,以刑为先。法,立法。**此世之所惑也。**惑,迷惑。**今世之所谓义者,将立民之所好,**立,崇立。**而废其所恶;**恶(wù),厌恶。**此其所谓不义者,将立民之所恶,而废其所乐也。二者名贸实易,**贸,即易,改变;此处指义、不义二者名实错乱。**不可不察也。立民之所乐,则民伤其所恶;**伤,受害于。**立民之所恶,则民安其所乐。何以知其然也?夫民忧则思,**思,思索。**思则出(生)度;**出,疑为生字之误。度,法度。**乐则淫,淫则生佚。**佚,放纵。**故以刑治则民威,**威,通畏。**民威则无奸,**奸,奸邪。**无奸则民安其所乐。以义教则民纵,**纵,放纵。**民纵则乱,乱则民伤其所恶。吾所谓利者,**利,或为刑字之误。**义之本也;而世所谓义者,暴之道也。**暴,残暴。**夫正民者:**正,治理、匡正。**以其所恶,必终其**

所好；以其所好，必败其所恶。败，败坏于。

这一章依托古今之变，开始论说立法方略，可以看作对前章的举例论证，所以说“今日愿启之以效”，即以效果校验前论。首先是驳论：“今世之所谓义者，将立民之所好，而废其所恶；此其所谓不义者，将立民之所恶，而废其所乐也。二者名贸实易，不可不察也。”这里的核心主张在于，当时崇立的价值标准出了问题，甚至存在根本性倒置。“名贸实易”就是名、实不相符。这个话题虽说在《商君书》中没有过多展开，但是在战国中后期的诸子学，尤其是名家、法家那里，逐渐成长为至关重要的“形（刑）名”学，著名者有形名家惠施、公孙龙等，亦可见于韩非的“形名参同”之论。〔1〕有的学者认为这可看作是承孔子“正名”论而来的理论发展，〔2〕亦可成立。

驳论之后，欲图证立的核心论点是：“立民之所乐，则民伤其所恶；立民之所恶，则民安其所乐。”其中隐含的观点在于，民众自发表达出的“乐”与“恶”，并不真正合于民的利益。换句话说，民众在缺乏引导的情况下，其实弄不清什么才真正对自己有利。这与之前评注中说到的，商鞅认为任由民众依着本性自发行为，不加以政治引导和约束，势必导致社会混乱和国家贫弱的认识相契。由此推出：“夫正民者：以其所恶，必终其所好；以其所好，必败其所恶。”这是与当时的“常识”看似完全相反的判断，而且非常不好理解。

---

〔1〕相关论说可参见《韩非子·主道》《扬权》二篇。

〔2〕参见《论语·子路》篇：子路曰：“卫君待子而为政，子将奚先？”子曰：“必也正名乎！”子路曰：“有是哉，子之迂也！奚其正？”子曰：“野哉由也！君子于其所不知，盖阙如也。名不正，则言不顺；言不顺，则事不成；事不成，则礼乐不兴；礼乐不兴，则刑罚不中；刑罚不中，则民无所措手足。故君子名之必可言也，言之必可行也。君子于其言，无所苟而已矣。”并可参见《荀子·正名》篇。

因此文中做了进一步解释:“夫民忧则思,思则出度;乐则淫,淫则生佚。故以刑治则民威,民威则无奸,无奸则民安其所乐。以义教则民纵,民纵则乱,乱则民伤其所恶。”意思是说如果以立禁设刑为先,则民众会有忧患意识,引发自我反思并且促使做出合法行为。而若是以设立民众所喜好者为引导,则民众会因一味追求所欲乐者而生淫佚,如此一来反而伤民。故所谓“立民之所恶”,就是要“立禁”,将国家所禁止者明确地以立法的方式公诸众,并且以严刑、重刑与之配套。以“刑治”致“民威(畏)”,并期于“无奸”。

在商鞅看来,“民之所乐”本自民之本性中的好利恶害、好逸恶劳以及亲亲而爱私的私性,而所有这些恰恰都是社会之“乱”的原因。放任民众务其所乐,势必会造成开篇所说的乱象:“亲亲则别,爱私则险,民众而以别险为务,则民乱。当此时也,民务胜而力征。务胜则争,力征则讼,讼而无正,则莫得其性也。”

如果我们结合春秋时代的史事,尤其是郑国的子产铸刑书和晋国赵鞅、荀寅铸刑鼎两事,[1]可知“立禁”为先的做法在商鞅之前已有端倪。再对比前两事在当时遭到的批评,以及西周以来的建制思路,当时树立足以导人成“德”的典范(如“礼”的制度和仪式)、楷模(如周公、召公)是第一要务;而设禁立刑则始终被认为是不得已而为之补充、矫正的工具。用刑本身就意味着政权和治理者未能尽善,甚至道德有瑕疵。本章中商鞅直接反对的,无疑就是西周这种“德礼”之治的模式。

治国刑多而赏少,故王者刑九而赏一,削国赏九而

---

〔1〕 参见《左传·昭公六年》记载“三月,郑人铸刑书”和《左传·昭公二十九年》载“晋有赵鞅、荀寅率师城汝滨,遂赋晋国一鼓铁,以铸刑鼎,著范宣子所为刑书焉”。

刑一。削，弱。**夫过有厚薄，**过，罪过。**则刑有轻重；善有大小，则赏有多少。此二者，世之常用也。刑加于罪所终，**加，施加。罪所终，犯罪已经完成。**则奸不去；赏施于民所义，**所义，所认为的义举。**则过不止。**过，过错。**刑不能去奸，而赏不能止过者，必乱。故王者刑用于将过，**将过，罪过尚未发生。**则大邪不生；赏施于告奸，**告奸，告发奸邪。**则细过不失。**细，小。**治民能使大邪不生，细过不失，则国治，国治必强。一国行之，境内独治；二国行之，兵则少寝；**少，稍。寝，止息。**天下行之，至德复立。此吾以杀(效)刑之反于德，**杀，俞樾以为当作效。反于，回归于。**而义合于暴也。**

前章谈到治国要以立禁为先，本章接着阐明如何落实，要即"刑多赏少""刑九赏一"。两者的基本含义都是要求立法中须以设禁用刑的项目为主，表现便是罪刑的名目多而赏赐的名目少。"刑多赏少"的观点，还见于《说民》篇"故刑多则赏重，赏少则刑重"。"刑九赏一"，并见于《去强》篇："王者刑九赏一，强国刑七赏三，削国刑五赏五。"本章中呈现的特殊观点在于"王者刑用于将过，则大邪不生；赏施于告奸，则细过不失"。我们不妨对比《大戴礼记·礼察》所说："礼者禁于将然之前，而法者禁于已然之后。"[1]这是一个非常典型的战国儒家式表达，明确指出"礼"才是建构、引导民众行为的主要制度和机制；刑只是针对已有的非法行为加以矫正的辅助方法。但是商鞅则认为"刑用于将过"，则刑取代了礼，成为建

〔1〕 汉初贾谊在《治安策》也有类似表达："礼者禁于将然之前，法者禁于已然之后。"

构秩序、引导行为的主导性机制。这与当时通见的对于刑赏的认识和制度设计大为不同,源于商鞅关于"刑加于罪所终,则奸不去,赏施于民所义,则过不止。刑不能去奸,而赏不能止过者,必乱"的认识。也可认为,商鞅将当时治理中的不力和社会乱象部分归因于刑赏设置不当。之所以如此,是因为刑赏是商鞅政治理论中唯一直接作用于治理实践的调控手段。所有政治方略、主张都必须以立法的形式确认、宣示,进而最终通过刑赏落实到对具体行为的激励与禁止上。这个思路在《商君书》各篇中保持了统一。

要注意,现代法律制度尽管在表达形式、学理渊源等方面与商鞅时代迥异,但是同样也表现出立禁为主的状态,纳入立法的"赏"要比商鞅的"刑九赏一"更少。这个现象当代人往往习以为常,罕有专门性的学理讨论。其中很重要的原因之一是今人已经缺少可以直观感受的参照系。换句话说,人们除了立禁为主的法律制度以外,并不曾体验过类似西周德礼为尚的正向引导的法律制度和治理机制。因而商鞅在本章中的表述,为我们把握立禁为治的共性,深入理解这种立法建制和治理背后的思维方式,再以之反思当下法制和法治,进而反思这种现代模式的文化渊源大有助益。

古者民藂生而群处,藂(cóng),聚。群处,群居。**乱故求有上也。**有上,有君主。**然则天下之乐有上也,将以为治也。今有主而无法,其害与无主同;有法不胜其乱,与无法同。天下不安无君,而乐胜其法,**胜其法,违法行事。**则举世以为惑也。夫利天下之民者,莫大于治;而治莫康于立君;**康,安。**立君之道,莫广于胜法;**广,大。胜,任。**胜法之务,莫急于去奸;去奸之本,莫深于严刑。**深,深重。

故王者以赏禁，以赏禁，借助恩赏立禁。**以刑劝；**通过刑罚诱导行为。**求过不求善，**求，寻求。过，罪过。善，善举。**藉刑以去刑。**藉，借助。

这一章回归到了立法而治的主题，同时可以看作全文的总结。篇中所论的直接目的仍然在于天下之"治"，"治"在商鞅看来是人的当然需求，而人之"性"的自发发展却必将会导致因"私"而"乱"。因此政治治理，包括君主的必要性和正当性，都来自此处。故曰"古者民藂生而群处，乱故求有上也"。换言之，"乱"是人纯依本性群居相处演化的必然结果，要想止乱则必需"有上"，即存在政权和政治治理。而这与战国黄老、道法家们将政治治理的必要性、正当性诉诸天道存在显著不同。

顺着这个思路，君主、政权、政治治理的最主要功能都在于提供治理和秩序。所以说"夫利天下之民者，莫大于治；而治莫康于立君"，由此引申出"立君""胜法""去奸""严刑""禁赏"。这几个论题在前文已经反复讨论，故此处不必多论。

商鞅观察到当时存在的两种不当情况：一是"有主而无法"，即君主不立法度。或不依照、倚重法律治理，事实上也属于"无法"。二是"法不胜其乱"，意思是尽管立有法度，但是法律的内容存在问题，即与时势之需不合，故"有法不胜其乱"。出现这两种情况的后果便是"天下不安无君，而乐胜其法"，一方面需要君主政治，同时另一方面君主所立之法又不被遵行。由此反推出"立君之道"的要务在于"胜法"，即立法合于时用。而立法合于时用的要务又在于通过"严刑"以"去奸"。这对应的是前文谈到的"今之民巧以伪"，不复古之质朴，不能再遵循古之"先德而治"。

还应注意者在于篇尾“以赏禁,以刑劝”之论,这与一般观念中以赏劝进,以刑为禁的认识相左。当然类似表达在《商君书》其他篇章中反复出现,可以认为是商鞅关于刑赏功能最重要的主张,也是支撑他治理理论的关键之一。所谓“以赏禁”,可以联系上章“赏施于告奸,则细过不失”来理解。而“以刑劝”,即之前反复谈到的刑罚被作为激励机制,最典型的例证可参见《境内》篇关于战争中刑罚的具体设置。是故以“刑以去刑”作结,意在凸显之前谈到的“刑”应当作为建构、维系秩序和引导、调动行为的主导性治理机制。

壹言第八

【导读】

篇题“壹言”，当解作“言壹”，义如“论壹”，乃是就整篇主旨总结而成，与篇尾“归心于壹而已矣”相呼应。不过虽以“壹”为旨归，但全篇的主要内容并没有直接针对“壹”展开论说，内容基本上集中在以下三方面：其一，治理政策领域，用文中的话说，包括制度、治法、国务、事本几个方面，核心意旨可以概括为集中（“抟”）和消耗（“杀”）。其二，生力与杀力并用，且以论说世人并不熟悉的“杀力”为主。其三，君主应坚守“秉权”与“垂法”原则，因时立法而不法古修今。篇中的主要观点可在《去强》《说民》等篇中找到印证，或如蒋礼鸿所说，“篇内‘上爵尊而伦徒举’以上，述《农战》之旨，以下述《开塞》之旨”。

就结构而论这是一篇思路严整、连贯且层次分明的“论文”，首先论述应当如何“抟力”，然后论说如何“杀力”。两者主要集中在制度、政策层面，是国治富强的必要条件。但是即便如此尚且不足以确保民能从治而“化”，还需要“君”在其间起到决断和监督作用。进而需要进一步阐明“君”应当如何决断，即“明世俗之变”，“察治民之情”以选定“宜于时”的治术。以上这些治理方案，最重要者在于能够使所有人都能“归心于壹”，即自觉、主动、积极地按照国家政策和意志尽力而为。

此外，本篇论断的特殊之处在于，几乎不涉及官吏与民，主要是在对“君”的行为提出要求，包括君应该如何“立国”、如何“治国”和如何“治民”三层。而文中作为典范的“圣人”，为当世君王提供的不是具体的应当效法的行为模式，而是基于时势选择治术的判断方式。换句话说,全篇重在阐明君王应当如何审时度势选定治术。

【原文·评注】

凡将立国,制度不可不察也,制,法律制度。度,度数、标准。察,察明。**治法不可不慎也,**治法,指治术、治理方法。**国务不可不谨也,**谨,谨慎、慎重。**事本不可不抟也。**事本,指农战。抟(tuán),集中、聚集。**制度时,**时,合于时宜。**则国俗可化,**俗,风俗、社会风气。化,化成。**而民从制。**制,法律制度。**治法明,**明,明白、明确。**则官无邪。国务壹,则民应用。**应(yìng),顺合,适合。**事本抟,则民喜农而乐战。夫圣人之立法化俗,而使民朝夕从事于农也,不可不知也。夫民之从事死制也,**死制,宁死守法。**以上之设荣名,**荣,荣誉。名,名誉。**置赏罚之明也。不用辩说私门而功立矣,**私门,行私请托的门路。**故民之喜农而乐战也。见上之尊农战之士,而下辩说技艺之民,**下,贬斥。**而贱游学之人也,故民壹务;其家必富,而身显于国。上开公利而塞私门,**公利,国家利益。**以致民力,**致,获致。**私劳不显于国,私门不请于君。若此而功名劝,**劝,激励。**则上令行而荒草辟,**辟,开辟。**淫民止而奸无萌。**奸,奸邪。萌,萌生。**治国能抟民力而壹民务者强,能事本而禁末者富。**

这一章重在阐述君王如何通过法律制度的设置和运作实现强

国,其中包括制度、治法、国务、事本。这是商鞅基于他本人有关政治治理独特的类观念所形成的类分,四者关系可理解为:“治法者,制度之实;事本者,国务之实。”〔1〕

其中“制度”是关于治民的量化、标准化法律制度,作用是“化俗”,即塑造、型构社会秩序和风气。笔者强调“时”,也就是要求合于时宜。“治法”特指治官吏之法,要在保障“官无邪”。“国务”,指国家关于实务的政策,明确要求“壹”于农战,这样才能使民应上令而为国所用。“事本抟”,与“国务壹”同义,可看作互文。总的来说是所有的制度、法律、政策设置都应当明确地指向、围绕农战这个主题且保持稳定,具体的思路和方案还可以参见《垦令》篇。

事类	基本要求	功能	解说
制度	察	国俗可化,而民从制	法令(包括形式和内容)
治法	慎	官无邪	治理模式
国务	谨	民应用	政治治理的诸事务
事本	抟	民喜农而乐战	农战(富强)

要注意,以上四者之名,连同这种类分,虽说在《商君书》各篇中多有印证,但是完整且系统性的表述只见于本篇。

“夫圣人之立法化俗”以下,是在展开解说君主如何妥当处理制度、治法、国务、事本。要使法律制度、政策获得实效,依赖的治术主要是“赏罚”,以之提供正向激励,同时通过公权力依照法律运作来排除干扰因素,如“下辩说技艺之民,而贱游学之人也”。

在这一章中关于君的作为,只谈到“负面”影响如何消除,即“上开公利而塞私门,以致民力,私劳不显于国,私门不请于君”。

〔1〕 蒋礼鸿:《商君书锥指》,中华书局 1986 年版,第 59 页。

而君在整个政治制度和治理过程中扮演的角色，其实显得并不是太突出。因为国务、事本，包括化俗、治官、使民等实质性内容，都应该基于且通过法律制度本身和严格遵行法律制度来得以实现。在这个设置中，君更像是整个制度中被法律框限起来的一个环节，而非可以自主掌控、使用政治权力者。这与人们通常对于法家推崇君主专制集权的判断相去甚远。这类常见的擅权臆断式的专制君主形象，可以说或多或少受到了近代以后特定批判的“需求”的左右，并不合于商鞅思想的原貌，并且与后来的韩非的理论也不合辙。

不过君主不能“擅权”并不意味着君在整个政治体制和政治治理中不具有特殊的作用，例如本篇后文强调应时立法就是君主的独特作用。详见后文解说。

夫圣人之治国也，能抟力，能杀力。杀，消耗。**制度察则民力抟，**察，清晰、明显。**抟而不化则不行，**化，化解、消耗。**行而无富则生乱。**富，或为当字之讹。**故治国者，其抟力也，以富国强兵也；其杀力也，以事敌劝农也。**事，通剚(zì)。事敌，杀敌。**夫开而不塞则短(知)长，**开，启发。塞，阻塞。短，当是知(智)之讹。长(zhǎng)，滋长。**长而不攻则有奸；**攻，治，消去。**塞而不开则民浑，**浑，愚昧。**浑而不用则力多，力多而不攻则有奸虱。**攻，战。虱，虱害。**故抟力以壹务也，杀力以攻敌也。治国贵民壹；**壹，专一。**民壹则朴，**朴，质朴。**朴则农，农则易勤，勤则富。富者废之以爵，**废，削弱。**不淫；**淫，淫佚。**淫者废之以刑而务农。故能抟力而**

不能用者必乱，能杀力而不能抟者必亡。故明君知齐二者，齐，通剂，调剂。**其国强；不知齐二者，其国削。**

本章专论"抟力"之后的"杀力"。言下之意，按照前文所说处理好制度、治法、国务、事本，是治国的必要前提，但是仅限于此尚且不够，总的来说是要抟力、杀力并行，故曰"能抟力而不能用者必乱，能杀力而不能抟者必亡"。

"杀力"是商鞅非常独特，甚至可说具有原创性的论点。"杀力"意即使用、消耗积聚起来的国力，最基本的原则即"故治国者，其抟力也，以富国强兵也；其杀力也，以事敌劝农也"。"故抟力以壹务也，杀力以攻敌也。"商鞅认为，如果只专注于"抟力"于农，国家和民众的财富积累增长，势必会造成民众不再勤于农战，同时易生淫佚之风和奸邪，如此则国家的赏罚，尤其是赏的机制对民的引导、调动效果势必折损，同时国、民之富也不可持续。所以要以刑赏机制来实现"杀力"，故曰"富者废之以爵不淫，淫者废之以刑而务农"。相关解说已见诸《说民》篇，观点与本章基本相合。

文中的"富者废之以爵"表义比较曲折，并不太好理解。大致是设立军功爵制，惟以功劳作为赏爵的标准。这样一来原先的爵位体制不可通过财富获得，积累财富者的社会地位由此势必受到压制。如此当然就不致"淫（佚）"。作为补救措施，一旦出现淫佚，还可通过刑罚来矫正，即"淫者废之以刑而务农"。

相关表述还见于《去强》篇之"能生不能杀，曰'自攻之国'，必削；能生能杀，曰'攻敌之国'，必强。故攻官，攻力，攻敌，国用其二，舍其一，必强；令用三者，威必王"。《说民》篇之"民之所欲万，而利之所出一。民非一则无以致欲，故作一。作一则力抟，力抟则强;强而用,重强。故能生力,能杀力,曰:‘攻敌之国’,必强。塞私道以穷其志,启一门以致其欲,使民必先其所恶,然后致其所欲,故力多。力多而不用则志穷,志穷则有私,有私则有弱。故能生力,不能杀力,曰:‘自攻之国’,必削。故曰王者国不蓄力,家不积粟。国不蓄力,下用也;家不积粟,上藏也”。

本章中谈到的抟力、杀力方略,基本上与《去强》《说民》两篇中的主张相一致。对商鞅而言,无论抟力、杀力之“力”,都指实力,既包括物质财富,也包括人力。国家富强并非囤积财富,而是前文中谈到的“动态富强”,详见于《去强》篇评注。

夫民之不治者,君道卑也;道(dǎo),通导。道卑,行低下之事。**法之不明者,君长乱也。**长(zhǎng),助长。**故明君不道卑,不长乱,秉权而立,**秉,秉持、掌握。权,权柄。**垂法而治,**垂法,颁行法律。**以得奸于上而官无不,**不(pǐ),通否,奸邪。**赏罚断而器用有度。**断,明断。度,节度。**若此则国制明而民力竭,**竭,竭尽。**上爵尊而伦徒举。**伦徒,即群众。举,振作。

如果说首章侧重阐明“抟力”,二章阐明“杀力”,都集中在自上而下的制度和政策设计方面,那么本章则着重阐述治理不得其效,即“民之不治”“法之不明”的主因之一——国君。“君道卑”和“君长乱”分别代表了两方面的问题:前者是君主的行为不能够合时宜且匹配于君主的身份,类似于俗语所言“走下道”。这导致整个政治治理的方向出现偏差,进而势必造成治理目标难以实现,同时也会致使君主丧失威信,权柄为臣下所窃取。后者是君主不自觉依法行治,将会助长治理中的乱象。为了避免上述两类情况,引出了君主为治的两个原则:“秉权”和“垂法”。其中“秉权”是独掌制定赏罚的标准(“数”[1])和超越法律之上作出权衡的权柄。[2] “垂法”包括颁布法律和依法行事两方面。由此,君主的行为模式被设定为正己、守法,并成为具有超越性的臣、民依法行为的督责者。

要注意,商鞅在讨论君主行为模式时,无意让君起到典范作用。换句话说,君王其人无所谓是否成为最能守法者以供臣、民效法。这与儒家强调天子、君应当成为臣、民(道德)楷模的思路存在重大差异。从另一个角度看,这也意味着君、臣、民的行为模式和内容有别,但是守法要求标准齐一,并不因身份而有差别。在整个按法而治的政治治理过程中,君扮演的角色,除了立法者之外,只是法律、权力运行的监督者和不法行为的伺察、矫正者。

商鞅认为必需严格“垂法而治”,才能保障官僚系统的运作严格遵照既定的制度方案和法律标准展开,即“以得奸于上而官无不,赏罚断而器用有度”;也只有这样才能确保依托法律制度的赏罚机制能够切实地发挥效用,保证“国制明而民力竭”;同时也保证以赐爵为主要内容的赏能够有效地实现引导、激励作用,使民众积极作为,即“上爵尊而伦徒举”。

今世主皆欲治民,而助之以乱;助,助长。**非乐以为乱也,**乐,愿意。**安其故而不闚于时也。**故,故习旧俗。闚(kuī),同窥,察知。**是上法古而得其塞,**塞,闭塞。**下修今而不时移,**修,循。时移,因时而变。**而不明世俗之变,**世,情势。俗,风

[1] 关于“数”,参见《算地》篇“主操名利之柄,而能致功名者,数也”及本书的评注。

[2] 关于商鞅独特的“权”观念,详见《修权》篇的评注。

俗。**不察治民之情，**情，实，内质。**故多赏以致刑，**致，招致。**轻刑以去赏。夫上设刑而民不服，赏匮而奸益多。**匮，匮乏。**故上之于民也，先刑而后赏。**

故圣人之为国也，不法古，不修今，修，循。**因世而为之治，**因，按照。世，世势。**度俗而为之法。**度，权衡。**故法不察民之情而立之，则不成；治宜于时而行之，则不干。**干，通讦（jié），抵牾不通。**故圣王之治也，慎为察务，**慎为，谨慎于。察，审查。务，作为。**归心于壹而已矣。**壹，指一心于农战。

这一章强调的是君主的作为方式，核心在于“归心于壹”。论说从君主治理不得其效的原因开始，商鞅认为主要的问题出在了一面“法古”，一面又“修今”。《开塞》篇也谈到了“圣人不法古，不修今。法古则后于时，修今则塞于势”。有的学者套用法古还是法今的取舍来理解，并且比附法先王、法后王等说，并不可取。按照商鞅既反对法古又反对修今的一贯看法，他反对立法时因循无论当世还是前代的任何既有的成法，而是要求因具体的民情、时宜立法建制。而且如前文所示，商鞅并不认为具体的法律制度有固定之制，而是应当处于常态化的变动调整之中。

按照本章所示，君主在整个政治治理中最重要的作用在于“因世而为之治，度俗而为之法”，简而言之就是要因时立法。这里的重心在于“因世”“度俗”，也就是说只有也只能是君主才能作出何为合于时宜的判断，并且确定与之相应的政策指向和法律内容。如果我们联系《开塞》《画策》对于世殊治异的解说，可知在商鞅看来，什么样的世运采取怎样的治理方略和模式，乃是能否获致治理实效的前提和基础。没有一种完全符合理想状态且恒常不变的治理方略,因为世代、情势始终处于不停的变化之中。君的最主要职责便在于把握时与世,确定与之相应的方略。至于立法确定以后的政治权力和社会治理运转,君也常态化地扮演依法行事者的角色。正是因为世代在不停地演化变迁,所以君需要适时地作出判断并且调整立法。换句话说,立法,或曰变法不是一成不变、一劳永逸之举。

商鞅认为,因循守旧,不能因时而动,即"不明世俗之变,不察治民之情"所造成的实质性后果是"多赏以致刑,轻刑以去赏。夫上设刑而民不服,赏匮而奸益多"。这与商鞅一直主张的"刑多赏少""刑九赏一"相匹配。不过这句表述细绎起来并不太好理解。为什么"多赏"会"致刑"呢?反过来的表述,即"以刑去刑"倒是非常多见。[1] 还有关于赏的功能的表述有《算地》篇的"夫刑者所以禁邪也;而赏者,所以助禁也",这是对赏的基本定位。

更难以理解的是,为什么当时无论"法古"还是"修今"都会表现出"多赏"的倾向呢?其实这里有一个潜在的批评对象,即西周以来确立的恩德主导的德政、德治模式。虽说"礼崩乐坏"已是事实,宗周的德政和德治模式在商鞅时已不被各诸侯国遵行,但是治理思路上的影响依旧强烈。并且各诸侯国在制度和治理实践中否定宗周模式的同时,并未建立起来新的治理模式。商鞅所欲者,即是通过变法彻底否弃宗周模式,以全新的治道和治术取而代之。其中治术层面"多赏"就是被批判的宗周治理文化的孑遗。

《去强》篇说到"重赏轻罚,则上不爱民,民不死上。兴国,行罚,民利且畏;行赏,民利且爱"。"贫者使以刑则富,富者使以赏则贫。"《说民》篇说"省刑要保,赏不可倍也"。这些都表达出与本章

---

[1] "以刑去刑"说见于《去强》《开塞》《靳令》《画策》。

相同的主张。

总而言之,商鞅认为法律制度应始终是伴随“动态富强”的动态建制状态,因“时移”而不断“变法”以适配治理需求乃是常态。所以说“故圣人之为国也,不法古,不修今,因世而为之治,度俗而为之法”。当然其中也有不变者,即民心、民情,所以无论古今,立法者要使得法律发挥实效,都需要“察民之情”,再配合“治宜于时”做到使民“归心于壹矣”。

错法第九

【导读】

篇题“错法”即是“措法”，义为设置、实施法律。题名取自开篇首句“错法而民无邪”，同时也概括出全篇的主题。篇中所论要在讨论如何落实、实现法律制度所应有的效用。所论大致可以分为四章，各章主旨清晰，层次分明，表现出非常典型的战国论文风格。文章聚焦于如何通过立法、行法，使得爵禄、刑罚能够调动民力以专注于农战，或曰全文的核心在于阐明如何进行法律制度设置，方能做到“以民之有为己用”。

由于文中出现了秦国力士“乌获”，据《史记·秦本纪》其乃秦武王时人，远较商鞅为晚，是故推论本篇当为商君后学所作。不过有鉴于《孟子》书中也见“乌获”，时代也不相契，因而也有人推论力士乌获古已有之，殆至秦武王时仍有人袭用其号。若按此，则似不可以之为据断定本篇晚出。

【原文·评注】

臣闻古之明君，错法而民无邪，错，通措，设置、施行。**举事而材自练，**举事，兴事。材，人才。练，练达有力。**行赏而兵强，此三者治之本也。夫错法而民无邪者，法明而民利之也。**利之，以之为有利。**举事而材自练者，功分明；**功，功劳。分明，标准清晰。**功分明则民尽力，民尽力则材自练。行赏而兵强者，爵禄之谓也；爵禄者，兵之实也。**实，实际的利益。**是故人君之出爵禄也道明。**道,原则、标准。**道明则国日强,道幽则国日削。**幽,晦暗不明。**故爵禄之所道,**道,通导,指引。**存亡之机也。**机,枢要、关键。**夫削国亡主,非无爵禄也,其所道过也。**过,错误。**三王五霸,其所道不过爵禄,而功相万者,**相万,相比高出万倍。**其所道明也。**明,明确且显明。**是以明君之使其臣也,用必出于其劳,**出,由。**赏必加于其功。**加,施加。**功赏明,则民竞于功。**《说文》曰:竞,逐也。**为国而能使其民尽力以竞于功,则兵必强矣。**

本章重点在谈政治治理中如何用“赏”方能取得实效。不过作为铺垫,先行谈到了三种“治之本”,分别是“错法而民无邪”“举事而材自练”和“赏行而兵强”。其实三者严格说来并不属于同一层次,而更像是渐进的三个阶段:

治(术)之本	原则	直接效果	最终效果
错法	法明	民利之	民无邪
举事	功分明	民尽力	材自练
行赏	所道明	民竞于功	兵强

“错法”指设置、施用法度,解决的是型构社会秩序和化俗的任务。其中强调的是“法明”和“民利之”,也就是法律本身内容明确,同时基于民众的利益得失引导、调整行为。要注意,“民利之”不是顺着民情利导,或者投民众之所好,[1]而是让民众切实地体会到守法有利,不守法有害。而在其他篇中多次谈到,刑罚才是在商鞅

[1] 通过《开塞》等篇可知,商鞅的观点恰好相反,认为因民之所好进行治理势必导致乱象和国削。

看来最主要的正向激励机制;行赏是刑罚的辅助,更多集中在军功方面。

达至"民无邪",意味着待民众有了被调动、引导的可能,进而方可"举事"。此中的"事"既可以理解为农战之事,或一切国家运作所应有的事务,[1]也可看作专指战争。[2] "材自练"可以参考《吕氏春秋·简选》"可以胜人之精士练材"来理解,即自觉地练达成材。按此,"举事而材自练"可看作官方确定某个特定事务或目标,民众一呼百应,闻风而动且积极主动加以配合的状态。所需的必要前提是"功分明",也就是评价标准化且公开、公平,建立起材、力、功之间的明确对应。只有这样才能促使民众"尽力"。

再接下来方可谋求"兵强"。要注意,商鞅在讨论军事、作战相关的激励机制时,更多用到赏而非罚,这表明商鞅深切地把握到了治兵征战和日常治理的重大差异。其中最主要者在于,战争具有强大的非理性和超理性特质,直接关乎人的身体乃至生命存废。换用通俗一些的话来解释,若进攻必死,退逃亦会受必死之刑,如何保障兵士必能以高昂的斗志奋勇杀敌,而非是迫于畏惧刑罚而勉强进兵?因为涉及了生命,所以刑杀的激励作用就减弱乃至有时甚至会失效。这时需要一种包含了巨大利益,且能够超越个体生命的"赏"的机制来提供正向激励。商鞅的选择是"爵禄",而其中"爵"更受倚重。后世秦国施行不辍的二十等军功爵制,[3]其实是承袭商鞅变法而来,也可理解为它是直接为了"兵强"而设置。

---

[1] 参见高亨注释:《商君书注译》,中华书局 1974 年版,第 87 页。

[2] 参见张觉:《商君书校疏》,知识产权出版社 2012 年版,第 128 页。

[3] 秦二十等爵制包括:公士、上造、簪袅、不更、大夫、官大夫、公大夫、公乘、五大夫、左庶长、右庶长、左更、中更、右更、少良造、大良造、驷车庶长、大庶长、关内侯、彻侯。详细情况可参见朱绍侯:《军功爵制研究》,上海人民出版社 1990 年版。

据之,军功可得爵位,其中著名者莫过于"一首级升一爵"。爵位可以封地、减刑,战死沙场还可以由子嗣继承。

可是爵禄不是商鞅,也不是秦国的发明,而是古已有之的治器(治理工具)。于是就需要面对"削国亡主非无爵禄也"和"三王五霸,其所道不过爵禄而功相万者"并存的情况。商鞅认为问题出在了爵禄之所"道(导)"是否"明"。这个"明"有着多重含义,既是要求赏的标准明白、明确且公开,同时还要求只因军功而赏,且必因军功而赏。其中包括了法律内容和法律执行两个方面的要求。准此方可达成"功赏明,则民竞于功。为国而能使其民尽力以竞于功,则兵必强矣"。对于商鞅而言,"为国而能使其民尽力以竞于功",是所有政治治理举措所应达至的目标。

此外,开篇托言"古之明君",以为后文的"错法而民无邪,举事而材自练,行赏而兵强"之论张本。这看起来与商鞅反对是古非今的态度不甚一致。不过细绎起来,商鞅在《更法》《开塞》篇中表达的"不法古,不修今",以及在《画策》篇中说"神农非高于黄帝也,然其名尊者,以适于时也",并不是全盘否定古代圣王、贤者。恰恰相反,他一方面认识到被人们长久称颂的上古圣王确有过人之处,特别是才智能力方面。只不过商鞅明确地意识到这种可遇不可求的卓越人物不能成为制度性、常态化政治治理的仰仗。另一方面他在讲求法律制度的内容与治理方略、技术要因时、世、势调整变化的同时,并不否认古今一贯之道。例如坚持因时立法的原则,以及对人性的理解把握等,都是属于此类。[1]

同列而相臣妾者, 同列,地位相同。臣,男性贱民之称。妾,

[1] 这些在《开塞》篇中已有论及,可参见原文及本书评注。

女性贱民之称。相臣妾,意指一方为另一方所役使。**贫富之谓也。同实而相并兼者,**实,实力,此指资产。**强弱之谓也。有地而君或强或弱者,治乱之谓也。苟有道,**苟,如果。道,方法。**里地足容身,**里地,方圆一里的土地。**士民可致也。**致,招徕。**苟容市井,**市井,商人交易之所。古时市场形制如井,故曰市井。**财货可聚也。有土者不可以言贫,有民者不可以言弱。地诚任,**诚,切实。任,利用。**不患无财;民诚用,**用,任用。**不畏强暴。德明教行,**德,恩德。**则能以民之有为己用矣。**有,才能。**故明主者用非其有,**其,指君主自身。**使非其民。明主之所贵,惟爵其实;**爵,授爵。实,指农战实效。**爵其实而荣显之。不荣则民不急列位;不显则民不事爵。**事,追求。**爵易得也,则民不贵上爵。**上,崇尚。**列爵禄赏不由其门,**门,门径,此指农战。**则民不以死争位矣。人情而有好恶,故民可治也。人君不可以不审好恶,**审,明察。恶(wù),厌恶。**好恶者,赏罚之本也。夫人情好爵禄而恶刑罚,人君设二者以御民之志,**御,统御、驾驭。**而立所欲焉。夫民力尽而爵随之,功立而赏随之,人君能使其民信于此明如日月,则兵无敌矣。**

本章讨论的重心仍在于国君如何用民并使之尽力,做到“以民之有为己用”而致富强。治器仍不外是爵禄与刑罚,曰“人君设二者以御民之志,而立所欲焉”。

开篇谈到“同列而相臣妾者,贫富之谓也。同实而相并兼者,强弱之谓也。有地而君或强或弱者,治乱之谓也”,意思是社会中具有相同资质者之所以表现出处境差异，源自贫富、强弱、治乱之别。由此可见强弱之别并不本于资质，而在于人后天如何作为。所以文中明确谈到“有土者不可以言贫，有民者不可以言弱”，言下之意之所以贫、弱，乃是因为行为不积极、不得其法。例如君主“用非其有，使非其民”，势必就会导致政权无法调动民众以形成治理，进而积贫积弱。

接下来给出的治理以致富强的方案适用于所有“有地而君”者，是专门针对如何设置和使用爵赏做出解释，也可看作在细化前文中的“道明”之论。首先要求“爵其实”，也就是只因实实在在的功绩封爵。其次要求“荣显之”，让民众切实地感受到爵位尊贵荣耀，感受到得到爵位是一件非常值得的事。这同时要求爵位不能易得，因为“爵易得也，则民不贵上爵”。再次要求颁行爵位必得要依照法定标准，否则“列爵禄赏不由其门，则民不以死争位矣”。

通过爵禄使民尽力乃至效死命，归根结底还是因“人情”中的“好恶”安设、使用治器。“人情而有好恶，故民可治也”是政治治理得以有效推行的基本前提，立法者深切把握人情是有效为治的关键。因此运用爵禄、刑罚的治理不仅仅可以强制性地规范人的行为，更能够“御民之志，而立所欲焉”。而“御民之志”是政治治理行为最终能够“化民”并获致预期效果的关键，同时也意味着君王治理中运用赏罚提供的引导被民众完全信任且内化并自觉体行，所以说“夫民力尽而爵随之，功立而赏随之，人君能使其民信于此明如日月，则兵无敌矣”，意思是必须做到民众尽力农战，必会得到相应的爵位、赏赐，这样方能使民众信赖君主和他所建立的法律制度。言下之意是由此可致民众自愿地接受政权的引导和驱使。如此自然可以激发出强大的民力并使之转化为国力，以致“兵无敌”的状态。

人君有爵行而兵弱者，行，施行。爵行，授予爵位。**有禄行而国贫者，有法立而治乱者，此三者，国之患也。故人君者先便请谒，**先，以……为先。便（pián）嬖，阿谀迎奉之人。请谒（yè），指私下请求。**而后功力，则爵行而兵弱矣。民不死犯难而利禄可致也，则禄行而国贫矣。法无度数而事日烦，**度数，标准。**则法立而治乱矣。是以明君之使其民也，使必尽力以规其功，**规，谋划。**功立而富贵随之，无私德也，**私德，私授恩德。**故教化成。如此，则臣忠君明，治著而兵强矣。**著，（成效）显著。

这一章承接前文“夫削国亡主，非无爵禄也，其所道过也”作细化论说，所反思者包括“人君有爵行而兵弱者，有禄行而国贫者，有法立而治乱者”三个方面。首章说到“错法而民无邪，举事而材自练，行赏而兵强，此三者治之本也”，本章中则强调爵禄、刑罚、法律都只是成“治”的必要而非充分条件。除制度设置之外，还需要参与其中的君、官、民有适当的行为。按照商鞅自上而下调控治理的思路，君主的行为影响最大，也最有必要加以规制。

同时爵禄、刑罚、法律三者都只是治器，能否用以成治还需要使用者运用得当。本章论及人君滥用治器的情况，特别是爵禄用于便嬖亲私而非有功者，利禄施予农战之外的事项。这两类不按法而治的情况，势必造成农战不兴，国贫国弱。

为了避免上述情况，君主所应为者，一是让法律有“度数”，指的是标准化、量化的法律内容。这与前文“道明”相配合，侧重的是作为立法者的君主之所当为。二是要求君主“无私德”，侧重法律和政治权力运行过程中君主的作为。这实际上是对君主在政治体制和政治治理中的角色和功能提出了新的要求。与官、民相比,君主的特殊性在于他的作为更难受到法律控制。而君的主要负面举动又大多与君主的“私”相关,包括私欲、私利、私爱等,表现之一就是文中提到的“私德”。因此需要严格限制治理过程中君主行“私”。这实际上已经把君主个人的利益与国家利益判为私与公之分。不过对于君主行“私”,既有的制度很难给予有效约束,毕竟君的角色至少部分超越于法律制度之上。于是只能通过“说理”,让君主确信国家富强才是自己所应追求的真正的“大利”,而其他的私欲是对此大利的妨害。换言之,商鞅试图让君主自觉地自我克制、约束以守法、行法。

故凡明君之治也,任其力不任其德,德,道德声望。**是以不忧不劳而功可立也。度数已立,而法可修。**修,循。**故人君者不可不慎己也。**慎己,谨慎于己之所为。**夫离朱见秋豪百步之外,**离朱,即离娄,传说黄帝时善视之人。秋豪,即秋毫,鸟兽秋天新长的毫毛。**而不能以明目易人;**易,通赐,赐予。**乌获举千钧之重,**乌获,战国时的大力士。均,三十斤。**而不能以多力易人。夫圣人之存体性,**存,具有。体性,材性。**不可以易人;然而功可得者,法之谓也。**

本章总结前论,指出治理获得实效的两大原则:一是“任其力不任其德”。如何任“力”乃是全篇的主要论题,而“不任其德”则并未直接出现在前文的论说中,或是因为本篇文字并不完整,流传中有所脱漏。不过参考其他诸篇对于贤、德之论亦可推知其所指。二是“度数已立,而法可修”。“度数已立”,意思是法律确定了明晰的标准。“法可修”说的是法律可以遵循,其中也包含法律必须被遵行的意味。而所谓“可修”,意味着法律的内容足够标准、细化,方有可遵行的条件。以上都是对法律形式和立法技术的要求。

此后话题集中到了君主身上:“夫离朱见秋豪百灸之外,而不能以明目易人;乌获举千钧之重,而不能以多力易人。”所要表达者在于一己之材、力不足以治理天下,善于调动、利用民力才是君主的要务。所以“夫圣人之存体性,不可以易人;然而功可得者,法之谓也”。圣人贤君一己的“体性”,即资质秉性即便再出众,也如离朱之目、乌获之力一样不足以假借给他人。而能够动众以立功业者,对于君主来说在于“法”,如前文所示,包括立法和行法。由此,即便是圣人的政治治理,也主要是如何运用治器、治术的问题。此中蕴含的观点是:君主本身的品性、德行没有必要,也没有可能直接用于治理,更不能成为政治治理的依靠。这与宗周治理中对治理者身体力行以起到典范作用的要求恰好相对。换言之,君主只需要恰当地运用治器,而没有必要以道德典范的方式实现治理。

另外,离朱、乌获之喻,还见诸《弱民》篇末章,表达的意涵与本章不二。有的学者注意到,战国时的力士乌获乃是秦武王时人,据商鞅被杀已有三十余年。先秦文献《孟子》〔1〕、《荀子》〔2〕、《文子》〔3〕、《韩非

〔1〕《孟子·告子下》载:“有人于此,力不能胜一匹雏,则为无力人矣;今曰举百钧,则为有力人矣。然则举乌获之任,是亦为乌获而已矣。”

〔2〕《荀子·富国》载:“譬之是犹乌获与焦侥搏也。”

〔3〕《文子·自然》载:“用众人之力者,乌获不足恃也。”

子》[1]以及《申子》[2]中皆记有乌获,大体上也都成于商鞅身后。以此为据判定《错法》《弱民》等篇非是商鞅亲撰者不乏其人。不过也有人认为"秦武之前有乌获矣",以乌获为秦地传说中的一个名号,战国时被用来命名力士,非是特指一人。[3]

---

〔1〕《韩非子·观行》载:"有乌获之劲,而不得人助,不能自举。有贲、育之强,而无法术,不得长胜。故势有不可得,事有不可成。故乌获轻千钧而重其身,非其身重于千钧也,势不便也;离朱易百步而难眉睫,非百步近而眉睫远也,道不可也。故明主不穷乌获,以其不能自举;不困离朱,以其不能自见。因可势,求易道,故用力寡而功名立。时有满虚,事有利害,物有生死,人主为三者发喜怒之色,则金石之士离心焉。圣贤之扑浅深矣。故明主观人,不使人观己。明于尧不能独成,乌获不能自举,贲、育之不能自胜,以法术则观行之道毕矣。"《六反》载:"夫欲得力士而听其自言,虽庸人与乌获不可别也,授之以鼎俎则罢健效矣。"

〔2〕《申子·大体》载:"今使乌获、彭祖负千钧之重,而怀琬琰之美,令孟贲、成荆带干将之剑卫之,行乎幽道,则盗犹偷之矣。今人君之力,非贤乎乌获、彭祖,而勇非贤乎孟贲、成荆也。其所守者,非恃琬琰之美、千金之重也,而欲勿失,其可得耶?"

〔3〕参见张觉:《商君书校疏》,知识产权出版社 2012 年版,第 135 页。

战法第十

【导读】

本篇篇题取自首句“凡战法必本于政胜”,同时也点出了全篇主旨。战国诸子除了兵家之外很少专门讨论战术层面的兵法、战法问题。因为时人大都将战争看作是理应避免的非常状态,且通常以消极、负面态度待之。不战而屈人之兵,仁者无敌等最被推崇;稍次之者乃是守战之论,如《墨子》所载;再次者则是不得已之战,如汤武革命无论事实上如何,人们更愿意将之看作为救民之故不得已而为之者。与之形成巨大反差的是,商鞅将战争当作政治社会治理的必要环节之一,即“动态富强”的一部分,非但不加贬责,反倒是积极主张并且细加论说。

篇中讨论到的既包括战略层次,如“战法必本于政胜”,民“以上为意”,“败而不怨。胜而不骄者”,“其政出庙算者,将贤亦胜,将不如亦胜”;也包括战术层次,如追敌之法,量敌之法,避免轻敌深入。

总的来看,本篇篇幅虽然不长,但所及的内容较为繁杂,不似“一篇”论作,更像是商鞅关于用兵之道的主张的条陈或汇集。

【原文·评注】

凡战法必本于政胜,政胜,政治有力。**则其民不争;**争,与君主相争。**不争则无以私意,**以,用。私意,私人意志。**以上为意。**上,君主。句义为以君主的意志为自己的意志。**故王者之政,使民怯于邑斗,**邑斗,国内私斗。**而勇于寇战。**寇战,与敌作战。**民习以力攻难，**习，习惯于。以力攻难，用力与强敌作战。**故轻死。**轻死，不畏死亡。

以"凡战法必本于政胜"开篇，已经明确将战争定位为政治治理的一个必备且常态化的环节。"政胜"意味着政治权力和治理能够服众，足以充分化成、调动民众。类似观点并见于《说民》篇之"政胜其民"，又见于《画策》篇"胜其民""制民"之论。汉武帝时代成书的《淮南子·兵略》曰："兵之胜败，本在于政。政胜其民，下附其上，则兵强矣；民胜其政，下畔其上，则兵弱矣。"这或是本自商鞅之学，其中解释了为何"政胜"可致"民不争"。民众既无私意，又能与执政者同心一力，自然就"无以私意，以上为意"。

强调"使民怯于邑斗，而勇于寇战"，乃是虑及当时秦地社会风俗而发。秦民好勇斗狠之风炽盛，在商鞅入秦之前便积习已久。故需要特别加意于严格私斗，且将此勇力调动以用于对外战争。

见敌如溃，如，如果。溃，溃败逃散。**溃而不止，则免。**免，放敌逃遁。**故兵法："大战胜，逐北无过十里；**逐，追逐。北，败北者。**小战胜，逐北无过五里。"**

这一章的主旨，与《孙子·军争》所言"穷寇勿追"相合。大意是对于溃败不止的敌人，追击应有节制，大胜追敌不过十里，小胜不过五里。这或是商鞅学习兵法和参与指挥战争的经验总结。《司马法》亦曰："古者逐奔不过百步，纵绥不过三舍。"虽然与本章所言细节有别，但大旨相合。是亦可见篇中提到的"兵法"应有所本。

兵起而程敌，程，衡量。**政不若者，**政，政治。不若，不如。**勿与战；食不若者，**食，粮草。**勿与久；**久，长久相持。**敌众勿为客，**古时发兵攻敌者为客。**敌尽不如，**尽，全部。**击之勿疑。**疑，迟疑。**故曰兵大律在谨。**大律，重大法则。谨，谨慎。**论敌察众，则胜负可先知也。**

本章要在论说临敌准备战争时如何谨慎地评估行事，即“兵起而程敌”和“兵大律在谨，论敌察众，则胜负可先知也”。需要评估者主要有三方面：一是看政治状况，或曰治理状况，以决定是否与之作战。原则是“政不若者，勿与战”，意思是政治治理水平不如人则应避免与之作战。二是看粮草，原则是“食不若者，勿与久”，意思是粮草不如人则不可与之持久作战。三是看对方兵力，己方不如人则不可主动进攻，所以说“敌众勿为客”。而若是敌方兵力不如己方，则应坚决进攻。

由“政不若”的表达可知，商鞅论说中的“政”指的就是政权主导的社会治理，其中既包括治民，也包括治军。或者也可说，在商鞅看来治民和治兵是一类事务。

王者之兵，胜而不骄，败而不怨。怨，怨恨。**胜而不骄者，术明也；**术，方法、战术。**败而不怨者，知所失也。**

本章中强调的道理可谓人尽皆知，不外乎胜不骄、败不馁。不过商鞅对两种情形提出了进一步解释：“胜而不骄”是因为战术明晰得当，即“术明也”；“败而不怨”源于知悉失败的原因，即“知所失也”。由此也可以看出，商鞅将战争作为政治治理的必要环节和常态，对于战败的容忍度较高。尽管争胜是目标，但是战败同样也是常态之一，所以应当将如何对待战败，并且从中获得经验乃至化不利为有利作为常态化治术，其中侧重者乃是对于战败进行反思总结。

若兵敌强弱，敌强弱，强弱相当。**将贤则胜，**将，将军、将官。**将不如则败。若其政出庙算者，**庙算，定计于庙堂之上。**将贤亦胜，将不如亦胜。政久持胜术者，**久持，长久操持。胜术，即胜民之术。**必强至王。若民服而听上，**听上，服从上命。**则国富而兵胜。行是，**是，如此、这样。**必久王。**

兵力相当的情况下，胜负取决于领兵之“将”的能力，即“若兵敌强弱，将贤则胜，将不如则败”。同时还有另一种情况，即如果君主具有掌控全局，运筹帷幄并直接为战争定计的能力，也就是“政出庙算”，那么“将”个人的才能对于战局影响力便会减低。

换个角度来看，商鞅这是要减低战术层面对具有偶然性的将官才智的依赖，而将原本充满变数的战争尽量转化为一种制度性的、可控的治理方案。结合前述诸章的铺陈可知，商鞅认为战争胜负的决定性因素在于兵力（包括兵士的战斗力）、粮草，也就是日常政治治理所提供的国家实力。战争的变量则在于将官的战术指挥能力。而之所以战争的胜负会被这种变量左右，乃是因为执政者不能在战略层面提供足够支撑。所以战争的关键理应系诸君主立法建制的水平和他的政治治理能力与战略决策。一旦君主能够在日常的治理中做到富国强兵，那么战争的变量就会随之消失，或者对于胜负的影响会降至最低。用现在的俗话来说,商鞅意在通过常态化治理获得国力上的绝对优势,并在此基础上进行战争。这就是“政久持胜术者,必强至王”。这样一来,战争的问题可以被完全纳入并转化为了治理问题。只要君主的治理能指向富国强兵,且能够通过运用恰当的治术抟聚民力,使“民服而听上”,即一心服从政治调动,自然可致“国富而兵胜”,这才是成就王业和王道的关键。

其过失:无敌深入,无敌,未遭遇敌人。**偝险绝塞,**偝(bèi),背靠。绝,横越。**民倦且饥渴,**倦,疲惫。**而复遇疾,**复,又。疾,疾病。**此败道也。故将使民若乘良马者,**将,将领。**不可不齐也。**齐,通剂,调剂。

这一章以轻敌深入为反例,强调将领用兵使民必须调和适度。轻敌深入,遇到险峻之地又穿越要塞,士兵遭遇疲劳、饥渴乃至疾病,如此便是用民过度,乃失败之道。类似的主张也见于《孙子·行军》篇。

立本第十一

【导读】

本篇以“立本”为题,所论围绕用兵展开。题中之所谓“本”乃是治兵之本。与上篇相比,这篇更侧重社会治理与治兵的联结。或者说,更清晰地表明治兵是政治社会治理的环节之一。如果说以“农”为核心的日常治理是蓄力,则以“战”为中心的兵战是用力。两者各代表政治治理的一端,治理方法因事而异的同时,也不乏相同一的原则和方法,此即“兵生于治而异,俗生于法而万转”。篇中谈到的“错法”“赏壹”等,就是一以贯之的原则。

篇中所论包括前后相续的三个等次:一是常态化地施行法治;二是通过法治塑造勇于战斗的民俗;三是以治强之民为战取胜。

全篇论说简短而紧凑,其主旨明确、集中,似是相对完整的一篇论作,历代注家也多认为其是商鞅本人所著。

【原文·评注】

凡用兵,胜有三等:等,等次、步骤。**若兵未起而错法,**错,通措,实施。**错法而俗成,〔俗成〕而用具。**俗成二字,据文义补。用,器用。具,具备。**此三者必行于境内,而后兵可出也。行三者有二势:**势,条件。**一曰辅法而法行;**辅法,辅助法律施行(的官吏)。**二曰举必得而法立。**举必得,列明必定实现的内容。法立,法律有实效。**故恃其众者谓之葺,**恃,依仗。众,人数众多。葺(qì),修葺,粉饰。**恃其备饰者谓之巧,**备,装备。饰，装饰。巧，伪装。**恃誉目者谓之诈。**誉目，当作謩（mó）臣，即谋臣。诈，欺诈。**此三者恃一，**一，其中之一。**因其兵可禽也。**禽，即擒。**故曰强者必刚其斗意。**刚，强化。斗意，斗志。**斗则力尽，**力尽，竭尽全力。**力尽则备。**备，具备、足够。**是故无敌于海内。治行则货积，**货，财货。积，积聚。**货积则赏能重矣。赏壹则爵尊，爵尊则赏能利矣。**利，与愿望相符合。**故曰：兵生于治而异，俗生于法而万转，**转，变。**过势本于心而饰于备势。**过势，胜过敌人的势头、动势。饰，修饰。**三者有论，**论，当作伦。有伦即有序。**故强可立也。是以强者必治，治者必强；富者必治，治者必富；强者必富，富者必强。故曰治强之道三，论其本也。**

篇中首先论及用兵取胜的三个步骤：一是战争之前按法行治，即"错法"。二是基于"错法"而化"俗"，形成良好的社会秩序和社会运行局面以成治。三是良好治理局面之下财货用度俱备。有了这三个阶段的准备，方始具备了用兵作战的基础。

至于如何错法、行治、化俗、力农，其他篇章多有具论。此处只强调了"二势"，即两种必要的助力：一是立法颁布之后必须有官吏"辅法而法行"，即使得法律被有效施行。二是见诸法律的政治目标，也就是法律的内容应当是可以且必定能实现者，曰"举必得而法立"。

如之前《战法》篇所示，战争胜利应该成为良好治理的必然结果，为此在致力于通过政治治理富国强兵的同时，也需尽可能地减少作战偶然性、不确定性因素的影响，甚至将领的才能也不应成为战胜的必要条件。[1] 因此还要避免三种情况成为战争胜负的决定性因素：首先是仅仅凭借人数众多，其次是依靠装备精巧，最后是倚重权谋之臣。三者分别被判定为“葺”“巧”“诈”，取一势必兵败。换句话说，纯粹依赖战术、武器就期待获得最终胜利，必不可得。言下之意，战争胜负归根结底取决于治理水平和国力。

与“葺”“巧”“诈”以谋求胜利相反，欲兵强战胜需依赖者有三：一是民心愿战且能尽力而战，做到“必刚其斗意，斗则力尽，力尽则备”。二是财物资源充足，因为“货积则赏能重矣”。三是调用资源以赏赐，治术运用得当，即“赏壹则爵尊，爵尊则赏能利矣”。而这三者质言之都是富国强兵之治的内容，而非系诸战争的过程和战术层面。同时三者又联结在一起，此即所谓“兵生于治而异，俗生于法而万转，过势本于心而饰于备势”。

注意“兵生于治而异”，明示了将战争看作治理的异化表现，言下之意二者本质上相同而仅是表现有别。所以战争取胜的根本实在于治理得法。“俗生于法而万转”讲的就是作为战胜根基的治理得法的关键，在于按法而治以化俗成治。“过势本于心而饰于备势”强调的是人心与战斗力之间的关系，这与其他篇中谈到治理须实现“抟力”“作壹”之论相契。

总体来说，本篇说的是治、富、强三者的关系。对商鞅而言，三者共同构成完整的政治治理全体，每个环节都不可或缺，共为政治之“本”。

如果与之前的《战法》篇联系起来审视，可以很明显地看到战争胜负在本篇中同样被转化为了政治治理问题。在这个意义上，战争中获胜只是好的政治治理的可预期结果，而战争本身乃是常

---

[1] 参见《战法》篇10.5章及评述。

态化政治治理的环节之一。这与之前反复谈到的“动态富强”主张一致，只不过本篇和《战法》篇是从战争的角度展开论述，而《农战》《去强》等篇主要是针对日常治理阐发。

兵守第十二

【导读】

本篇可能是商鞅入秦之前的一篇作品。判断的主要依据是文中的“四战治国”“负海之国”等描述与秦国并不吻合，反倒是近似三晋、齐国的形势。据《史记·商君列传》，商鞅早年曾在魏国侍公叔痤，彼时已表现出令人惊叹的才智，此篇或是表征之一。有的学者因内容与秦国无关而判定非是商鞅所作，所论偏颇不可取。文中“负海之国贵攻战”的判断，又与入秦以后力主攻战的主张不相契，可见商鞅关于治国的具体主张随着环境、处境的改变不断进行着调整适配，不过其中据法强国以治平天下的旨归始终如一。

篇题“兵守”之名是对全篇主旨的归纳。篇中的论说基本上围绕“四战之国”，也就是四面临敌的国家的防守方略展开，内容包括战争中的具体守城战术，强调以“死力”力拼敌人的“生力”；也包括围绕“三军”型构的全民皆兵式组织、分工方案。

需要看到，本篇与之前同样论说战争的《战法》《立本》存在显著差异，尤其是相对孤立地论述战争问题，没有将之视为常态化政治治理的环节之一，也没有将治、战作为有机联系的整体来讨论。这很可能反映出商鞅入秦前后对于战争和政治理论的理解发生了显著变化。

【原文·评注】

四战之国，四战，四面临敌。**贵守战；**守战，防守之战。**负海之国，**负，背靠。**贵攻战。**攻战，进攻他国之战。**四战之国，**

好举兴兵，以距四邻者，距，抗拒。**国危。四邻之国一兴事，**一兴事，一面兴兵。**而已四兴军，**四，四面。**故曰国危。四战之国，不能以万室之邑舍钜万之军者，**万室之邑，指万户人口的大城镇。舍，驻扎。钜(jù)，通巨，大、多。**其国危。故曰：四战之国，务在守战。**

这一章专讲守势之国的战略选择，即“四战之国，贵守战”。这与秦国可能面对的局势并不吻合，倒是和三晋地区，尤其是魏、韩两国形势相符。辅证之一是本章中对形势的判断与《战国策》“张仪为秦连横说魏王”中张仪的看法颇为近似。

张仪为秦连横，说魏王曰：“魏地方不至千里，卒不过三十万。地四平，诸侯四通，条达辐凑，无有名山大川之阻。从郑至梁，不过百里；从陈至梁，二百余里。马驰人趋，不待倦而至梁。南与楚境，西与韩境，北与赵境，东与恰境，卒戍四方，守亭障者参列。粟粮漕庾，不下十万。魏之地势，国外战场也。魏南与楚而不与齐，则齐攻其东；东与齐而不与赵，则赵攻其北；不合于韩，则韩攻其西；不亲于楚，则楚攻其南。此所谓四分五裂之道也……”(《战国策 · 魏策 · 魏一》)

考虑到商鞅出身魏国，以及当时魏惠王的雄心和四下出击的对外策略，本章乃至全篇所针对者是魏而非秦更为合理。而附带谈到的“负海之国”，形势与齐国相近，但文中未作展开。

文中论证“四战之国，贵守战”的思路，可说完全是基于功利理性的评估计算，与入秦以后商鞅在战术层面的思路一致。文中提出对于“四战之国”而言，最重要的战略方针是避免主动对外兴兵，是故给出的基本判断是“四战之国，好举兴兵，以距四邻者，国危”。

之所以会有这个判断,主要是基于策略层面的考量。文中给出了两方面的理由:一是"四邻之国"即便面对一面兴兵,也要四向设置军备,即"己四兴军",这无疑使得军备成本和难度极大提高,对于国家的危险性也会随之提升。二是四战之国要做到寓兵于农,兵农合一,即"以万室之邑舍钜万之军"。言下之意是如果没有这样的制度性准备,战争准备不足,国家自然会陷入"国危"。

守有城之邑,有城,有城池。**不如以死人之力,**死人之力,即常言的死士之力。或解作人之死力。**与客生力战。**客,指来犯者。生力,与死力相对,言贪生之兵。**其城难拔者,死人之力也;客不尽夷城,**夷,荡平。**客无从入;此谓以死人之力与客生力战。城尽夷,客若有从入,**有从入,有途径进入。**则客必罢,**罢(pí),通疲,疲敝。**中人必佚矣。**中人,城中之人。佚,安逸从容。**以佚力与罢力战,此谓以生人力与客死力战。皆曰围城之患,**患,所需担心者。**患无不尽死。**尽死,拼尽死力。**而邑(无)此三者,**邑,当为无之讹。**非患不足,**不足,指实力不足。**将之过也。**将,将领。

确定了以防守为主的战略方针之后,本章专门论述如何在有城墙的城邑中进行防守。文中谈到守城的关键是"以死人之力",意为效死命之人的力量。以之对抗来犯者的"生力",也就是有生力量,如果这样防守,成功的概率定会大增。甚至来犯者不夷平城池不足以攻入,即"其城难拔者,死人之力也;客不尽夷城,客无从入"。如此即便攻入,攻方势必也会疲敝,即"城尽夷,客若有从入,则客必罢",再加上守方在城中以逸待劳的作战,攻方劣势可想而知。攻城者的将领如果面对这种情况，势必会知难而退。这个策略类似于置之死地而后生。商鞅将这种守城成功与否的关键系诸战术安排，又把战术安排和执行力、调动力，统统归于领导的将官。

守城之道，道，方法。**盛力也。**盛，壮大力量。**故曰(有)客，**朱师辙以为曰当作有。客，敌人。**治簿檄，**簿，军籍。檄(xí)，檄文。**三军之多，分以客之候车之数。**分，分别。以，按照。候车，指敌人斥候探马。**三军：壮男为一军，壮女为一军，男女之老弱者为一军，此之谓三军也。壮男之军，使盛食厉兵，**盛食，装好食物。厉兵，磨砺兵器。**陈而待敌。**陈，列阵。**壮女之军，使盛食负垒，**负，背。垒，土笼。**陈而待令。客至而作土以为险阻，**作土，堆土。**及柞格阱陷，**柞(zuò)，柞鄂，捕兽之具。格，木架子。阱陷，挖陷阱。**发梁撤屋，**发，通伐。撤，拆下。**给徙徙之；**给(jǐ)，来得及。徙，移走。**不给而熯之，**给，暇。不给，来不及。熯(hàn)，烧。**使客无得以助攻备。**助，有助于。攻，攻战。备，装备。**老弱之军，使牧牛马羊彘；**彘(zhì)，猪。**草木之可食者，收而食之，以获其壮男女之食。**获，获得，这里意为省出。**而慎使三军无相过。**相过，互相往来。三军，壮男军、壮女军、老弱军。**壮男过壮女之军，则男贵女，**贵，珍惜。**而奸民有从谋而国亡；**从谋，从中施展阴谋。**喜与其恐有蚤闻，**喜，欢喜。恐，惧怕。蚤闻，早早地传闻。**勇民不战。壮男壮女过老弱之军，则老使壮悲，弱使强怜，**怜，怜惜。**悲怜在心，则使勇民更虑，**更虑，改变想法。**而怯民不战。故曰慎使三军无相过，此盛力之道。**盛力，壮大力量。

这一章的重心是论说守城者的守备策略，以“盛力”，即壮大自身势力为前提，主要的方案则以建立全民皆兵式的“三军”为中心。“故曰客，治簿檄，三军之多，分以客之候车之数”，意思是有敌来犯，按照户籍簿册传檄征召；招募的人数众多，可依据敌军前出的探马斥候之数分兵抵挡。

“三军”是商鞅非常独特的军队编制，分别是壮年男子为一军，平时备好粮食、兵器，作战时列阵正面迎敌。壮年女子为一军，需要备好粮食、筐锹工具，列阵待命。遇敌时的任务一致，修筑障碍、栅栏、陷阱等，即“客至而作土以为险阻，及柞格阱陷，发梁撤屋，给徙徙之；不给而熯之，使客无得以助攻备”，工作类似于今之工兵。年老体弱的男女为一军，负责粮草后勤，包括放牧、收集粮草等，故曰“使牧牛马羊彘；草水之可食者，收而食之，以获其壮男女之食”。

文中特别强调战时“三军”禁止互相往来，因为按照商鞅之见，壮男壮女相同，易生淫佚和厌战情绪，让奸人有隙可乘，严重者甚至有可能导致亡国。壮男、壮女与老弱相通，会生出悲悯情绪，这类情绪会影响原本英勇的战士们，使之产生负面情绪。以上这些都将严重影响军队的战斗力。

要注意，本篇与之前的《战法》《立本》最大的不同在于没有将治兵、治战与治国当作一个有机关联的整体来看待，而是在战术层面专门讨论守城的策略与方法。由此可以推断治理与战争整体化的思路是商鞅在入秦以后形成的新思想，或与在秦地的特殊社会形势及变法实践的经验有关。

斬令第十三

【导读】

本篇与《韩非子·饬令》篇文字基本相同，引起了后世不少学者对此篇是否出于商鞅之手的质疑。如果对比《去强》《说民》等篇，可以发现诸多互相印证的观点和表达。不过也不能仅仅依此就断定《靳令》篇确是商鞅亲笔。毕竟无论《商君书》还是《韩非子》，在作者身后都经历过编集和加工，尤其是《商君书》。但考虑到前述情况，至少可以将本篇看作蕴含了商君思想的论说，至于究竟成于何人之手，与《韩非子·饬令》篇的关系又当如何认定，在既有文献证据的基础上已经无法作出准确判断，因而也就无须太过纠结。

篇名因篇首“靳令”二字而定，但不能概括全篇主旨。全篇主题在于论说如何行治，非常典型地表达了商鞅的法治思想。而且本篇的内容与《去强》篇关系密切，有的学者提出可将之视为与《说民》《弱民》相类似的《去强》篇“经说”，就内容而言基本上可以成立。但同时本篇又有自己独特的侧重，最为核心的主张乃是通过政治治理，包括正向引导和排除干扰，塑造民心，形成民众对统治者和治理者的认同，进而上下一心于农战。篇中五章分别论及治理之法、以战辅治、防治虱害、重刑少赏、君治之要五个方面，所涉内容庞杂，且与其他诸篇相重出、印证者颇多。由于各章之间的联系并不太紧密，全篇更像是五段商鞅相对独立的有关治国的论说汇集而成。

【原文·评注】

靳令则治不留，靳（jìn），饬，整饬；或通谨，作严谨解。**治（法）平则吏无奸。**治，《韩非子·饬令》作法。平，公平，持平。**法已定矣，不以善言害法。**善言，美言。**任功则民少言，**言，议论、非议。**任善则民多言。**善，道德准则。**行法由断：**由，基于。断，处断。**以五里断者王，**里，县级以下的基层地方单位。五里断，以五个里为单位断事、治理。**以十里断者强，宿治者削。**宿治，当日事务隔天处理。**以刑治，**依靠刑罚治理。**以赏战。**依靠赏赐促战。**求过不求善。**求，寻求。过，过错。**故法立而不革，**革，变革。**则显民变奸计，**显民，有名的人。变，改变。**奸计止，贵齐殊使，**齐，法律标准齐一。殊使，因材任用。**百官之尊爵、厚禄以自伐。**以，依靠。自，自己。伐，取得。**国无奸民，则都无奸市。**都，城市。市，买卖、市场交易。**物多末众，**物，物资。末，末业。**农弛奸胜，**弛，废弛。**则国必削。民有余粮，使民以粟出官爵。**以粟出官爵，用粮食换取官爵。**官爵必以其力，**以其力，因努力获得。**则农不怠。**怠，懒惰。**四寸之管无当，**当，底。**必不满也。授官、予爵、出禄不以功，是无当也。**

这一章的重心在于论说何以为治，要旨在于按法而治。可是篇首却从一组非常尖锐，但鲜有发覆的矛盾引入。这个矛盾本质上涉及君王专断之治与按法而治的关系，直观表现为“令”与“法”的关系。文中的“令”指的是君令，商鞅的基本态度表达为“靳令”，意思是要谨慎于发布君令，言下之意是要求君主尽可能少地在既有的法律之外发布命令。反过来说，“靳令则治不留”，讲的是滥发君令是引起治理事务稽留，治理效率低下的主因。后文谈到“以五里断者王，以十里断者强，宿治者削”也是此义。类似表述在他篇中屡屡出现，如《垦令》之“无宿治，则邪官不及为私利于民，而百官之情不相稽。百官之情不相稽，则农有余日。邪官不及为私利于民，则农不败。农不败而有余日，则草必垦矣”。《去强》篇“十里断者，国弱；五里断者，国强。以日治者王，以夜治者强，以宿治者削”。《说民》篇“治国贵下断，故以十里断者弱，以五里断者强，家断则有余，故曰日治者王。官断则不足，故曰夜治者强。君断则乱，故曰宿治者削。故有道之国，治不听君，民不从官”。

与减少君令相应的是要求“法平”，这是官吏不为奸邪的前提；同时官吏“无奸”又是政治治理有效施行的前提。强调“法已定矣，不以善言害法”，既是在要求君主不因善言而悖法出令，也是要求官吏在治理中严格依法行断。与之相应的主张是“法立而不革”，即保持法律的稳定性，以此明白示人且树立权威。只有这样才能做到“民变计，计变诛止”，也就是民众能够以法定的标准分辨权衡，如此方能使民自觉地避免犯罪。

接着谈到为了促成民专心农战，必须去除“奸民”“奸市”。事实上调整民众行为的是刑赏，文中提到的基本使用原则是“以刑治，以赏战”。进一步的激励举措是“使民出粟以官爵”，即按纳粮之“功”授官。按军功授爵的主张，见于《错法》篇“行赏而兵强者，爵禄之谓也；爵禄者，兵之实也”；“行赏而兵强者，爵禄之谓也；爵禄者，兵之实也”。从这些论述中可以看出，按“功”行赏的思路在根本上没有差别。不过两篇中的表述的细节差异却需要重视：《错法》篇赏功仅用“爵禄”，而本篇赏功之论则并用“授官、予爵、出禄”。与“奸市”相关者是“物多末众”，即货物多且从事农耕之外的末业者人数众多。这样造成的直接后果会是“农弛奸胜”，进而“国必削”。这也印证了之前反复谈到的，国家富强并不等于财货积聚，恰恰相反，积累财货会造成各种各样的不良后果，反而不利于强国。这也与前文“生力”“杀力”并重的思路相契合。为了配合重农，还需要使爵位与农作成果之间形成单一化的联系，保证在日常治理中仅能通过爵位获得赏赐，此即“民有余粮，使民以粟出官爵。官爵必以其力，则农不怠”。

还应该注意，上述所有主张、举措都必须写明在法律之中，公布并令民众知悉，且严格按之治理。

国贫而务战，务，进行。**毒输于敌，**毒，害。输，输出。**无六虱，**虱，虱害。六虱，见《去强》篇。**必强。国富而不战，偷生于内，**偷，苟且。**有六虱，必弱。国以功授官予爵，此谓以盛知谋，**盛，促进、增进。**以盛勇战。以盛勇战，以盛知谋，其国必无敌。国以功授官予爵，**予，给予。**则治省言寡；**治省，治理不冗烦。言，言论。**此谓以治去治，以言去言。国以六虱授官予爵，则治烦言生；此谓以治致治，以言致言，则君务于说言，**说言，论辩。**官乱于治邪。**乱，忙乱。治邪，不正的治法。**邪臣有得志，有功者日退，此谓失。守十者乱，**十，泛指多。**守壹者治。法已定矣，而好用六虱者亡。民泽毕农，**毕，皆。**则国富；六虱不用，则兵民毕竟劝而乐为主用，**竟，竟相。劝，受激励。乐，愿意。**其境内之民，争以为荣，**争，争相。**莫以为辱。**莫，无。**其次为赏劝罚沮；**沮，阻止。

其下,最下等。**民恶之,**恶(wù),厌恶。**忧之,羞之。修容而以言,**修容,修饰外表。**耻食以上交,以避农战,外交以备,**备,备份。**国之危也。有饥寒死亡,不为利禄之故战,此亡国之俗也。**

“国贫而务战”是非常独特,同时也非常重要的提法,意味着战不战不由国之贫富决定。治国也不能分作先富、后战两个阶段,而是边治边战,治、战一体。以农为主的治理和战争俱是国家运行的常态,而不似将战争看作非常状态的一般认识。

文中谈到积极发动战争的功能之一在于“输毒于敌”,类似表达见于《去强》篇“国遂战,毒输于敌国”。输于敌的“毒”即下章将要详细论述的“六虱”之类。同时前述表达也意味着无论国贫国富,国家俱可能有“六虱”之害,尤其是在国家积累财富而不加以使用的情况下。

为了“输毒于敌”能够实现,话题又回到如何激励民众参与战争。其中的核心问题仍然在于政治治理而非军事行动的战术策略。而政治治理中激励民众的最主要方案,在《商君书》中不外乎刑赏二端。本章侧重谈的是如何用赏,即“授官予爵”。要注意,这里的战争激励方案与政治社会治理始终被看作有机联系在一起的一个整体,而不像其他诸子那样将论治、论战视为两事。本章中谈到的治理要点概言之有二:一是“以功授官予爵”,同时要反对者则是“以六虱授官予爵”。二是“守壹”,其中有两重义:就内心而言是治理者一心于国之富强,民众一心听从政权引导;于外化表现而言则是君臣一准于法以行用权力,民众抟力于农战而别无他务。与之相反势必“守十者乱”“法已定矣,而好用六虱者亡”。

“兵民毕竟劝而乐为主用”和“其境内之民，争以为荣，莫以为辱”是最理想的治理状态，也可以看作作壹且“守壹”的表现。这两句都反映出，使得民众内化治理者的要求，并且能够主动、积极地以之为自己的追求，乃是前述治理方案的施用的目标。其中包含了由功利引导到重塑价值观两个阶段，且以后者为重。这是本章中罗列出的治理效果中最优的一种。次之者是“赏劝罚沮”，指的是受迫于赏罚被动遵行法律的状态。以往人们的印象中大多将这一层看作商鞅治理的重心，而未理解到前述最优的那个层次。同时除了上述两层，还有最不济的层次：“民恶之，忧之，羞之。”这明显是民众对统治者的意图和治理持反对态度。而结合上下文来看，商鞅认为民众之所以会形成如此心态，最主要的原因之一是受到了不良引导，结合上下文来看主要是“六虱”的影响所致。这会造成的严重负面后果是治理者无法获得认同，进而无法激励、驱动民众，即“修容而以言，耻食以上交，以避农战，外交以备”，更有甚者“有饥寒死亡，不为利禄之故战”。民众以官方提供的激励机制和引导为“耻”，商鞅将之判定为“亡国之俗”，足可见其严重性。

六虱：曰礼、乐，曰《诗》、《书》，曰修、善，修，贤。善，善良。**曰孝、悌，曰诚、信，**诚实守信。**曰贞、廉，**贞，贞正、正直。廉，廉洁。**曰仁、义，曰非兵，**反对战争。**曰羞战。**以战争为耻。**国有十二者，上无使农战，必贫至削。十二者成群，此谓君之治不胜其臣，**胜，驾驭、统御。**官之治不胜其民，此谓六虱胜其政也。十二者成朴，**成朴，扎根。**必削。是故兴国不用十二者，故其国多力，而天下莫之能犯也。兵出必取，**取，占领城池、土地。**取必能有之；**有，指拥有、治理所占之地。

按兵而不攻，必富。朝廷之吏，少者不毁也，多者不损也。效功而取官爵，虽有辩言，不得以相先也，此谓以数治。数，术。**以力攻者，出一取十，以言攻者，出十亡百。国好力，此谓以难攻；**难，难能为者。攻，治。**国好言，此谓以易攻。**易，易于获得的治术。

“六虱”已见于《去强》《说民》等篇，不过虽然被反复谈到，但是对于“六虱”内涵的详尽解释只见于本章。[1] 首先要明确，所谓的“六虱”指的是六种价值标准，或者说这六种内容（价值）成为行为标准后方才成为“虱”。而当它们不被当作标准时，不一定是被批判和严禁的对象。接下来需要对这六者做一解释：“曰礼乐，曰《诗》《书》，曰修善，曰孝悌，曰诚信，曰贞廉，曰仁义，曰非兵，曰羞战”是为“六虱”。除了六类之分，每一类中又有两项，也就是六类之外还可细分为十二项。不过结合整部《商君书》中出现的“六虱”“六者”“十者”等的内容来看，商鞅似乎对这些理应被否弃的标准如何排列组合并没有太过严格的讲究。“礼乐”是指制度性的礼乐文化，或曰礼乐制度提供的价值标准。“《诗》《书》”是经教提供的价值标准。“修善”是社会价值中称道的贤、良。“诚信”即世俗所谓诚实、守信。“贞廉”义为贞正、廉洁。“仁义”乃仁慈、道义。“非兵”“羞战”是反对兵战。这两种主张在战国时代都有思想家鼓

〔1〕“六虱”之说，还见于《弱民》篇：“农不偷，六虱无萌。”“六虱成俗，兵必大败。”此外还有《去强》篇：“三官者生虱官者六：曰岁，曰食，曰美，曰好，曰志，曰行，六者有朴必削。”“国强而不战，毒输于内，礼乐虱官生，必削；国遂战，毒输于敌国，无礼乐虱官，必强。举劳任功曰强，虱官生必削。”《说民》篇：“民贫则弱，国富则淫；淫则有虱，有虱则弱。故贫者益之以刑，则富；富者损之以赏，则贫。治国之举，贵令贫者富，富者贫。贫者富，富者贫，国强。三官无虱，国强；而无虱久者，必王。”

吹,例如墨子的“非攻”说,[1]宋钘的“见侮不辱”[2]说等,说明在当时已经颇有影响力。

之前的评注中已经谈到,以上这些并不能仅仅看作在反对儒家学说,而是涉及当时社会上普遍存在并且受到广泛认同的价值标准。它们的来源其实非常复杂,既有宗周文化和意识形态的影响,也有儒、墨、宋钘等家学说的印记,还包括了当时一般观念中的某些常识性认识。通过这些也可见得,商鞅有着重塑价值观和意识形态的自觉,而他借助的最主要手段便是立法。

至于“六虱”生的后果,总体来说是“六虱胜其政也。十二者成朴,必削”,本章谈到针对治民和针对治官两个方面,即“君之治不胜其臣,官之治不胜其民”。归纳起来要旨是六虱盛行会导致君主和政权丧失调动、指引能力。对应的解决方案总体来说包括“以数治”和“以难攻”两个方面。前者是量化、标准化的按法而治,后者则是抟力于农战。

商鞅之所以格外看重消除“六虱”,与前章提到的重塑价值观有直接关系。政治治理的重心被设定在了引导民众形成与官方政治立场和诉求相“壹”的“正确”的价值观和行为模式,进而积极主动地“作壹”。正因如此,对形塑观念、齐一民心会产生严重负面影响的“六虱”自然有必要引起重视,并被严加杜绝。而在本篇论说治理时,清除干扰以整饬观念之论在具体的功利化治理举措,即如何使用刑赏之前。言下之意,若非由此前提,即便民有趋利避害之性,治理者善为使用刑罚以利用,也不足以致民农战,更无法实现上下同心。

---

〔1〕 参见《墨子·非攻》。
〔2〕 参见《荀子·正论》篇引。

重刑少赏，上爱民，民死上；重赏轻刑，上不爱民，爱，私爱、仁慈。**民不死上。利出一空者，**空，同孔，门径。**其国无敌；利出二空者，国半利；利出十空者，其国不守。重刑明大制，**明，彰明。大制，根本制度。**不明者，六虱也。六虱成群，则民不用。是故兴国，**兴国，兴盛国家。**罚行则民亲，赏行则民利。行罚，重其轻者，轻者不至，重者不来，此谓以刑去刑，刑去事成。罪重刑轻，刑至事生，此谓以刑致刑，其国必削。**

本章或是针对《去强》篇“重罚轻赏，则上爱民，民死上；重赏轻罚，则上不爱民，民不死上”的解释。

如何解决“民死上”的问题，或者说如何调动民力，并获得民众自觉、主动配合、积极服从，是治术层面的讨论最终需要解决的论题。本章以“六虱”需待肃清为前提，提出“重刑明大制”又是“六虱”不生的制度保障。文中论及治术形式和治术内容两方面。一方面要求“重刑轻赏”，其中包括两个层次：一是立法层面要对轻罪设立重刑，二是适用法律层面要“重其轻者”。理由如文中所示：“行罚，重其轻者，轻者不至，重者不来，此谓以刑去刑，刑去事成。罪重刑轻，刑至事生，此谓以刑致刑，其国必削。”这个表述与《去强》篇相同，可参照彼篇评注理解。

重刑是商鞅一贯且反复强调的主张，除了本篇和《去强》篇，还见诸《垦令》篇“重刑而连其罪，则褊急之民不斗，很刚之民不讼，怠惰之民不游，费资之民不作，巧谀恶心之民无变也。五民者不生于境内，则草必垦矣”；《赏刑》篇“重刑连其罪，则民不敢试”；《画策》

篇“以刑去刑，虽重刑可也”等。其中“重刑”之“重”，既有看重、倚重之义，也有从重、加重的意思。

与轻罪重刑相对，“刑多赏少”是另一方面。例如《开塞》篇：“治国刑多而赏少，乱国赏多而刑少。故王者刑九而赏一，削国赏九而刑一。”但这是要求减少赏赐的名目，而非是要求对特定事务的赏赐从轻，所以《外内》篇说“其赏少而威薄，淫道不塞之谓也”，“故其赏少，则听者无利也”。反倒是对于当行赏赐的事项，商鞅主张要赏重，如《修权》篇“故赏厚而利”。此外还有与上述两项要求相配套的第三方面，即“刑重而必得”（《赏刑》）。〔1〕

重刑与爱民的关联，相近表述还见于《去强》篇：“重罚轻赏，则上爱民，民死上；重赏轻罚，则上不爱民，民不死上。兴国，行罚，民利且畏；行赏，民利且爱。”这章的评注中已经谈到，重刑（罚）导致爱民，是个有些反常识的命题。而《说民》篇“罚重，爵尊；赏轻，刑威。爵尊，上爱民；刑威，民死上。故兴国行罚则民利，用赏则上重”其实与《去强》篇和本篇的思路并不完全一致。

不过诸篇所同者在于，重刑之所以是上“爱民”的表现，是因为重刑的目的在于“以刑去刑，刑去事成”，〔2〕乃至“天下行之，至德复立”（《开塞》）。也正是因为“刑”的主要功能和目的在于塑造而非矫正社会秩序，所以务求做到“罚行则民亲，赏行则民利”。

要注意，商鞅立说面对的是“变法”状态，而非平稳的社会，因此他更侧重强调包括法、刑等在内的治术、治器重塑、再造而非维系、矫正社会关系的功能。与此相应，法、刑、赏的内容需要共同塑造“利出一空”的局面。与此相近的表述还见于《弱民》篇“利出一

〔1〕《修权》篇作“刑重而必”。
〔2〕相同表述还见于《开塞》篇。

孔,则国多物;出十孔,则国少物”。“利出一空”与聚民心、抟民力相为表里。

圣君知物之要,要,枢要、关键。**故其治民有至要。故执赏罚以壹辅仁者,**壹,统一于。辅,辅助。**心之续也。**续,接续。**圣君之治人也,必得其心,**心,人心。**故能用力。力生强,强生威,**威,权威。**威生德,**德,恩德。**德生于力。圣君独有之,故能述仁义于天下。**述,表达。

这一章可以看作对全篇的理论总结,明确了民心为至要的主张,即“圣君知物之要,故其治民有至要”。这个表述需要联系当时的思想世界来理解:其一,这说明了把握“要”,类似于今人常说的抓住主要矛盾是理解世界并设置治理方案的关键。其二,物有要,治民亦有要,表明在商鞅的观念中世界上的一切物、事都有“要”,也都可为人所把握。这是春秋时的文质论向战国时主流的本末论转变期间的一种过渡式表达。

以掌握民心为“要”,则所有治理方式、手段都应当被放在“辅”的地位上看待,所以说“执赏罚以壹辅仁者,心之续也”。不过这里的“仁者”表述出现得颇为突兀。《商君书》中“仁”的用例分布在7篇中,〔1〕一共出现14次,但是除了本章中的一例之外,都只表达出有负面意味的价值评价。而且就在本篇前文中“仁”明确被当作“六虱”十二项之一,所以像高亨将“仁”而非“仁者”当作一词,解作“仁爱”,〔2〕略同于恩德之义,这并不合于全书和本章的常态。

〔1〕 分别是《农战》《说民》《开塞》《靳令》《赏刑》《画策》和《慎法》。

〔2〕 高亨:《商君书注译》,中华书局1974年版,第109页。

因此将“仁者”作为一种区别于“仁”的特殊表达更为合适。这里可以参比《鹖冠子·道端》的表述来理解：“夫仁者，君之操也，义者，君之行也，忠者，君之政也，信者，君之教也，圣人者，君之师傅也。君道知人，臣术知事。”

尽管“仁者”是一个看似并不太具有特殊内涵的表达，但是出现在以强调“民心”为宗旨的本篇中，隐含的深义就需要被重视了。这很可能是当时民心亲仁的共识性认识的一次不自觉表达。换言之，民之所以亲上并不是因为赏罚，而是因为认同。是故，治理者强势地施行赏罚只是塑造民心的手段。

本章中治民之“要”在于得民“心”。通过得民心，民力方能为上所用。而用民力可以导致“强”。这个“强”不是国强，而是君的力量藉民众之力的强大。这种强大势必能够产生权威，而“威”能生恩德。故曰“刑生力，力生强，强生威，威生德，德生于刑”，相同表述还见于《说民》篇，详细解说可参见其评注。

“圣君独有之”，意思是掌握民心，以及力、强、威、德都必须为君王所垄断，由此方可成为唯一的“述仁义于天下”者。有的学者见“仁义”之辞，便怀疑这近于儒家，非商鞅所作。这个判断，以及类似这种囿于文辞而断言文本真伪和学派归属的观点都不可靠。此处所谓“述仁义”是表现得有德的意思，与儒家讲的仁义内涵有别，而且恰好是战国儒家格外反对的假借仁义以行事。

修权第十四

【导读】

篇题“修权”，义为行用权力，也就是如何运用权力。这是对全文主要内容，或曰论说对象的归纳。历代注家大多认定本篇是商鞅的作品。与篇中主张相契者，多见于商鞅变法时的实践，例如《战国策·秦策一》载：“商君治秦，法令至行，公平无私，罚不讳强大，赏不私亲近，法及太子，黥劓其傅。期年之后，道不拾遗，民不妄取，兵革大强，诸侯畏惧。”

篇中谈到治国的法、信、权三个要素，受到了后世论家，尤其是法律、政治思想史学界的广泛关注。文中的基本主张是君臣共同守法、共同立信，君主单独掌握权柄、权威和权衡能力。三者共同针对的是掌握最高公权力的君、臣行“私”的问题，包括私欲、私爱、私利、私议等。在商鞅看来，政治权力运行中几乎所有的问题从根本上说都来自君臣之“私”。

尽管如何围绕法、信、权运用权力治理社会是主要内容，但是本篇重要的意义在于明确提出了“为天下治天下”，并以此为基础明确了作为“存亡之本”的公私之辨。此中一则明示了商鞅所有的治理理论都立足于天下本位；换言之治国、攻战只是治平天下的过程和手段，而非目的本身。同时只有天下方可为“公”，相形之下君、臣、民的诉求都是“私”。当然除了绝对意义上的天下之公，也存在一系列相对意义上的公私关系。例如国与君之间就有公私之分，君主“倍法”的一己之欲、之行相对于国而言亦为私。国/君与臣之间也构成一组相对的公私关系。以上这些，可以也应该作为理解商鞅思想的前提和基础。

【原文·评注】

国之所以治者三：一曰法，法，法律。**二曰信，**信，信用、威信。**三曰权。**权，权柄。**法者，君臣之所共操也；**操，守，使用。**信者，君臣之所共立也；**立，使之成立。**权者，君之所独制也。**独制，单独掌握。**人主失守则危；君臣释法任私必乱。**释，舍弃。释法，不受法律约束。**故立法明分，**分（fèn），通份。明分，彰明各有其份。**而不以私害法，**私，私欲、私利。**则治；权制独断于君，**断，判断、处断。**则威；**威，权威。**民信其赏则事功成，**信，相信、坚信。**信其刑则奸无端。**端，通耑（duān），萌生。**惟明主爱权重信，**爱，珍视。**而不以私害法。故上多惠言而不克其赏，**惠言，好话、美言，指口说不实的好处。克，能。**则下不用；**用，用命，为上所用。**数加严令而不致其刑，**加，颁布。致，导致。**则民傲罪。**傲，轻视，不尊重。**凡赏者，文也；利者，武也。文武者，法之约也。**约，读为纲要之要。**故明主任法。明主不蔽之谓明，**蔽，蒙蔽。**不欺之谓察。**欺，欺骗。察，明察。**故赏厚而信，刑重而必，**必，必然施用。**不失疏远，不私亲近。**私，偏私。**故臣不蔽主，**蔽，蒙蔽。**下不欺上。**

本章所论，乃至全篇的要旨与前述诸篇侧重大有不同。之前谈治理，大多数时候是在讨论如何治民、治国。无论是用刑赏，还是讨论生力、农战等，都重在调动、凝聚民力以实现“动态富强”。

而本章的重心则转向了君臣关系，既包括君如何治臣，也包括如何实现君臣协同共治。要格外注意的是，君臣关系，或者说权力分配和运行是战国晚期受黄老法家思想影响的诸子论说共同的重点，像《管子》《慎子》《鹖冠子》，包括《韩非子》中都是如此。可是在《商君书》中，相较于治民、治国，君臣关系的重要性似乎要低得多。这当然与不同的处境和形势有关。

“法”“信”“权”并重，是商鞅治术诸论中最为后世所看重者，论家多将之与韩非重法、术、势之论相对观。这些内容广义上说都是“治术”，但定位、行用模式各不相同，甚至严格来说不能算作属于同一层次。

“法”是制定、公布出来的法律规范，基本定位是“君臣共操”。“操”的文面义是操持，析分则有遵守、行用两层内涵。所操之法的内容，按本章所述也有两层：一是“明分”，也就是明确秩序和行为规则。商鞅格外强调法律“明分”能够排除权力运作中的“私”。相关论说可参见《定分》篇的评述。二是赏罚，这是法基于利益与夺，提供的关系调整机制，也是后文论说的重点所在。

“信”即信用，要求“君臣所共立”，主要表现是信守法律，不“释法任私”，不“以私害法”，这样才可以做到“民信其赏”和“信其罚”。君臣和民之间只有基于严格按法而行才可以建立起信用和信任关系；反过来则“故上多惠言而克其赏，则下不用；数加严令而不致其刑，则民傲罪”。意思是君主仅仅口头称赞而不实际用赏，下人会不为所用；经常下达严格的禁令却不对犯令者用刑，民众必会不畏惧刑罚。

另外要注意，文中谈到“民信其赏则事功成，信其刑则奸无端”，将“赏”与“功成”相连，明显是以之为正向激励机制。“刑”则被定位为止奸止恶的机制，虽说与刑期于无刑、以刑去刑的一贯主张相吻合，但与将之作为主要的正向激励机制的《农战》《说民》等篇不合。这种差异很有可能是因为商鞅在不同时期对于刑赏功能存在不同的理解。

“权”被认为是“君之所独制”，也就是专属于君。可是相较于之前“法”“信”两项，文中“权”的所指、含义更不清晰，甚至究竟应当理解为权柄、权威还是权衡，文中也并没有明确的界定。综合《商君书》中其他各处用例来看，商鞅的“权”应作两向理解：形式上的权是政治权柄和权威；实质上的权指的是针对事项进行权衡、权宜、权变的权力。这两重含义相为表里，通常都同时存在于表述中。篇中的直接解说只有“权制独断于君则威”，可是后文一直在强调不能“释法”，要“慎法”，所以君显然不能在权力运行中拥有超越法律之外任意擅断、随意施用刑赏的权力，这与一般印象中的君主集权专断非常不同。

问题是，既然君臣都必得守法，那么这里的“权制独断于君”就只能解作权衡、权断“制”（法律制度）。这里我们不妨结合《靳令》篇的表述来理解：“圣君知物之要，故其治民有至要。故执赏罚以壹辅仁者，心之续也。圣君之治人也，必得其心，故能用力。力生强，强生威，威生德，德生于力。圣君独有之，故能述仁义于天下。”据此，君主必须独掌的是“要”，即得人心，这与本章强调“明主不蔽之谓明，不欺之谓察”应当结合起来理解。

一方面要求君守法立信，另一方面又要求君行权独断。简言之，意思是既要求君守法，又要求君能够超越于法律之上作出权断。这使君的角色、职分变得非常复杂且难以把握。只有把握了“去私”，才能使之成立。

在法、信、权三者的运行中，法提供基本秩序规则，信成为有效运行的基础，而权则作为保障。而在整个过程中，最可能造成破坏,也最需杜绝者无疑是“私”。君、臣在权力运行中谋私或夹杂私意、私利都被严格禁止,所以说“惟明主爱权重信,而不以私害法”。

与此同时,私利又是之所以能够调动臣、民行事的关键,商鞅所有的治理方案都以民必以趋利避害为第一行为原则为前提,否则法律设置的赏罚也就起不到预期作用了。所以对于治臣,甚至对于君主,商鞅都认为最关键者在于通过外部力量约束之,以避免出现为私。这里同样有两个预设:一是君、臣和民众一样,只要放任自为,为私必将是第一选择。二是君、臣与“公”有根本差异。君的利益与国的利益并不完全一致。另外还要看到,道德自律和道德风气完全不在商鞅的考虑范围之内,换言之,商鞅并不认为道德原则可以起到治理的功效,所以道德原则也就不能被当作常态化治理机制。

世之为治者,多释法而任私议,私议,指不按法律,自行论事处断,议定是非臧否。**此国之所以乱也。先王县权衡,**县(xuán),通悬。权,秤锤。衡,秤杆。权衡,指称量标准和工具。**立尺寸,而至今法之,**法之,以之为法。**其分明也。**分(fèn),分判。**夫释权衡而断轻重,**断,判断。**废尺寸而意长短,**意,臆断。**虽察,**察,明察。**商贾不用,为其不必也。**不必,不必然有效。**故法者,国之权衡也。夫倍法度而任私议,**倍,悖反。**皆不知类者也。**类,类推。**不以法论知、**知,智。**能、**能,才能。**贤、**贤,贤明。**不肖者惟尧,**不肖,才德亏欠。惟,只有、惟独。**而世不尽为尧,是故先王知自议誉私之不可任也,**自,自行评断。议,评断。誉,赞善。誉私,或作私誉。**故立法明分,中程者赏**

之，中（zhòng），符合。程，程式、法度。**毁公者诛之。赏诛之法，不失其义，**义，即宜，适当。**故民不争；授官予爵，不以其劳，则忠臣不进；行赏赋禄，**赋，赋予。**不称其功，**称（chèn），相称、符合。**则战士不用。**

本章与上章相承接，从当时常见的负面情况开始，着重讨论作为“权衡”的法律如何在治理中对抗、消除“私”。其中“县权衡”指的是设置标准的权力。

“世之为治者，多释法而任私议，此国之所以乱也”，这个判断是商鞅对当时政治治理混乱原因的总结，类似观点在整部《商君书》中多次出现，且表达得很一致。要注意，文中指出“为治者”（主要是指君主）不严格依法、信用“私议”，即法律之外的私人意见作出处断，是国“乱”而非“弱”的原因。尽管乱和弱之间也有关联，但就直接原因而论尚有差别。换句话说，君主守法、立信，推行标准化治理即可解决乱的问题而使社会有序。至于在此基础上如何致富强，则有赖法的内容围绕激励农战设置，即以刑赏促农战。这被商鞅当作另一个论题在他处展开。

“先王县权衡，立尺寸，而至今法之，其分明也”句中，所谓“先王”究竟所指为谁在本篇中没有明示，但可以肯定这不是周代先王，因为整个周代都没有推行严格的标准化治理模式。结合后文“不以法论知能贤不肖者，惟尧”，可知所指也不是尧舜。从既有的历史文献中寻绎，这种治理模式最典型的体现是在禹夏时代，因此这里的“先王”或指禹、启等夏代统治者。〔1〕 将法律喻为规矩、绳

〔1〕 关于禹夏的中央集权与法治模式，参见李平：《作为中央集权化立法的〈禹贡〉——一次法哲学式的解读》，载《厦门大学法律评论》2017年第1期。

墨、尺寸、度量等,在战国诸子论著中屡见不鲜。这个风尚的源头或是春秋战国时期的墨家,论说见于《墨子·法仪》篇;后来到了战国中期以后的论著中便被广泛接纳。

本章中谈到"权衡"之法的两方面功能:一是明"分",也就是设定秩序,即所谓"先王县权衡,立尺寸,而至今法之,其分明也"。二是作为"断"(包含判断、审判、决策等)的标准。论述中,作为"国之权衡"的法律与"公"之间几乎画上了等号。当然这也合于篇中预设的前提,即所立的法律内容纯粹为公,所以"倍法度"就是"任私议"。

接着文中给出了一个反例:"不以法论知能贤不肖者,惟尧。"意思是像尧这样的圣王有能力不按法而治,但这并不适用于当世的君王。在其他如《更法》《徕民》等篇中,尧之治之所以不可效法,给出的原因是时变事异,并没有归因于君主能力之别。当然,书中论及尧舜汤武等圣王时也没有作出负面的否定性评价。本章中的表述隐约透露出,商鞅始终把尧当作一位典范式的圣王;但他同时也很现实,意识到不能把常态化的政治治理寄托于可遇不可求的尧式圣王,而只能针对作为"一般人"的君、臣设置治理模式。这与商鞅三见秦孝公最终"不得不"选择霸术的故事可相印证;同时也表明商鞅寄身秦国,行变法之事以致富强,既不是为了秦孝公,也非是为了秦国,而是意在应时势、托霸术以求治平天下能够曲折实现。

因此,君能严格守法是杜绝臣、民为私、为非的关键。"是故先王知自议誉私之不可任也,故立法明分,中程者赏之,毁公者诛之。赏诛之法,不失其义,故民不争"。意思是君王不能按照自己的个性化的喜好作出评价,而应当仅仅以法律为标准进行赏罚。这是使得民众明确自己的行为标准且不产生纷争的前提。反对来,"授官予爵,不以其劳,则忠臣不进。行赏赋禄,不称其功,则战士不用”。意思是按照才干功绩授官，依照军功行赏，是忠臣、战士为国所用的保障。

凡人臣之事君也，多以主所好事君。君好法，则臣以法事君；君好言，则臣以言事君。君好法，则端直之士在前；端直，端庄正直。**君好言，则毁誉之臣在侧。**毁誉，毁损与赞誉，此指私议是非好坏。**公私之分明，**分，通份。**则小人不疾贤，**疾，妒忌。**而不肖者不妒功。**不肖，无才德。妒，妒忌。**故尧舜之位天下也，**位，通莅，此指君临。**非私天下之利也，为天下位天下也。**为（wèi），为了。位，通莅，此指君临。**论贤举能而传焉，**论，选择。**非疏父子，**疏，疏远。**亲越人也，**越人，指远人。**明于治乱之道也。故三王以义亲，**义，道义。**五霸以法正诸侯，**正，匡正。**皆非私天下之利也，为天下治天下。是故擅其名而有其功，**擅，操持专断。**天下乐其政而莫之能伤也。今乱世之君臣，区区然皆擅一国之利而管一官之重，**区区，得志之貌。管，掌握。**以便其私，**便，利。**此国之所以危也。故公私之交，**交，互换位置。**存亡之本也。**

君臣之间的关系，被设定为臣必定投君之所好而行事。“凡人臣之事君也，多以主所好事君。君好法，则臣以法事君；君好言，则臣以言事君。君好法，则端直之士在前；君好言，则毁誉之臣在侧。”这与儒家“君子之德风也小人之德草也”的思路一致，不过两者的前提不一样。儒家的前提是君子有德、位双重优势地位，所以小人会因慕位而慕德。而商鞅排除了德在治理中的位置，所以臣投君所好行事的基础是“利”,有利可图才是“以主所好事君”的动因。若是按此,“君好法,则臣以法事君”和“君好法,则端直之士在前”存在差异。“臣以法事君”是臣投君所好而致,“端直之士在前”则是君好法的后果。当然还可以有另一种理解,就是在商鞅看来按法行事之人就是“端直之士”。至于这些按法者的本心、人品、德性等如何,完全不在治理者应考虑的范围内。

“公私之分明,则小人不疾贤,而不肖者不妒功”这句话并不太好理解,尤其是“公私之分明”缺省的主语究竟是君还是臣。按照前句“君好……”的表述,君其实并无公私可分,所以这里指的应该是臣;而臣的公私之分由法律明确规定,即是“分明”。

“故尧舜之位天下也,非私天下之利也,为天下位天下也”,这是一句非常重要的表达,对应的就是“公”义。按照这个表述,只有“为天下”才是“为公”,其他情况都是各种程度的“私”。在商鞅之前,对这一层“公”做出最重要的义理表述者是老子。古今不同者,不在于“为天下”,而在于“三王以义亲,五霸以法正诸侯,皆非私天下之利也,为天下治天下”。反过来说就是“今乱世之君臣,区区然皆擅一国之利,而管一官之重,以便其私,此国之所以危也”。由此引出“公私之交,存亡之本也”便显得理所当然了。而当时绝大部分的诸侯国及其君、臣,都在谋求个人、特定群体、特定国家的利益,质言之,这些与天下相对观都是“私”,只不过范围和程度有别而已。

要注意,从这段论说中可见商鞅立论所持的是天下本位。讲究治国、攻战,最终的目的乃在于平天下。因此无论以君、臣还是以国为本位,都是“私”。

夫废法度而好私议,则奸臣鬻权以约禄,鬻(yù),卖。

权，权柄。约，要求。**秩官之吏隐下而渔民。**秩官，即俸禄。隐下，欺上瞒下。渔，谋取，夺取不应得的东西。渔民，渔利于民。**谚曰：**谚，俗语。**“蠹众而木折，**蠹(dǔ)，蛀虫、害虫。**隙大而墙坏。”**隙，裂缝。**故大臣争于私而不顾其民，**私，私利、私欲。**则下离上；**离，离心。**下离上者，国之隙也。秩官之吏隐下以渔百姓，此民之蠹也。故国有隙蠹而不亡者，天下鲜矣。**鲜，极少。**是故明主任法去私，而国无隙蠹矣。**

本章重在讲“废法度”将会给官吏治理带来的不良后果，围绕“蠹众而木折，隙大而墙坏”这句当时的俗语展开，主要涉及“奸臣鬻权以约禄，秩官之吏隐下而渔民”两个方面。前者是臣与臣之间会形成以公权力换取私利的情况，即“鬻权以约禄”，这样官僚体系的治理效果便不可期，同时会致使他们罔顾治理而与民众生隙，甚至激化官民矛盾。后者是“吏”在混乱的官僚体制运作中治理，会很容易欺瞒官长并鱼肉百姓，成为蚕食民利的蠹虫。由此得出“明主任法去私，而国无隙蠹矣”。从中可以看出，商鞅认为按法而治、君不废法是治官、治吏两者的根本保障。同时要注意到，商鞅已经把治官和治吏当作两个不同的治理问题来看待，针对的弊端分别是“大臣争于私而不顾其民”和“秩官之吏隐下以渔百姓”。

这段论说针对的就是变法之前秦国的政治实态，可以《韩非子·奸劫弑臣》所论佐之：

> “古秦之俗，君臣废法而服私，是以国乱兵弱而主卑。商君说秦孝公以变法易俗而明公道，赏告奸，困末作而利本事。当此之时，秦民习故俗之有罪可以得免、无功可以得尊显也，故轻犯新法。于是犯之者其诛重而

必,告之者其赏厚而信,故奸莫不得而被刑者众,民疾怨而众过日闻。孝公不听,遂行商君之法,民后知有罪之必诛,而告私奸者众也,故民莫犯,其刑无所加。是以国治而兵强,地广而主尊。”

徕民第十五

【导读】

本篇非是商鞅亲笔,学界已多有辨正,理据主要在于:其一,篇中称君为“王”而非“公”。但秦君称王在秦惠文王即位后十三年(公元前325年)。其二,篇中称魏襄王谥号,而襄王殁于公元前296年,已在商鞅身后。其三,“周军之胜”乃公元前293年的伊阙之战,商鞅不及见。其四,“华军之胜”在公元前273年。其五,“长平之胜”在公元前260年。是亦可知本篇当写成于公元前260年之后,很可能是后学追述商君思想而作。又因为文中有“曩者臣言曰”“臣窃以为”等表述,可推此篇或是作者呈给秦王的奏疏。再由第四章和前文的关系考察,有可能其中汇集了非止一篇奏疏,而是一种杂成的状态。并且,本篇与《算地》篇存在关联,尤其是第一章与《算地》篇文字重复,可能两者之间有承袭关系。

篇题“徕民”(有的版本作“来民”),意为招徕农民,可以看作是全篇主旨的归纳。旧注云:“三晋民有余而地不足,秦地有余而民不足。秦胜晋而不能有其民者,爱爵而重复也。诚使三晋之士慕义而来者,秦不爱爵而封之,不重复而令三世不与兵事,则三晋之民可尽也。”

全篇的政策与《商君书》其他篇存在不相契的情况,但又可在秦国政治史上得到印证。篇中内容反映出商鞅身后几十年间秦国形势的变化,以及秦国落实商君之法过程中遭遇到的问题,尤其是对山东之民缺少吸引力和“兴兵而伐,则国家贫;安居而农,则敌得休息”。而文中基本上都是针对现实问题所提出的针对性解决方案,也附带有相应的理论论说,因此将之作为理解商鞅思想的辅助材料亦无不妥。同时要注意,篇中对秦国形势的描述与《韩非子·初见秦》等篇多有印证,但归纳出的关键问题和对成因的判断存在差异。

【原文·评注】

地方百里者:方,方圆,指面积。**山陵处什一,**山陵,山岭丘陵。什一,十分之一。**薮泽处什一,**薮(sǒu)泽,沼泽。**溪谷流水处什一,都市蹊道处什一,**蹊(xī)道,道路。**恶田处什二,良田处什四,以此食作夫五万。**食(sì),养活。作夫,农作之人。**其山陵薮泽溪谷可以给其材,**给(jǐ),供给。**都邑蹊道足以处其民,**处,居处。**先王制土分民之律也。**

这一章是关于方圆百里之地的规划方案,相同的文字见于《算地》篇,不过本篇所述更加完整。且本章侧重在“定分”的意义上论说,与《算地》篇稍有不同。按照文中所示,山陵、薮泽、溪谷流水、都市蹊道各占10%,恶田占20%,良田占40%。文中着重谈到百里之地等良、恶相加的60%土地足以供养5万人,这些人安处于10%的“都邑蹊道”,并由共占30%的山陵、薮泽、谿谷提供材货用度。很明显这是一个以“地方百里”为单位设计的规划方案,而非勘测结果。文中称这种规划方案是“先王制土分民之律”,有可能指的就是秦孝公、秦惠文王施行的商君之法。

今秦之地,方千里者五,而谷土不能处什二,谷土,可耕地。**田数不满百万,**田数,田地的亩数。**其薮泽溪谷名山**

大川之材物货宝,又不尽为用,尽为用,充分被利用。**此人不称土也。**称(chèn),匹配。**秦之所与邻者,三晋也;**三晋,赵、魏、韩三国。**所欲用兵者,**用兵,攻打。**韩魏也。彼土狭而民众,**狭,狭小。**其宅参居而并处,**参,错杂。**其寡萌贾息,**寡萌,少事生产。贾息,借商贾以生利。**民上无通名,**上无通名,即人口不载于户籍典册。**下无田宅,而恃奸务末作以处。**奸务末作,农业生产之外的工商游方等业。**人之复阴阳泽水者过半。**复,通窦(fù),穴居。阴阳,山北山南。**此其土之不足以生其民也,似有过秦民之不足以实其土也。**过,超过。实,填充。

本章参比上章的规划,谈秦和三晋的现实状态。秦的情况是土地五倍于“方千里”,但是其中耕地不到20%,田数不足百万亩,概括起来不外耕地未被完全开发。与此同时还有另一方面问题,即山泽材货利用不充分,“其薮泽溪谷名山大川之材物货宝,又不尽为用”。当然耕地是相对上章规划的60%而言开垦不足,非是针对当时秦国既有的人口数来说;材货利用不充分也是相对于地方百里养育5万人的规划而论。文中将两者的共同原则归于“人不称土”,即人口不足。

相比较而言,三晋地区“地狭而民众”,“其土之不足以生其民”,其中就包括了当时秦意图用兵的韩、魏两国。换言之,能够在增强自己的同时削弱对手乃是上策。对方的基本情况包括民众缺少耕地,以商贾放贷谋生(“寡萌贾息”),官方缺少人口数据(“上无通名”),民众住宅用地紧张(“人之复阴阳泽水者过半”)。据此文中给出的形势判断是:三晋地区地少人多,要比人口不足造成的危害更大。

意民之情，意，考虑、料想。**其所欲者，田宅也；而晋之无有也信，**信，确实。**秦之有余也必，**必，必定。**如此而民不西者，**西，西来，即入秦。**秦士戚而民苦也。**戚，愁苦。**臣窃以王吏之明为过见，**以，以为、认为。王吏，王国的吏员。明，明察。过见，错误的看法。**此其所以弱。不夺三晋民者，**夺，得到、夺得。**爱爵而重复也。**爱，吝啬。重(zhòng)复，指不愿免除赋税徭役。复，法律术语，指免除赋税徭役。**其说曰："三晋之所以弱者，其民务乐而复爵轻也。**务乐，追求享乐。轻，易。**秦之所以强者，其民务苦而复爵重也。**重，难。**今多爵而久复，是释秦之所以强，**释，放弃。**而为三晋之所以弱也。"此王吏重爵爱复之说也，而臣窃以为不然。夫所以为苦民而强兵者，将以攻敌而成所欲也。兵法曰："敌弱而兵强。"**敌人削弱而我军增强。**此言不失吾所以攻，而敌失其所守也。今三晋不胜秦四世矣，**四世，魏襄王、哀王、昭王、安厘王。**自魏襄以来，**魏襄，魏襄王(公元前318年至公元前296年在位)，姬姓，魏氏，名嗣，一名赫，魏惠王子。魏国第四任国君。**野战不胜，**野战，野外作战。**守城必拔，**拔，攻克。**小大之战，三晋之所亡于秦者，不可胜数也。若此而不服，秦能取其地，而不能夺其民也。**

本章提出民众的基本诉求是解决生存问题，即吃和住("田宅")。由此引出：明明三晋民众苦于生存不保，而秦国能够提供大量田宅资源，为何民众为何不弃晋归秦呢？尤其是前章已经铺垫了两个前提:一是秦晋地区的形势,二是三晋官方对民众的户籍登记并不严格,且从商者(人口流动)颇多。言下之意,三晋之民有需求,也有极大的可能性投奔秦国;但事实的情况却恰恰相反。由此导出不能徕民的问题出在秦国自身,即"如此而民不西者,秦士戚而民苦也"。注意这里提到了士与民两个群体,而非只关注民,与商鞅排斥游艺、谈说、论辩之士有别。相关情况后文还会展开。

"臣窃以王吏之明为过见",说明当时对这种情况有某种与本文相反,但是被共识化的认识,至于这类认识具体是什么已不可确知。不过本篇的观点很明确,将不能徕民的直接原因归于"爱爵而重复",意思是吝啬赏赐爵位和不愿免除田赋。而这些持"爱爵而重复"主张者的理由被引述为:"三晋之所以弱者,其民务乐而复爵轻也。秦之所以强者,其民务苦而复爵重也。今多爵而久复,是释秦之所以强,而为三晋之所以弱也。"要言之,这是认为三晋国弱源于多免赋税、轻易赏爵、民生安逸。而秦国强在民生艰苦、少有免税而赏爵不易。

要特别注意,文中引述的"王吏"的观点,和对秦、晋的判断,更像是承袭了商鞅的观点:其一,商鞅一直主张充分调动民力以务农战,减少其他末业、辩说、游艺等一切有可能产生淫佚的事业。如此营造一种同心同德、专力一务的社会风尚和状态。其二,虽确定赏爵只针对农战之功而行,但是刑多赏少仍是基本方略。将"爱爵"作为导致治理不力的政策缺陷与商鞅的观点有明显差异。

再来看本章的观点:"苦民而强兵"为的是"攻敌",也就是把"壹"于农战视为特有所指的阶段性政策。而当时的情势较之商鞅之时已经有了重大变化,即"三晋不胜秦四世矣。自魏襄以来,野战不胜,守城必拔,小大之战,三晋之所亡于秦者,不可胜数也。若此而不服",也就是攻城略地式的战争已经不能完全达到秦的预期了。这与商鞅时将农、战视为治理过程中两个反复相续的必要环节存在明显差异。

文中提到的“四世”“魏襄以来”,构成了后世诸家判定此篇不是商鞅作品及其写成时代的关键信息。按高亨说,“四世,当是秦孝公、文王、武王、昭王”[1]。魏襄即魏惠王之子魏襄王(公元前318年至公元前296年在位),即位已在商鞅歿后的二十年。据此有学者推论本篇是秦孝文王或秦昭襄王时作。[2] 当然究竟本篇成于何时、何人之手,还有进一步探究的余地,也有赖新的辅证材料,否则很难获得确证。这个话题暂不多论。

最后聚焦到政策选择:作者认为秦能夺三晋之地而不能胜其国的最主要原因,是秦国民生过于艰苦,导致对邻国民众没有吸引力。而是否能“夺其民”现已成为胜败的关键。

今王发明惠,发,发布。惠,恩惠。**诸侯之士来归义者,**归义,即归附于我。**今使复之三世,**复之三世,三代免除赋税徭役。**无知军事。**不用参加军事行动。**秦四境之内,陵阪丘隰不起十年征,**阪,坡地。隰(xí),低洼湿地。不起,不用。**著于律也,足以食作夫百万。**食(sì),供养。作夫,农民。**曩者臣言曰:**曩(nǎng)者,以往。**“意民之情,其所欲者,田宅也;晋之无有也信,秦之有余也必,若此而民不西者,秦士戚而民苦也。”今利其田宅,**利其田宅,让利而使之有田宅。**复之三世。此必与其所欲,**与,给予。**而不使行其所恶也。然则山东**

---

〔1〕 高亨注译:《商君书译注》,中华书局1974年版,第118页。

〔2〕 但也有反对者认为篇中徕民和奖励主张与“秦昭襄王时代有关事情不合”。参见贺凌虚:《商君书今注今译》,第120页。

之民无不西者矣。山东,秦称崤山以东为山东。西,向西。**且直言之谓也;**直言,直接的说法。**不然,夫实旷虚,**实,填充、充实。旷虚,虚空的旷野。**出天宝,**天宝,可为人所用的自然资源。**而百万事本,**百万,百万人。事本,从事本业,即农作。**其所益多也,**益,收益、增益。**岂徒不失其所以攻乎?**徒,仅仅。其,指三晋等敌国。

本章开始陈说政策主张,要在其一,"诸侯之士来归义者,今使复之三世,无知军事"。这是专门针对"士"的免税政策,说明招揽游士被视为了当务之急。参考之后李斯的《谏逐客书》,可知到了秦始皇时重用河东士人已蔚然成风,且确实成为秦国强盛的重要助力。[1] 对士人三世不征税赋,且无须参与军事行动,明显是针对商鞅以来秦国实施的全民农战政策作出的调整。

其二,"秦四境之内,陵阪丘隰不起十年征,著于律也,足以食作夫百万"。这是要以明文写进法律的方式,确定秦国境内山陵、坡地、丘岗、湿地10年免税,并认为如此足以养活百万人口。这是秦国需要且可以徕民的基础条件。而在作者看来,这个条件恰好又和三晋地区的民情相匹配,故必能徕民。此即"此必与其所欲,而不使行其所恶也。然则山东之民无不西者矣"。

而且文中还说到除了直接后果外的更进一步影响:招徕的百

---

〔1〕《谏逐客书》云:"孝公用商鞅之法,移风易俗,民以殷盛,国以富强,百姓乐用,诸侯亲服,获楚、魏之师,举地千里,至今治强。惠王用张仪之计,拔三川之地,西并巴、蜀,北收上郡,南取汉中,包九夷,制鄢、郢,东据成皋之险,割膏腴之壤,遂散六国之从,使之西面事秦,功施到今。昭王得范雎,废穰侯,逐华阳,强公室,杜私门,蚕食诸侯,使秦成帝业。此四君者,皆以客之功。由此观之,客何负于秦哉!向使四君却客而不内,疏士而不用,是使国无富利之实,而秦无强大之名也。"(《史记·李斯列传》)

万之众能够充实旷野，进行开发，从事本业，而不仅仅是不损耗自身的攻战实力，此即“岂徒不失其所以攻乎”。尽管大意如此，但此句难以通读，论家也多有歧说，有待参详。[1]

夫秦之所患者，兴兵而伐，则国家贫；安居而农，则敌得休息，此王所不能两成也。两成，兼顾。**故四世战胜，**四世，秦孝公、文王、武王、昭王四代。**而天下不服。今以故秦事敌，**故秦，旧秦人。事敌，作战。**而使新民作本，**新民，新招揽的移民。**兵虽百宿于外，**宿，夜。百宿，即百日。**境内不失须臾之时，**须臾之时，指农时。**此富强两成之效也。**

臣之所谓兵者，非谓悉兴尽起也；悉，全部。悉兴尽起，此指壮民无不为兵。**论境内所能给军卒车骑，令故秦兵，新民给刍食。**刍(chú)食，粮草。**天下有不服之国，则王以此春违其农，**春违其农，春天进兵使之不能耕作。**夏食其食，**夏天进兵取食敌国夏熟之麦。**秋取其刈，**刈(yì)，收割。秋天进兵收取敌国秋粮。**冬冻其葆。**葆(bǎo)，藏。冬天发取敌国收藏的粮食。**以《大武》摇其本，**《大武》，武乐，此指大战。本，国本，此指粮食。**以《广文》安其嗣。**《广文》，文乐。此指文治。安，安顿。嗣，后人。**王行此十年之内，诸侯将无异民，**异民，异心。**而王何为爱爵而重复乎！**爱，吝惜。

本章谈到了秦国在当时面对的两难局面“兴兵而伐，则国家

---

〔1〕 参见张觉：《商君书校疏》，知识产权出版社2012年版，第181页。

贫;安居而农,则敌得休息”。这句话不难理解,也是战乱之世经常出现的局面。但是要注意,这与商鞅阐述的农战政策和“动态富强”的治理思路并不相契。当然,商鞅面对的形势是秦国尚且积贫积弱,较之山东诸国非但没有优势,相反劣势明显。是故当时亟须建立起一套以富国为重心的政策,以农为第一要务。而之所以要农战并称,更多的是为了使务农所积累起来的国力不止于囤积,而是通过战发挥更大的功用,借助战争将国力转化为拓展土地、人口等。此即《壹言》之“其杀力也,以事敌劝民也”,《说民》篇之“故能生力,能杀力,曰:‘攻敌之国’,必强”。秦孝公时期,包括秦惠王时的政治实践,确实也落实了这个思路。

不过到了本篇写作的时代,情况与商鞅的预期发生了明显偏差,特别是“兴兵而伐,则国家贫”,确实不在商鞅的预料之中。这说明农战并举过程中战争“杀”去的不仅仅是多余的国力。不过作者并没有认为是农、战相继的方略本身有问题,而是认为秦国对敌国之民没有吸引力,由此造成的远期后果是“天下不服”,直接后果是民力不足。所以本章论述仍是在为徕民说张本,给出的更具体方案是“以故秦事敌,而使新民作本”,以之为“富强两成之效”。

再接下来是与徕民政策相配套的治军策略,所反对者为“悉兴尽起”,即全民皆兵,和前文一样主张以旧民为兵,以新民提供后勤保障,即“论境内所能给军卒车骑,令故秦兵,新民给刍食”。这种具有军队专业化的建军思路与商鞅也不一样。根据《立本》等篇可知,商鞅把兵战作为常态化社会治理的必要环节之一来看待,因此基本上秉持全民皆兵,农、战一体的秩序设计思路。同时在《兵守》篇借守城提出了“三军”建制,尽管三军分工不同,但同样包含了全体民众。

再针对敌国,作者给出的策略是“春违其农,夏食其食,秋取其刈,冬冻其葆”,也就是破坏对手的农业生产,曰“大武摇其本”。而与之并称的“广文安其嗣”就是前文提到的通过优惠政策徕民。[1]他的预期是“王行此十年之内,诸侯将无异民”,意思是民众会因生计问题,受秦国的徕民政策吸引,成为秦之“新民”。若能如此,则不必坚守当时仍在实施的“爱爵而重复”政策。

由此可以认为,本篇是承着商鞅的治理思路,结合当时情势做出的针对性策略调整。而且篇中明确表现出以故秦地为中心,面向天下的征服策略。

周军之胜,即伊阙之战(公元前 293 年,秦昭王十四年),对阵东周联军。**华军之胜,**秦昭王三十四年(公元前 273 年),白起击败魏华阳君。**秦斩首而东之。**东之,向东进兵。**东之,无益亦明矣;**益,好处。**而吏犹以为大功,为其损敌也。**打击、损害敌国。**今以草茅之地,徕三晋之民,而使之事本。此其损敌也,与战胜同实,**实,实效。**而秦得之以为粟,**为粟,种粮食。**此反行两登之计也。**两登,即两得。**且周军之胜,华军之胜,长平之胜,**秦昭王四十七年(公元前 260 年)白起败赵于长平。**秦所亡民者几何,**亡民,损失人口数。几何,多少。**民客之兵不得事本者几何,**客,去往异乡。**臣窃以为不可数矣。假使王之群臣,有能用之,费此之半,**耗费一半。**弱晋强秦,若三战之胜者,王必加大赏焉。今臣之所言,民无一日之繇,**繇,通徭,徭役。**官无数钱之费,**数,多。**其弱晋强秦有过三**

[1] “大武”“广文”或即《逸周书》中《大武解》《允文解》二篇,学界对此多有具论。相关论点参见张觉:《商君书校疏》,知识产权出版社 2012 年版,第 183 页。

战之胜；过，超过。**而王犹以为不可，则臣愚不能知已。**

“周军之胜”，即伊阙之战（公元前293年，秦昭王十四年），秦国对阵东周联军。“华军之胜”，是秦昭王三十四年（公元前273年）白起击败魏华阳君。再加上后文提到的秦昭王四十七年（公元前260年）白起败赵于长平的“长平之胜”，这三场战争被作者当作了反面典型，以之为“无益”，最主要的原因是“损敌”的同时秦国自己的实力未有提升，尤其是人口数，即民力方面，此即文中所言“秦所亡民者几何？民客之兵不得事本者几何？臣窃以为不可数矣”。再加上因为战争胜利，秦王还得“必加大赏”，又是一笔支出。如此一来战争对于秦国官方而言的成本更高。相较而言，前章中顾及“大武摇其本”，转而倾向于“广文安其嗣”，明显是要选择一种更低成本、更高收益的方案。

齐人有东郭敞者，犹多愿，愿，欲望。**愿有万金。其徒请赒焉，**赒（zhōu），赈济。**不与，**与，给。**曰：“吾将以求封也。”**封，封爵。**其徒怒而去之宋，**徒，门徒。**曰：“此爱于无也，故不如与之有也。”今晋有民，而秦爱其复，此爱非其有以失其有也，**非其有，非己所有。**岂异东郭敞之爱非其有而失其徒乎？**

本章引齐国东郭敞的故事来反证徕民之论。故事大意是齐人东郭敞宁愿用己财求爵以成就拥有万金的梦想，也不愿周济徒弟，导致失去人心，他家的徒众门人远走宋国。作者认为秦国“爱其复”，不愿施予晋民恩惠的政策，和东郭敞的行为并无二致。不过这个故事本身的说服力相较于韩非等善于用典用喻者颇有差距。

且古有尧、舜，当时而见称；见，被。称，称颂。**中世有汤、武，在位而民服。此四王者，万世之所称以为圣王者也。然其道犹不能取用于后。**道，治道、治理模式。**今复之三世，而三晋之民可尽也，是非王贤力今时，**贤力，贤能力行。**而使后世为王用乎？然则非圣别说，**别，分别。**而听圣人难也。**听，听从、行用。

两个反例之后，本章回归到正面例证，即尧舜汤武之治。文中把四人都称之为“圣王”，并且将王天下的最主要原因归结于“民服”。虽说文中提到“复之三世”，但丝毫没有法古之意，而只是希望以之来佐证前文提供惠民政策以谋求徕民的主张。当然从中也可以看出，治天下、成圣王须有万民心服，不可以仅假力征，这在当时应是常识。而民之“服”建立在道德感化还是功利理性的基础上，至少到了本章写成的年代仍旧是可以讨论的论题，尚未形成有压倒性优势的论断。由此可见商鞅关于人性的相关论说并没有被秦人全盘接受。

篇末说“然则非圣别说，而听圣人难也”，由于其中“别说”“听”这两个关键词颇难确解，文句读起来非常拗口。不过结合前文可知，大意作：不是圣王之道有别，而是遵圣王之道而结合时势选择恰当的治理方案，也就是活用圣人之道极难。

最后还要看到，秦自孝公以后历代君王，或多或少都怀有对天下的企图，以及“圣王”之心。是故《开塞》篇中商鞅说“三代不四”与本章说“复之三世”，都有迎合秦君雄心的意味。

刑约第十六（佚）

赏刑第十七

【导读】

本篇以“赏刑”为题，但内容主要是论说“参（三）教”，分别为赏、刑、教。或可认为这是《农战篇》“抟民之教”“修赏罚以辅壹教”的细化和发挥。其中关于“壹刑”的论说与《商君书》其他篇章可相印证。“壹赏”相关的论说大部也可与别篇关于赏的论说印证，不过又有不相合处。

这是一篇完整且有条理的“论文”，篇中有一条明晰的逻辑线索，即从“有刑有赏”到“不刑不赏”，再到“无刑无赏”。有的学者认为这与《商君书》其他篇中关于刑赏的主张并不吻合。同时篇中的“壹”有统一之义，也与他篇不同，进而判定此篇或是受韩非子影响的学者所作。这些论点虽不能用以证明本篇定非商君所作，但对于理解文义也多有帮助。

文中最特殊的是“壹教”之论。从文本来看，“教”本身的义涵似乎尚不稳定。像“参教”之教与作为“参教”内容之一的“壹教”便有不同。不过总体来说，“教”非是常见的教化、教育，而是强调引导、塑造观念，并使之内化以驱使人们能自发与君主（国家意志）勠力同心。

【原文·评注】

圣人之为国也：为国，治国。**壹赏，**壹，标准统一且唯一。壹赏即“利禄官爵抟出于兵，无有异施也”。**壹刑，壹教。壹赏则兵无敌，壹刑则令行，**令，法令、命令。**壹教则下听上。**听，服从。

夫明赏不费，费，过度花费。**明刑不戮，**戮，过度杀戮。**明教不变，**变，嬗变。**而民知于民务，**务，事务、本务，即农战。**国无异俗。**异俗，不同风俗。**明赏之犹，**犹，当作尤，极致。**至于无赏也；明刑之犹，至于无刑也；明教之犹，至于无教也。**

本章是全篇的总论，以示明“壹刑”“壹赏”“壹教”为要旨，但并不意在说明刑、赏、教怎么实现“壹”，而在于解说三者如何有助于为治。此处刑、赏、教三者被看作治理所必需的三类不同治术。

但在《商君书》中的其他篇章，“教”通常不被当作与刑、赏同一层次的治术，而被看作赏、刑所能达成的效果之一。[1]《农战》篇：“善为国者，其教民也，皆从壹空而得官爵。”“君修赏罚以辅壹教，是以其教有所常，而政有成也。”《错法》篇：“德明教行，则能以民之有，为己用矣。”“是以明君之使其民也，使必尽力以规其功，功立而富贵随之，无私德也，故教化成。”《慎法》篇：“故吾教令民之欲利者，非耕不得；避害者，非战不免。”正面论及“教”者在《商君书》中只有上列这些，含义基本上都限于官方提供的针对民的引导和行为塑造。

文中谈到的“明刑”“明赏”“明教”之“明”，既可解作英明之明，也可解作明白清晰之义，且按文义似是两者兼而有之。总体来说，三者要达到的最理想效果是使得民众能够按照制度引导建立起相应的行为模式和心理认同，即“民知于民务，国无异俗”，进而能达至建立明确法律制度即可型构秩序和民众行为的状态，也就

[1] 除了刑、赏能够实现教的效果之外，还有被后人习称为“以法为教”的举措也有此功效。《定分》篇中有非常详细的论说。从中可知商鞅的以法为教也不是专门为教进行的制度设置，直接目的在于防限官吏因民众不知法而擅权谋私。

是“明赏之犹，至于无赏也；明刑之犹，至于无刑也；明教之犹，至于无教也”。

所谓壹赏者，利禄官爵抟出于兵，抟，聚集。兵，战争。**无有异施也。**异施，指其他施用标准。**夫固知愚、**知，即智。**贵贱、勇怯、**怯，怯懦。**贤不肖，皆尽其胸臆之知，**《广雅·释亲》：“臆，匈（胸）也。”胸臆，即指胸中。知，即智。**竭其股肱之力，出死而为上用也。**出死，如言奋不顾身。**天下豪杰贤良从之如流水。是故兵无敌，而令行于天下。万乘之国，不敢苏其兵中原；**苏，读作傃（sù），相向对抗。**千乘之国，不敢捍城。**捍，卫。**万乘之国，若有苏其兵中原者，战将覆其军；**覆，覆没。**千乘之国，若有捍城者，攻将凌其城。**凌，凌驾、登上。**战必覆人之军，攻必凌人之城，尽城而有之，尽宾而致之，**宾，此指作为宾从的诸侯国。**虽厚庆赏，何费匮之有矣。**费，耗费，此指耗费于赏赐的财富。匮，乏。

昔汤封于赞茅，赞茅，商汤灭夏前的封地。**文王封于岐周，**岐周，文王为西伯时的封地。**方百里。汤与桀战于鸣条之野，**鸣条，在今山西省安邑县的鸣条冈。野，野外。**武王与纣战于牧野之中，**牧野，商都朝歌城外。**大破九军，卒裂土封诸侯，**卒，最终。裂土，划分土地。封，分封。**士卒坐陈者，里有书社，**坐陈，即作阵，指行伍之中。里，乡里。书社，按社登记名籍。**车休息不乘，从马华山之阳，**从（zòng），即纵，放。**从牛于农泽，**农泽，弘农之泽。**从之老而不收，此汤武之赏也。故曰：赞茅岐周之粟，以赏天下之人，不人得一升；**不，不足。**以其钱**

赏天下之人，不人得一钱。故曰：百里之君，而封侯其臣，大其旧。大，大于。旧，以往的势力。**自士卒坐陈者，里有书社。赏之所加，宽于牛马者，**宽，旁及。**何也？善因天下之货，**因，借助。**以赏天下之人。故曰："明赏不费。"汤武既破桀纣，海内无害，天下大定，筑五库，**五库，兵库、车库、祭器库、乐器库、宴器库。**藏五兵，**五兵，五种兵器。**偃武事，**偃，止息。**行文教，倒载干戈，**倒载，倒置。**搢笏作为乐，以申其德。**搢(jìn)，插。笏(hù)，古时大臣上朝时用的长板。搢笏，笏板插于衣外大带右侧。申，示明。**当此时也，赏禄不行，而民整齐。故曰："明赏之犹，至于无赏也。"**

本章开始具论"壹赏"的功能。所谓"壹"包含标准、旨归为一。赏的直接功能是使国中所有人，无论"知愚，贵贱，勇怯，贤不肖"都能够"皆尽其胸臆之知，竭其股肱之力，出死而为上用也"，力求以此做到民、国勠力同心。这里"壹赏"作为正向激励和引导机制，被看作是民尽为上所用的必要条件。

"战必覆人之军，攻必凌人之城，尽城而有之，尽宾而致之，虽厚庆赏，何费匮之有矣"，言下之意，赏赐带来的国库耗损是有碍君主推行厚赏政策的原因。而对于与之相应的解决方案，本论中提出攻城略地的战争的直接目的和后果是获得财富，即"尽城而有之，尽宾而致之，虽厚庆赏，何费匮之有矣"；更推展一步而论，"善因天下之货，以赏天下之人。故曰：'明赏不费。'"按此，"有天下"之后便不会存在财富匮乏的问题。但是这与之前战争中利用获之于敌的战利品赏赐本国人的举措，细绎起来性质上并不相同。或者可以理解为，有天下之后征伐战争便可止息，于是军功赏赐带来的财政负担也会随之消失。所谓“赏天下之人”并非真正的封赏，而是让百姓过上安稳且丰衣足食的生活，这可看作“赏”这种治术所应达至的终极形态，即“无赏”之“赏”。

在商鞅看来，由军队的战斗力和国家的向心力形成的威慑，足可以“是故兵无敌，而令行于天下。万乘之国，不敢苏其兵中原；千乘之国，不敢捍城。千乘之国，若有捍城者，攻将凌其城”。由此可以看出，商鞅有通过自身实力极致强大以臻于不战而屈人之兵，进而实现由霸政向王政，由治国向治天下过渡的想法。他并不认为必须通过全面战争方可有天下。不过事实上后续的历史进程和他的判断并不一致。

之后为前论提供了历史上的实例以为佐证。文中谈到了商汤、文王受封和战争，主要集中在牧野之战以后武王的封赏行为和封赏效果。“汤封于赞茅”，在其他古籍中并无印证，或是汤革夏命为天子前事。[1] “文王封于岐周”即周文王姬昌受商王帝辛（纣王）封为西伯。要注意，商王封西伯和武王克殷以后的分封的性质其实大有不同。岐周之地早在古公亶父自豳迁徙而来便已为周人实控。周武王，包括之后周公的分封，则是将周人的亲友故旧分封至新获得的地域，并采取封土、封人同时进行的方式，类似本章中所言“裂土封诸侯”。

本章的“赏”的含义非常特殊，所谓“因天下之货，以赏天下之人”，这才是“汤武之赏”。可是汤武之赏究竟是什么呢？尽管文中也谈到了封爵、封土，但是这些只是“明赏”的表现形式。除此之外，还有更重要的“士卒坐陈者里有书社，车休息不乘，从马华山之阳，从牛于农泽，从之老而不收”。这种赏赐的特殊性在于：其一，

---

〔1〕 参见张觉：《商君书校疏》，知识产权出版社2012年版，第193页。

并没有直接的爵禄封地授受,有军功的士卒们除了得到名籍(书社)之外,收获的只有安定的生活。其二,赏赐的对象除了士卒,甚至还“宽于牛马”,所谓“从马华山之阳,从牛于农泽,从之老而不收”,表达的就是牛马也获得了自由自在的安顿。由此可见,汤武通过征战建立新秩序,救民于水火之中,且使得天下生灵俱得安然生活,即“汤武既破桀纣,海内无害,天下大定,筑五库,藏五兵,偃武事,行文教,倒载干戈,搢笏作为乐,以申其德”。这就是对天下最大的“赏”,此即“善因天下之货,以赏天下之人”。如此论说,实际上已经转换了“赏”的内涵并做了价值上的提升。这也意味着富强国家而且通过战争夺取天下的阶段,与治平天下阶段用到的“赏”的形式和内容存在重大差异,反过来也可表明这两个以农战为基本内涵的“动态富强”的阶段只是过渡阶段,天下安顿才是最终目的。天下安顿对于天下之人而言,是使天下之人获得了最大之“赏”,就治术而论,则可谓之“无赏”了。

“明赏之犹,至于无赏也”,说明“赏”和其他治术一样,都只是形成稳定秩序格局的过渡阶段的手段。“赏禄不行,而民整齐”这种秩序方式是应然的常态。不过“无赏”之说在《商君书》中只此一见。

所谓壹刑者,刑无等级。刑,用刑。**自卿相将军以至大夫庶人,有不从王令,犯国禁,乱上制者,**上制,国家制度。**罪死不赦。有功于前,有败于后,不为损刑。**损刑,减刑。**有善于前,有过于后,不为亏法。**亏,毁坏。**忠臣孝子有过,必以其数断。**数,法度。**守法守职之吏,有不行王法者,罪死不赦,刑及三族。周官之人,知而讦之上者,**

讦(jié),告发。**自免于罪。无贵贱,尸袭其官长之官爵田禄。**尸,代替。袭,取得。**故曰:“重刑连其罪,则民不敢试。”**试,尝试。此指以身试法。**民不敢试,故无刑也。夫先王之禁刺杀,断人之足,黥人之面,**黥(qíng),刺字。**非求伤民也,以禁奸止过也。故禁奸止过,莫若重刑。刑重而必得,则民不敢试,故国无刑民。国无刑民,故曰:“明刑不戮。”**

晋文公欲明刑以亲百姓,于是合诸侯大夫于侍千官。侍千官,晋国官名。**颠颉后至,**颠颉(jié),晋文公爱臣。**吏请其罪。君曰:“用事焉。”**用事,即用刑。**吏遂断颠颉之脊以殉。**断脊,即腰斩。殉,通徇,此指传首示众。**晋国之士,稽焉皆惧,**稽,议论。**曰:“颠颉之有宠也,断以殉,况于我乎?”**况,何况。**举兵伐曹五鹿,及反郑之埤,**五鹿,地名,在今河南清丰县西北。反,颠覆。埤(pì),城垛。**东卫之亩,**将卫国田亩改成东西向。**胜荆人于城濮。**荆,楚国。城濮,地名,在今山东鄄城县西南。**三军之士,止之如斩足,**止,停住。斩足,砍断双脚。**行之如流水。三军之士,无敢犯禁者。故一假道重轻于颠颉之脊,**重轻,用重刑于轻罪。一,一次。假道,借助。**而晋国治。**

昔者周公旦杀管叔,周公,姬旦,文王之子,武王之弟。管叔,文王之子,周公之兄。**流霍叔,**霍叔,文王之子,周公之弟。**曰:“犯禁者也。”天下众皆曰:“亲昆仲有过不违,而况疏远乎?”**昆仲,兄弟。违,违法。**故天下知用刀锯于周庭,**刀锯,指称刑罚。庭,王庭,此指官府。**而海内治。故曰:“明刑之犹,至于无刑也。”**

本章谈“壹刑”。“壹刑”之要乃文中直言的“刑无等级”，其中包含了以下原则：其一，“自卿相将军以至大夫庶人”，无论何种身份，一旦犯罪，即“有不从王令，犯国禁，乱上制者”都需治罪受刑；严重者则“罪死不赦”。这不仅与西周以来的传统不符，也和之前秦国的传统不符。其二，以往的功、善等不能用以抵罪，即“有功于前，有败于后，不为损刑。有善于前，有过于后，不为亏法。忠臣孝子有过，必以其数断”。其三，针对官员，也就是公权力掌管者有特殊的论罪原则。此中谈到两点：一是如俗话说的官员犯罪，罪加一等，如文中言：“守法守职之吏，有不行王法者，罪死不赦，刑及三族。”二是“周官之人，知而讦之上者，自免于罪”，还可“无贵贱，尸袭其官长之官爵田禄”，即鼓励同僚互相监督举发。

接着解释刑以期无刑，即用刑“非求伤民也，以禁奸止过也。故禁奸止过，莫若重刑”。顺势却引出“刑重而必得”，细分起来其中包含“刑重”和“必得”两层。关于“刑重”（或曰“重刑”）前文中多有论说，此处从略。“必得”也是商鞅一贯坚持的用刑原则，这构成刑（也包括赏）能够获得民众信任，进而充分发挥引导、激励作用的必要条件。

和上章一样，本章也提供了两段史事作为辅证，一是晋文公对颠颉用刑之事。大意是晋文公意欲立法明刑以获得民众信服，采取的方案是在侍千宫召开诸侯、大夫参与的大会。其间他的宠臣颠颉迟到了，晋文公依法予以定罪用刑，结果是法吏“断颠颉之脊以殉”。这件事使得晋国上下都意识到文公之法必行，必须守法行事。这成了“举兵伐曹五鹿，及反郑之埤，东卫之亩，胜荆人于城濮。三军之士，止之如斩足，行之如流水。三军之士，无敢犯禁者”的基础。第二件事是周公杀管叔。事情起于西周初年周公摄政时，武庚禄父煽动周公的兄弟管叔、蔡叔、霍叔造反。周公平定叛乱之后,以违反法禁为由“杀管叔,流霍叔”。此后天下之人都意识到,周公执法用刑不避至亲,更遑论其他人,于是终致“故天下知用刀锯于周庭,而海内治”。这两个故事在战国流传甚广,被商鞅视为善用刑罚的典型,意在彰显“刑无等级”,即时人常说的刑不避亲和刑不避贵。[1] 当然若将“刑”作为治术来看,两例所示的对亲、贵严格用刑可谓一种以最小代价期求最大化治理实效的施用方式。不过论说中晋文公、周公用刑的策略性和技术性特质相对被弱化了。同时本章中引此两例,还有意以之彰明为何,以及如何以刑去刑乃至“明刑不戮”。而故事中用刑彰显出的不别亲疏贵贱而一准于法,又与前文提出的立法用刑诸要点相合。

“明刑不戮”和“明刑之犹,至于无刑也”相互呼应。两说表明:其一,与赏一样,刑也是过渡性的治术;其二,刑的最主要功能在于教,或曰引导。

所谓壹教者,博闻辩慧,博闻,知识广博。辩慧,聪慧善辩。**信廉礼乐,**信,诚信。廉,简洁。**修行群党,**群党,聚群结党。**任誉清浊,**任誉,保护他人。清浊,按蒋礼鸿说当作请谒,即托请人情。

---

〔1〕 但在当时人的观念中,周公杀管叔、流霍叔的行为存在争议,甚至构成了儒家理论的一大困境。因为这个行为明显违背了作为宗周政治和儒家理论根基的血亲伦理中最核心的“亲亲”原则。下面征引两段文献以供参考:魏文侯问狐卷子曰:“父贤足恃乎?”对曰:“不足。”“子贤足恃乎?”对曰:“不足。”“兄贤足恃乎?”曰:“不足。”“弟贤足恃乎?”对曰:“不足。”“臣贤足恃乎?”对曰:“不足。”文侯勃然作色而怒曰:“寡人问此五者于子,一一皆以为不足者,何也?”对曰:“父贤不过尧,而丹朱放;子贤不过舜,而瞽瞍顽;兄贤不过舜,而象傲;弟贤不过周公,而管叔诛;臣贤不过汤武,而桀纣伐。望人者不至,恃人者不久。君欲治,从身始,人何可恃乎?”(《韩诗外传》卷八)陈贾问于孟子曰:“周公何人也?”曰:“圣人。”“使管叔监殷,管叔畔也。二者有诸?”曰:“然。”“周公知其畔而使?不知而使之与?”曰:“不知也。”“然则圣人且有过与?”曰:“周公,弟也,管叔,兄也。周公之过也,不亦宜乎?”孟子,实事之人也,言周公之圣,处其下,不能知管叔之畔。圣人不能先知,十六也。(《论衡·知实》)

不可以富贵，不可以评刑，评，评议。刑，刑法。**不可独立私议以陈其上。**私议，创立私人学说。陈其上，向君主陈说。**坚者破，**坚，此指顽固。**锐者挫。**锐，尖锐，此指锋芒毕露者。挫，挫伤。**虽曰圣知巧佞厚朴，**虽曰，即使被称为。**则不能以非功罔上利。**罔，通网，罗织。**然富贵之门，要在战而已矣。彼能战者，践富贵之门；**践，踏进。**强梗者，**梗(gěng)，凶猛。**有常刑而不赦。是父兄、昆弟、知识、**相知相识之人。**婚姻、**姻亲关系。**合同者，**志同道合者。**皆曰："务之所加，**务，事务。**存战而已矣。"夫故当壮者务于战，老弱者务于守；死者不悔，生者务劝。此臣之所谓壹教也。民之欲富贵也，共阖棺而后止。**阖(hé)，盖。阖棺而后止，意为死而后已。**而富贵之门，必出于兵。是故民闻战而相贺也；起居饮食所歌谣者，战也。此臣之所谓"明教之犹，至于无教也"。**

这一章论"壹教"。此所谓"教"，以及所教的内容，与商鞅常见的教化之论明显不同。简而言之，本章所论之教，要在让所有人认识并接受"务之所加，存战而已矣"，进而实现"当壮者务于战，老弱者务于守；死者不悔，生者务劝"。这是"壹教"之"教"最为核心的内涵，其中含义又可分为两层：一是让人明确认识到唯一合法的单一标准，而不受社会上其他评价机制和标准左右。所谓其他评价标准，包括了"博闻辩慧，信廉礼乐，修行群党，任誉清浊"。这与《靳令》篇中"六虱"的内容基本一致。二是使人将此单一标准内化，并自觉体行。

评价标准单一化，还有一个重要的作用是价值标准单一化，随之化除其他既有的价值。像“父兄、昆弟、知识、婚姻、合同者”，原本各有不同的价值内涵和评价标准，但是商鞅将所有这些都收束到由农战实现的“富贵”上，这些关系中原本的伦理、价值内涵和相应的行为模式、价值标准也都随之变得不再重要了。

要注意，赏、刑、教三者之中，唯独“壹教”没有给出史证，恰能说明此“教”乃本篇的原创。它与战国时代一般观念中用以塑造具有道德化的民心、民俗的教化观念存在重大差异。以儒家为代表的教化观念，最重要的内涵是道德塑造，而这种塑造建立在个人、家、国、天下同质、一体的基础上。换言之，对民众的最终要求与对君王、国家等的要求本质上是同一的，概括地说都是成“德”；相应的标准和行为模式也是如此。

可是商鞅的“教”的基础是民众的欲望，官方通过运用治、教让民众对政治引导形成认同，便是“教”的目标。其中民众始终是在谋求私利和私欲，而执政者却是以实现国家、天下的治理目标，而非民众之所求为念。民、君、国、天下等本质上并不具有同质性，而更像是基于功利理性互相利用的合作关系。经常被后世谈到的秦国以法为教、以吏为师也正是在这种“教”的思路下方可成立。

这两种不同的“教”的思路，在后世始终并存，且两种立场轻重、主次屡有争论，既反映出不同治理模式之间的纷争、竞合；也表明更深层次上功利化“国家”与道德“天下”两种不同政治立场在融合、共存过程中的不断自我调整。

此臣之所谓参教也。参，通叁、三。**圣人非能通知万物之要也，**要，枢要。**故其治国，举要以致万物。**致，推展至。**故寡教而多功。**寡，少。教，教令、政令。**圣人治国也，易知**

而难行也。是故圣人不必加，加，赞誉。**凡主不必废。杀人不为暴，**暴，残暴。**赏人不为仁者，国法明也。圣人以功授官予爵，故贤者不忧。圣人不宥过，**宥(yòu)过，宽宥罪过。**不赦刑，故奸无起。圣人治国也，审壹而已矣。**审，察知。

本章可视为是全篇所论的总结。文中提出“参教”，表明无论壹赏、壹刑还是壹教，在治理过程中都要发挥“教”的作用。正如前文所示，这个“教”和常见的儒家教化之教有显著差别，更侧重于基于功利理性的引导，甚至诱导。文中格外强调圣人必需知“要”，是调动臣民使之唯上是从，积极实践国家意志的关键。这个“要”既不是刑，也不是赏或教，而在于基于功利理性的“人心”。

而且文中注意到了“易知而难行”的问题，即如蒋礼鸿所言“易知者，用刑赏。难行者，在用而得其道”[1]。换句话说，无论是文中提到的赏、刑还是教，其实基本设置、使用原则都并不复杂，而且往往也可在前代历史经验中找到凡例，且对执政、施行者也没有特别高的要求。所以说“圣人治国也，易知而难行也。是故圣人不必加，加，赞誉。凡主不必废”。而这个看似简单的要求之所以“难行”，最主要的原因在于君主不能在治理过程中彻底排除一己好恶之私，纯依法律明文确定的标准行事，也就是执行、实施做不到“审一”且划一。所以文章最后强调“圣人治国也，审壹而已矣”，形式上看是在回应前文中谈到的“要”，实质上则意在强调君主在政治治理中最重要的是必须按法且去私。

---

〔1〕 蒋礼鸿：《商君书锥指》，中华书局1986年版，第106页。

画策第十八

【导读】

本篇以“画策”为题,示明了成篇的用意即在于谋划策略,更准确地说,题旨表明本篇基于“制天下”的立场来谋划应当如何治国。

这是一篇相对完整的“论文”,谈论的主要内容是君王应当如何应“时”依“法”以治平“天下”,是《商君书》中为数不多的,纯以“天下”而非一“国”为立足点展开关于政治治理论说的篇章。文中表达的观点与其他诸篇既有共性,也有显著差异。像强调应时立法、重农战、以刑为治等主张,遍见于他篇;但是围绕天下立说,不将战争作为常态治理的环节,倚重圣人、主张举贤和对待仁义的态度,则表现出相当的独特性。

本篇的论说思路和观点,大体可以概括为:首先,以上古历史传说证明治法治术无高下之分,贵在适时。其次,论说制天下之本在于制民,制民必须以法为本。再次,论述刑罚依法、必行对于止恶、止乱、成善、成治的作用。又次,从三个方面阐明君臣之间的关系和权力运作模式:一是君主如何用法、用贤以实现“重治”“重强”。二是君主如何自恃以重法。三是君主如何以寡制众。最后,论述“圣人”当知“必”以制民、治天下。

有的学者专门针对本篇中这些特殊表达,认定此篇非是商鞅本人的作品,而更可能成于秦始皇十四年(公元前 233 年)之后,且受到了韩非思想的影响。不过类似这样的判断大多显得武断。就文义而论本篇更像是商鞅在特殊阶段,或者基于特别目的展开的论说。考虑文中直接表现出的理想化色彩,很有可能是商鞅入秦之前,即青年时代的作品。

【原文·评注】

昔者昊英之世，昊英之世，泛指上古文明最初阶段。**以伐木杀兽，人民少而木兽多。黄帝之世，**黄帝，或为人帝之误。指昊英之后的文明阶段。**不麛不卵，**麛(mí)，幼鹿，泛指幼兽。不麛不卵，此指不杀幼兽，不捡食禽蛋。**官无供备之民，**供备，供人役使。**死不得用椁。**椁(guǒ)，棺材外面套的大棺。**事不同，皆王者，时异也。神农之世，男耕而食，妇织而衣，刑政不用而治，**刑政，刑法政令。**甲兵不起而王。神农既没，以强胜弱，以众暴寡。**暴，欺凌。**故黄帝作为君臣上下之义，**黄帝，五帝之首，被视为中国政治社会的开端。**父子兄弟之礼，夫妇妃匹之合；**妃匹，婚配。**内行刀锯，**刀锯，指刑法。**外用甲兵，**甲兵，指战争。**故时变也。由此观之，神农非高于黄帝也，然其名尊者，以适于时也。**适，适合。**故以战去战，虽战可也；以杀去杀，虽杀可也；以刑去刑，虽重刑可也。**

本章的中心在阐明因有“时变”，故治理须“适于时”。这可谓是商鞅变法主张的理论支撑。

开篇提供了两组对比，第一组是“昊英之世”与“黄帝之世”[1]。这组重在阐明与民生有关的治理政策因时而变。“昊英

---

〔1〕 罗泌《路史前纪》卷九引作：“昔者昊英之世，以伐木杀兽，人民少而木兽众。人帝之世，不麛不卵，官无供备之劳，而死不得用享。”

之世”在先秦文献中没有旁证，将“以伐木杀兽，人民少而木兽多”的特征与其他传说相对比，很可能指的是“三皇时代”。[1] 这个时代最大的特点在商鞅看来是无政无治。与之相对的“黄帝之世”，已经有了政权和政治性立法，“不麛不卵”的制度性要求便是一例。而“官无供备之民，死不得用椁”表明政权参与社会治理，但又不直接调动、役使民众。

第二组是“神农之世”与“黄帝之世”。与前一组对比侧重不同，此处谈到前政治时代社会治理和政权主导的政治治理之间的差异。商鞅强调“神农之世”没有政权干预、规制民众的生活方式。神农氏晚期时势变化，权力失控导致“以强胜弱，以众暴寡”，这与《史记·五帝本纪》中“神农氏世衰。诸侯相侵伐，暴虐百姓，而神农氏弗能征”的记载相吻合。黄帝应时势之需“作为君臣上下之义，父子兄弟之礼，夫妇妃匹之合；内行刀锯，外用甲兵”，其中包括了具有文化塑造功能的政治性立法、治理和战争、刑罚。[2]

两组对比表明的观点是政治治理的方略并无高下之分，立法者只需关注“适于时”与否，故曰“神农非高于黄帝也，然其名尊者，以适于时也”。虽说文中并没有出现驳论，但联系当时的思想文化背景可知，所论实是在回应、反对当时常见的是古非今的主张，同时也消解了依托上古圣王之治而描绘出的政治治理的“理想型”和标准系。

商鞅论说时易世变时，强调的是变化和相异，同时又巧妙地回

---

〔1〕 例如《韩非子·五蠹》篇载：“上古之世，人民少而禽兽众，人民不胜禽兽虫蛇，有圣人作，构木为巢以避群害，而民悦之，使王天下，号曰有巢氏。民食果蓏蚌蛤，腥臊恶臭而伤害腹胃，民多疾病，有圣人作，钻燧取火以化腥臊，而民说之，使王天下，号之曰燧人氏。”

〔2〕 这也和《史记·五帝本纪》中“轩辕乃修德振兵，治五气，艺五种，抚万民，度四方”的记载相合。

避了为什么会有变迁，也避免了对古今之异作价值判断。像道家式的退化论，或者儒家的堕落论等具有强烈价值属性和倾向性的判断在商鞅看来俱不可取，这与他不认为政治制度和治理模式存在固定的“理想型”可相照应。

关于“黄帝之世”的论说中还包含了刑罚非是人类社会治理中必需的治术，而是应时而作的观点，据此便可顺理成章地引申出“故以战去战，虽战可也；以杀去杀，虽杀可也；以刑去刑，虽重刑可也”。[1]

由此可以推知，其他各篇中提出的关于农战、刑治，尤其是重刑的主张同样也是应时之举，商鞅并不以之为具有超越时代的普遍性的治理方案。但是立法层面需以刑法提供行为导向和准则，似是较之治理实践层面的重刑更具有普适性的要求。

昔之能制天下者，制，控制。**必先制其民者也；能胜强敌者，必先胜其民者也。故胜民之本在制民，**本，根基。**若冶于金，陶于土也。**陶，制陶。**本不坚，则民如飞鸟走兽，其孰能制之？民本，法也。故善治者塞民以法，**塞，防、遏。**而名、地作矣。**名，名望。地，土地，此指领地。**名尊地广以至于王者，何故？战胜者也。名卑地削以至于亡者，**卑，低下。**何故？战罢者也。**罢(pí)，通疲，不力。**不胜而王，不败而亡者，自古及今，未尝有也。民勇者，战胜；民不勇者，战败。能壹民于战者，**壹，使之专一。**民勇；不能壹民于战者，民不勇。圣王见王之致于兵也，**致，得到。**故举国而责**

---

〔1〕“以刑去刑”的观点还见于《去强》篇、《开塞》篇和《靳令》篇。

之于兵。责,要求。**入其国,观其治,民用者强。奚以知民之见用者也?**奚,怎么。**民之见战也,如饿狼之见肉,则民用矣。**用,为王所用。**凡战者,民之所恶也;能使民乐战者,王。强国之民,父遗其子,**遗(wèi),送。**兄遗其弟,妻遗其夫,皆曰:"不得,**得,得胜。**无返。"又曰:"失法离令,**失法,不守法。离令,违背命令。**若死我死,**若,你。**乡治之。**乡,乡里。治,治罪。**行间无所逃,**行(háng),行伍。**迁徙无所入。"行间之治,连以五,**五人编成一组。**辨之以章,**辨,分辨。章,标识。**束之以令,**束,约束。**拙无所处,**拙,通趉(jué),走。**罢无所生。是以三军之众,从令如流,死而不旋踵。**旋,反转。踵,脚后跟。

本章提出了一个新的"民本"说,不似常见的以民为本,而是强调治民的根本治术;简而言之可谓治理之本在于"制民",即约束民众。"制"意味着在"胜其民"的前提下对民进行塑造,进而使之能够顺服并为上所用,与上同心一力。此即"若冶于金,陶于土也"的喻义。而"制民"之本则在于"法",曰"故善治者,塞民于法"。"胜其民"是商鞅对治民提出的基本要求,还见于《说民》篇、《算地》篇、《靳令》篇,与之相匹配的主张即"弱民"。

本章中围绕"民本"给出的思路可以概括为:"塞民于法"—制民—胜民—壹民于战—民勇—胜强敌—战胜—地广名尊—制天下。这与其他篇章中反复谈到的富国、强兵思路,即商鞅反复申明的动态富强进程合辙。其中包含了两个阶段:一是以治民为主要内容的社会治理,二是以战争为主要方式的治天下。由此可见,商鞅关注的是由治国、强国而进至夺取天下的过程,以及在这整个过程中所应使用的治理方案。因此战争始终是必不可少的环节,或者也可认为战争被当作了治理的必要环节。

其实在整本《商君书》中,基本上都看不到“王天下”以后阶段的治理方案。换言之像秦始皇灭六国以后“收天下之兵,聚之咸阳,销锋镝,铸以为金人十二”(《史记·秦始皇本纪》)这样的“太平”世的蓝图根本没有出现在商鞅的理论中。常见的看法是认为商鞅仅着眼于当时特定的“战国”情景立说。可是时代相仿的论家面对同样的乱局,现实、理想并表的论述也不在少数,非是关注现实便必然排斥理想。再结合商鞅初见秦孝公时曾给出过帝、王之政的方案,不为所重后才转而以霸术为重,说明他对王道、帝道都曾有过深刻的思考。再联系到入秦以后为得秦孝公青睐而不得已的调整,似应认为此后商鞅在原有理解和之后政治实践的基础上,调整并创化出了一套新的,同时也是极为独特的治天下理论。其中最突出者便在于抛弃了常见于当世的静态化的太平世理想,而将治国、取天下、治天下看作一个始终持续的过程。按法、制民、重农、兵战并不会因得天下而改变。换言之,照这个思路,即便是灭六国而王天下了,以上列诸项为要的“动态富强”仍应持续。

治理的过程无非是采取“适时”的治术约制民众于特定秩序,民为上所“用”且执政者和政府能调动民众积极性。调动的基础包括两方面:一是民能顺服,二是民能够积极、自觉地与上之所欲相合,典型表现是以“凡战者,民之所恶也”的判断为基础,致“民之见战也,如饿狼之见肉”。当然如何调动,又怎样使民众能够内化政权的要求,从治术层面看非常复杂,可以说也是整部《商君书》讨论的最主要内容。“战”的积极性就集中表现为“民勇”。商鞅认为,致“民勇”的关键是“壹民于战”。

论说何以为治的时候反复论“战”,还有另一层原因在于战争是民众最为厌恶者，即“凡战者，民之所恶也”，若是通过治理能够做到“民之见战也，如饿狼之见肉”，那么同样的治术用于其他政治目的也就易如反掌了。

篇中引了两句俗语引出致民“勇”和“乐战”的方案，即“不得，无返”和“失法离令，若死我死，乡治之”。这两个认知源于“行间无所逃，迁徙无所入。行间之治，连以五，辨之以章，束之以令”，与之相应的制度设计方案见诸《垦令》《去强》《境内》等篇。

国之乱也，非其法乱也，法乱，法律混乱。**非法不用也。国皆有法，而无使法必行之法。国皆有禁奸邪、刑盗贼之法，**刑，对……用刑。**而无使奸邪盗贼必得之法。**得，抓获。**为奸邪盗贼者，死刑，而奸邪盗贼不止者，不必得也。必得，而尚有奸邪盗贼者，**尚，依旧。**刑轻也。刑轻者，不得诛也。必得者，刑者众也。故善治者，**善，善于。**刑不善，**善，善良。**而不赏善，故不刑而民善。**不刑，不用刑。**不刑而民善，刑重也。刑重者，民不敢犯，故无刑也。而民莫敢为非，是一国皆善也。故不赏善，而民善。赏善之不可也，犹赏不盗。**不盗，不为盗窃。**故善治者，**善，善于。**使跖可信，**跖（zhí），盗跖，战国时著名的大盗。**而况伯夷乎？不能治者，使伯夷可疑，而况跖乎？势不能为奸，**势，形势。**虽跖可信也；势得为奸，虽伯夷可疑也。**

本章认为当时国家治理出现问题，即“国乱”的主因，在于“无使法必行之法”。章首排除了法律本身混乱（法乱）和有法不依（法不用）两种情况。其实严格说来这两者也会造成“国乱”，之所以此处不加讨论，只能说是撰文之时面对的情况和所欲解决的问题非是由此二者引起。换句话说，当时已定立了法律制度，且已然推行，却难以获得立法者预期的效果。

可是还需要再想一步：为什么立法并推行后收不到预期效果，会径直排除了“法乱”和“法不用”两项呢？法律内容本身并无不妥，且已得到推行，这是针对当时社会普遍情况的判断，还是基于他本人主导的变法初行之后的秦国的判断？联系上下文来看，似乎更像是基于普遍情况的判断。

当然，有法和用法是治理的基本前提，在此基础上才有被认为是否是致“国之乱”的关键的“使法必行之法”和“使奸邪盗贼必得之法”。这两个“法”显然不是法律制度，而是让法律制度有效运行并发挥效用的方法。不过特别的地方在于，商鞅把这种“必行”“必得”寄托在制度性方案，而非具体的实施方法上。

有了“必行之法”“必得之法”后，还需要“刑不善而不赏善”且“刑重”。因为“刑重者，民不敢犯，故无刑也。而民莫敢为非，是一国皆善也”。从另一个方面来说，“不赏善”的理由是“赏善之不可也，犹赏不盗”。这是因为在商鞅的思路中，除了合法之外并没有，也不应有其他的标准。按此，合法是应然状态，自然不需用赏而致。

治理最主要的是找到使最恶之人为善的方案，或者说是针对最恶者制定治理方案，这样一来甚至可致“使跖可信，而况伯夷乎”。而在本章中谈到的方案，总结起来包括了有法、用法、有法必行、恶人必罚、刑不善而不赏善、重刑六个必备要素。根据商鞅的判断，由此形成的“势”非止能够促成“无刑”的局面，还能导民向善。

国或重治，重(chóng)，重叠。**或重乱。明主在上，所举必贤，则法可在贤；**可，能。在贤，贤人掌管。**法可在贤，则法在下，**指法律在实践中推行。**不肖不敢为非，是谓重治。不明主在上，**不明主，昏庸的君主。**所举必不肖；国无明法，不肖者敢为非，是谓重乱。兵或重强，或重弱。民固欲战，又不得不战，是谓重强。民固不欲战，又得无战，是谓重弱。**

本章谈到了“重治”“重乱”和“重强”“重弱”两组相反相对的状态。所谓“重治”是具备了双重优势条件的治理，一是用贤，二是用法。按商鞅的看法，贤人用法以治能够达到最佳的治理效果。

不过要注意，“法可在贤”的主张与《去强》篇“国以奸民治善民者，必治至强”的观点似有冲突。而且本篇强调在政治治理中必需举“贤”、用“贤”，在《商君书》中甚至可以说显得有些突兀。相反排斥依赖社会一般观念界定的贤人为治，乃是他篇中更常见的态度。其中的原因大致有二：一是商鞅认为“尚贤”而治是业已被超越的一个历史时段的要求，已经为他所处的时代所否弃。具体的论说可以参见《开塞》篇及评注。二是贤不贤的标准难以量化；而按照社会观念来认定，往往会陷入相为朋党而不得其实，即《慎法》篇之“世之所谓贤者，言正也；所以为言正者，党也”。这与一准于法的按法而治机制难以相容，而且对于当时指向富强，以“作壹”为务的政治需求不恰。

回到本篇的论说“明主在上，所举必贤，则法可在贤；法可在贤，则法在下”，其中的“贤”与“法在下”，即法律有效落实、运行联系在一起。而按照前文的概括，他篇中的贤人似都与严格依法为治相排斥。是可推论,本章中的“贤”与当时一般观念中以具有强烈道德或才智标准评定出的贤的内涵不同,或者说这是商鞅心目中的特殊的,有别于一般意义上的“贤”,它的基本内涵是遵守和执行法律的能力。与之相对应的是不能自觉守法的“不肖”者。在这个意义上看,本篇与他篇的主张可相统一。至于为什么单单要在这篇中提出一个新的“贤”“不肖”之说,具体的原因已不可确知,或与本篇撰写时具体的论说情景或对象有关。

按文中所示,有了贤人执法,同时确保法律发挥实效而致“不肖不敢为非”,即可算得上“重治”。而相反一方面国君昏庸,用人不淑;另一方面在国家法律不明的状况下“不肖者敢为非”,便是“重乱”。

“重强”要达到的状态,可以“民固欲战,又不得不战”为表征,背后为之支撑的是民众农战的积极性、主动性被充分调动,同时又有法律制度为之保障的状态。之前《赏刑》篇对此已有具论,可以参照。反过来,“民固不欲战,又得无战,是谓重弱”。

明主不滥富贵其臣。滥,过度。**所谓富者,非粟米珠玉也;所谓贵者,非爵位官职也,废法作私爵禄之富贵。凡人主德行非出人也,**出,高出。**知非出人也,**知,智力。**勇力非过人也。然民虽有圣知弗敢我谋,**我谋,即谋我,谋划取国君而代之。**勇力弗敢我杀;虽众不敢胜其主;虽民至亿万之数,县重赏而民不敢争,**县,通悬。**行罚而民不敢怨者,法也。国乱者,民多私义;**私义,私人间的道义。**兵弱者,民多私勇,则削。国之所以取爵禄者多涂,**涂,通途,途径。**亡国。人之欲贱爵轻禄,不作而食,不战而荣,无爵而**

尊，无禄而富，无官而长，长，为尊长。**此之谓奸民。**

本章将君的权威巧妙地建立在了“法”上。简单地说，其中预设了一个合于常识的前提：君无论在德行、智能、勇力方面都不足以形成超越一般人的凌驾性优势，即“凡人主德行非出人也，知非出人也，勇力非过人也”。言下之意，君王其人只不过是居于特殊地位的一般人。这意味着政治治理中君主所有的过人之处都来自外部资源而非自身的秉性。这种论断，以及背后的思路包含了两点值得注意的信息：一是西周以来的政治正当性和“德—礼”结构，以及政治社会得以成立的基础统统被消除了。二是相较于“法”，“君”的唯一性被悬置了起来。虽说从文面义看意在提升“法”的地位，但事实上却隐含有虚君和重建政权正当性的思想。

这个思路与战国以前（特别是宗周时代）和汉代以后对于君王的预设都极不相同。宗周时代的“德—礼”体系，建构了一个德位相对应的机制。其中越是居于上位者，越应该具有更高的德行，相应地也肩负更多的政治、社会、伦理责任。同理，身处最上位的天子理应具有最高的德行，同时还应该是天下最明理者，也是所有责任的承担者。按此，无论是天子还是诸侯国君，都不应该是一般人，或者至少不能被预设为一般人。反过来看，如此设置也就对君的德、才有着远超一般人的要求。

按照文中的思路，赏是君“过人”（胜人、制民）以致治的关键凭借。赏的内容主要是爵禄，对应的效果是被赏者的贵与富。其中有两层要点：一是爵禄之赏只能按法而不“废法作私”。这样才能保证“虽众不敢胜其主；虽民至亿万之数，县重赏而民不敢争，行罚而民不敢怨”。二是臣、民致富贵只能来自爵禄之赏而绝无其他途径,如此方能确保赏能够最大限度地发挥效果。

最后文中重新界定了“奸民”,即“人之欲贱爵轻禄,不作而食,不战而荣,无爵而尊,无禄而富,无官而长,此之谓奸民”。按前文“奸邪盗贼”均需施用重刑以图禁绝,则这里所列诸种类型的奸民俱属此类。但要注意,这与一般观念中的“奸邪”之人存在很大差异,大致可以判分为两类:第一类是无视、罔顾爵禄,不屑于官方赏赐者,换言之他们不为爵禄赏赐所调动、引导,最典型者莫过于隐士、逸民之类。第二类是不藉由赏赐爵禄而致富贵者,可以想见者包括商人、游士、术士以及在民间具有声望的贤德之士。这些人的存在严重减损赏赐爵禄的引导和治理效果,弱化君王、官方对民的调动和控制能力,因此统统被界定为“奸”而列入被剪除的行列。这与其他篇中去除“六虱”等的观点相契合。

所谓治主无忠臣,治主,善治理的君主。**慈父无孝子。欲无善言,皆以法相司也,**司,通伺。相司,相互伺察。**命相正也,**命,君令。命相正,以君令相互匡正。**不能独为非,而莫与人为非。所谓富者,入多而出寡。衣服有制,**制,标准。**饮食有节,则出寡矣。女事尽于内,**女事,女子的职事。**男事尽于外,则入多矣。所谓明者,**明,明察。**无所不见,则群臣不敢为奸,百姓不敢为非。是以人主处匡床之上,**匡,方。匡床,用来坐的方床。**听丝竹之声,而天下治。所谓明者,使众不得不为。所谓强者,天下胜;天下胜,是故合力。是以勇强不敢为暴,**暴,残暴。**圣知不敢为诈。而虑周兼天下之众,**周,周徧。**莫敢不为其所好,而避其所恶。所谓强**

者，使勇力不得不为己用。其志足，天下益之；不足，天下说之。恃天下者，恃，仰仗。**天下去之；自恃者，得天下。得天下者，先自得者也；能胜强敌者，先自胜者也。**

这一章仍在基于"法"论说何谓，以及如何"富""明""强"。文中对治理的基本判断是"治主无忠臣，慈父无孝子。欲无善言，皆以法相司也，命相正也，不能独为非，而莫与人为非"。这意味着不依赖伦理原则和社会价值观念治理，而是将型构、维系社会秩序完全寄托在"以法相司"，即按法而治、按法而行且以法律作为标准相互伺察监督，做到"不能独为非，而莫与人为非"。这与什伍连坐制度的思路一致。文中对"富"的界定立足于公家（国或天下），与一般观念中的理解不同，指的是资源充足，且收入多而耗费少，即"入多"而"出寡"。商鞅认为实现的条件是民众尽力于生产，主要包括"女事尽于内"和"男事尽于外"。前者指的是以织为主的女工，后者是以农耕为主的事务。

"明"是对君主的独特要求，简言之是"无所不见"，是"群臣不敢为奸，百姓不敢为非"的保障，换句话说也是法律运行得以起到预期效果的必要条件。"人主处匡床之上，听丝竹之声，而天下治"是对君主之"明"的描述，颇有理想化色彩，且与春秋战国时期常被称道的"垂衣裳而治"的状态非常相似，不过内理上差异巨大。按商鞅的思想，君主扮演的角色有二：一是守法者，二是法律运行，亦即整个社会运作的最高监督和宰制者，也是最高裁决者。按此，君主不必要直接参与、干涉依照法律制度运行的政治权力，但需要完全掌控全局。所以在整个社会能够常态化地按照法律规定所型构的秩序模式运转的情况下，君王只需要作为政权和最高权柄的掌握者“临在”即可，没有具体的行政事务。只有在社会局势发生重大变革，需要在立法层面做出变化以应对；或者治理中出现仅仅依照法律无法解决的问题，必须超越法律体系之外权宜决断的时候，君主才需有所作为。

按照文中的界定，君王必须既“明”又“强”。简单地说，“明”是明察周知而“无所不见”的能力，这与前文说到的临在状态相应。“强”是调用臣、民之力以形成“合力”的能力，亦即强势行“权”以决断的能力，这与君主的具体作为相对应。两者显然都不能依托于君王其人的品质、德行、才智等实现，而必须仰仗制度性设置。“明”与“强”结合，可致天下之人“勇强不敢为暴，圣知不敢为诈”，同时“莫敢不为其所好，而避其所恶”和“勇力不得不为己用”。

“莫敢不为其所好，而避其所恶”这句表述非常重要，意思是把所有人都纳入赏罚调控的体系内。即便是没有功利心者，基于本章中提供的治理机制也必须要（且能够）被纳入君王主导的依法功利性调动、规制的体系之中。

还要注意到，本章中明确谈到了富强治理的着眼点和落脚点都在于治平“天下”，而非一国。这是《商君书》中为数不多的直接立足于“天下”治理的论说，与经由动态富强的农战而取天下的治理方案表现出明显差异，其中最显著者在于战争的作用弱化了。

“其志足，天下益之；不足，天下说之”的意思是说，君主若有取天下之志，则借助合力可以更进一步；如果无大志而仅安于当下，天下之人也能爱戴他。“恃天下者，天下去之；自恃者，得天下”，照常见的注疏，字面的意思是仰仗（“恃”）天下之人者，天下之人会弃之而去；仰仗自己，方能够得天下。若依此解，与前文君王其人本无过人之力和须得依赖“合力”的论说并不协调。再结合后一句“得天下者，先自得者也；能胜强敌者，先自胜者也”，则自我约束是得天下、胜强敌的先决条件。这与不能“废法作私”的要求相契，都在强调君王必须克制私欲且一心以公为念。

圣人知必然之理，必为之时势；故为必治之政，战必勇之民，行必听之令。听，服从。**是以兵出而无敌，令行而天下服从。黄鹄之飞，**鹄(hú)，鸟名，指鸿鹄，又名黄鹄，形状像鹅。**一举千里，有必飞之备也。麒麟騄駬，**騄駬(lù ěr)，古代骏马名。**日行千里，有必走之势也。虎豹熊罴，**罴(pí)，棕熊。**鸷而无敌，**鸷(zhì)，凶猛。**有必胜之理也。圣人见本然之政，知必然之理，故其制民也，如以高下制水，如以燥湿制火。**燥湿，干燥潮湿。**故曰：仁者能仁于人，而不能使人仁；义者能爱于人，而不能使人爱。是以知仁义之不足以治天下也。圣人有必信之性，**信，信验。性，本性。**又有使天下不得不信之法。所谓义者，为人臣忠，为人子孝，少长有礼，男女有别；非其义也，饿不苟食，**苟，苟且。**死不苟生。此乃有法之常也。圣王者，不贵义而贵法；法必明，令必行，则已矣。**

这一章必须与上章衔接起来理解，因为其中对“圣人”的强调与其他篇中经常谈到的“君”“主”有显著差别。简单地说，《商君书》中的“圣人”通常是针对作为治平天下者立说，而君、主通常都基于一国富强而论。

本篇开头谈到时异治异，必须适时立法，这为变法提供了理论基础。后文总体来说都是在针对战国时代的时势提供“治”的方案，围绕的始终是作为治者的君如何治平天下。文至末章，方始讨论了之前一直被搁置的重要理论问题：谁能够掌握对时势与法度适配的判断？换句话说，如何才能获得与时势相适宜的法律制度？其中的核心在于“知必然治理”，同时也就意味着尽管时、事变动不居，法律制度亦随之而古今有别，但是背后始终有一以贯之的“理”。而所有合宜的判断，包括“必为之时势”“必治之政”、塑造“必勇之民”“行必听之令”等，关键都在于把握此“理”。反过来说，有能力把握此“理”者方有资格成为“圣人”。

“圣人”的表现又判分出了内、外，或者说自治与治人两个方面。自治中商鞅并不排斥仁义，只是强调仁义不足以为治，如言“仁者能仁于人，而不能使人仁；义者能爱于人，而不能使人爱。是以知仁义之不足以治天下也”。也可以说，伦理原则不具有驱使、激励、调动民众的功能，相较而言只有“法”才是有效的治术，是故“不贵义而贵法；法必明，令必行，则已矣”。

全章从各个角度论说了掌握“必”之“理”的重要性，不过文中始终没有明示这个“理”究竟是什么，也没有澄清究竟需要具备什么能力、何种条件方才能够把握此“理”。

还要注意，文中说到“仁义不足以治天下”，并不能简单地认为是全盘否认仁义，而是在强调仅仅凭借仁义不足以为治。“所谓义者，为人臣忠，为人子孝，少长有礼，男女有别；非其义也，饿不苟食，死不苟生”，这些在当时被目之为“义”的表现，在商鞅看来同样也应该成为治理的必要条件。

境内第十九

【导读】

本篇取篇首“四境之内”中“境内”两字为题,体例非叙非论。全篇分章条陈,主要是秦国政治制度的记录,或可视为商鞅变法主要内容的逐条记录。有的学者认为这可能是商鞅在变法之前拟定的草案,虽说没有直接证据可以证明,但是其他文献中记载的变法内容大多可以与之印证。

篇中谈到了户口登记、家臣服役、军队组织、赏罚、爵位、军功考核、狱刑、丧葬、攻城战法等制度,相互之间并无明显的关联和条理可循,应该是将相关表述片段汇集而成。其中最主要的部分是关于军功爵制的规定,内容非常细致,包括爵位获得、升迁以及与之配套的仆役、食邑、俸禄、抵罪、丧葬等方面。

【原文·评注】

四境之内,丈夫女子皆有名于上,生者著,著,登记。**死者削。**削,删除、注销。

境内男女“生者著,死者削”,意味着推行严格化的人口登记制度。《去强》篇“举民众口数,生者著,死者削。民不逃粟,野无荒草,则国富,国富者强”,更完整地表达了推行人口登记制度的目的。

其有爵者乞无爵者以为庶子,庶子,家臣。**级乞一人。**

级，每级。乞，请求。**其无役事也，**役事，战争。**其庶子役其大夫，**役，给……服役。大夫，主人。**月六日；**月，每月。**其役事也，随而养之军。**随，跟随主人。养，供养。养之军，指随军提供服务。

本章是与爵位相关的仆役制度，规定每一级爵位可以授予一名“庶子”，也就是家臣。《战国策·魏策一》中有“（公叔）痤有御庶子公孙鞅”，即商鞅曾为公叔痤的家臣，亦可窥见战国时贵族有庶子家臣是各个诸侯国普遍存在的状况。而这恰是商鞅格外反对的游宦、谈说之士大量出现的原因。本章正是商鞅针对上述问题作出的制度性改变，通过将“庶子”制度严格化、官方化，事实上禁止了不被约束的私人养士现象。同时可以表现军功爵能够带来的“福利”。不过由官方授予的“庶子”并非“全职”，不是完全委身于有爵位者，而仅仅是每月服役六天，战时随军提供后勤服务。

爵自一级已下至小夫，一级，指最下一级，爵名公士。小夫，指无爵位者。**命曰校、徒、操。**命，任命。校、徒、操，并是下层军官职名。**出公，**指公士以上。**爵自二级已上至不更，**二级，爵名上造。不更，自下起第四等爵。**命曰卒。**卒，军官职名。**其战也，五人束簿为伍；**束，编。簿，名册。伍，五人单位。**一人死，而刭其四人。**刭（jǐng），断头、割颈之刑。**能人得一首，**首，敌人首级。**则复。**复，免刑。**五人一屯长，**屯长，即伍长。**百人一将。其战，百将屯长必得斩首；**百将，统领百人之将。**得三十三首以上，盈论，**盈，满。论，论断、裁定。**百将屯长赐爵一级。**

这一章是对军功爵任命、考课、晋升、授受的具体制度规定，形成了（军功）爵位与军队职位的对应模式。据之，自最下一级爵位（公士）至无爵位的“小夫”，任命为军中的校、徒、操等职位。公士以上，即二等爵（上造）至四等爵（不更），任命为军中的“卒”。战争中以五人为单位编名造册，其中一人阵亡，其他四人皆要被砍头。若是他们能够得敌人首级一枚（杀敌一人），则可免刑。这是非常典型的作为激励机制的刑罚的表现。五人设置一个“屯长”，百人设置一个“将”（百夫长）。战争中如果“将”和“屯长”未得敌人首级便要被处死。若能杀敌 33 人以上则为达标，则“将”和“屯长”可被赐爵一级。

五百主，主，统领，此指旅帅。**短兵五十人。**短兵，指持短兵器为主将护卫者。**二五百主，**即千夫长。**将之主，短兵百。千石之令，**千石（dàn），即秩（俸禄）千石。令，县令。**短兵百人。八百之令，**八百，秩八百石。**短兵八十人。七百之令，**七百，秩七百石。**短兵七十人。六百之令，**六百，秩六百石。**短兵六十人。国尉，**秦官郡尉。**短兵千人。大将，短兵四千人。战及死事，而到短兵；能人得一首，则复。**

本章记述的是军队兵种配置方案。统领五百人的旅帅，配备持短兵刃的护卫五十人。统领一千人的是将官之长，配属短兵刃的护卫一百人。俸禄每年一千石的县令配备护卫百人，俸禄八百石的八十人，俸禄七百石的七十人，俸禄六百石的六十人。国尉率短兵护卫千人，大将率短兵护卫四千人。战斗中主官被杀，要处死短兵护卫；如果能够杀敌一人则免刑。这个方案也很明显地体现出如何使刑罚成为一种正向激励机制。

能攻城围邑斩首八千已上，则盈论；野战斩首二千，野战，野外之战。**则盈论。吏自操及校以上大将，尽赏行间之吏也。**尽，全部。行间，行伍中。**故爵公士也，**故，以前。**就为上造也。**就，升。**故爵上造，**上造，上士。**就为簪袅。**簪袅（zān niǎo），爵名。**故爵簪袅，就为不更。**不更，爵名。**故爵不更，就为大夫。**大夫，爵名。**爵吏而为县尉，则赐虏六，**虏，奴。**加五千六百。**五千六百，即钱五千六百。**爵大夫而为国治，就为官大夫。**官大夫，或名国大夫，爵名。**故爵大夫，就为公大夫。**公大夫，或名七大夫，爵名。**故爵公大夫，就为公乘。**公乘，得乘公家车，亦为爵名。**故爵公乘，就为五大夫，**五大夫，官名。**则税邑三百家。**税，食税。税邑，即采邑。**故爵五大夫，就为庶长；**庶长，爵名。**故爵庶长，就为左更；故爵三更也，就为大良造；皆有赐邑三百家，有赐税三百家。爵五大夫，有税邑六百家者，受客。**受客，收养门客。**大将御参，**御，驾车。参，通骖。**皆赐爵三级。故客卿相论盈，**客卿，秦国官名，身份为客人，官列卿位。论，论说、计谋。盈，完满、有效。**就正卿。**

攻城围城战中斩首八千人以上为达标，野战中斩首二千人为达标。达标者自军吏操、校以上至大将，行伍间官吏皆有赏赐。过去爵位为“公士”者升为“上造”，以往为“上造”者升为“簪袅”，以往为“簪袅”者升为“不更”，以往为“不更”者升为“大夫”。以上有爵位者如果当了“县尉”，赏赐奴仆六人，外加五千六百钱；如果以上有爵位者任“国治”，升为“官大夫”。以前为“官大夫”者升为“公大夫”。以前为“公大夫”者升为“公乘”，以往为“公乘”者升为“五大夫”，食邑三百家。以前为“五大夫”者升为“庶长”，以前为“庶长”者升为“左更”，以前为“左更”者升为“大良造”。升为庶长、左更、大良造者赐三百家之邑为封地，再赐食邑税三百家。原先已为“五大夫”且食邑六百户者，可以收养门客。大将及其驾车人、车右同乘者都可赐爵三级。原先为客卿者如果谋略的效果达标，可升为正卿。

以战故，故，缘故。**暴首三，**暴(pù)，通曝，摆出。首，敌人首级。**乃校，**校(jiào)，计，核算。**三日，将军以不疑致士大夫劳爵。**疑，疑惑。士大夫，泛指有官爵者。劳，犒劳、赏赐。**夫劳爵，其县过三日，**县(xuán)，通悬。**有不致士大夫劳爵，能。其县四尉，**县，县城。四尉，县城四面各置一尉官。**訾由丞尉。**訾，评估、责罚。

本章是确认战争中斩首数，以赏军功爵的程序性规定。其中需要经过公示和核算两步。经过公示、核算而不依法赐爵者，还有补救程序，即“訾”。具体说来，战争中被杀死的敌人的首级被摆出来陈列三次，然后进行核对。公示三天，如果没有异议则给予相应的爵位。如果县里三天以后仍没有执行赏赐，则罢免四个县尉，处罚由郡丞、郡尉执行。

能得爵首一者，爵首，有爵者的首级。**赏爵一级，益田一**

顷，益，增加。**益宅九亩。级除庶子一人，**除，授予。**乃得入兵官之吏。**入，充当。兵，军队。官，官府。

专门规定对杀死敌方有官爵者的赏赐，包括了赏爵升一级，赐田一顷，宅田九亩，外加授予庶子一人，而且此人还能够在军队或官府充任吏员。相比较于前文的三章，本章的规定更加粗略，应该是与之前不同的另一处关于赏爵的论说被汇入本篇。

其狱法：狱法，即治刑狱之法。**高爵訾下爵级。**訾，罚。**高爵能，**能，通罢，免除。**无给有爵人隶仆。**给(jǐ)，给予，提供。隶，皂隶。仆，仆从。**爵自二级以上，有刑罪则贬。爵自一级以下，有刑罪则已。**已，取消（爵位）。

关于有爵者犯罪的惩罚，犯罪者的爵位要减等，同时被给予的与原有爵位相应的皂隶、仆从也要免除。犯罪者二级爵以上减等，一级爵则直接取消。

小夫死，以上至大夫，其官级一等，一等，每一等。**其墓树级一树。**级，每一级。一树，种一棵树。

本章是对有爵者丧葬的规定，自小夫往上，至大夫，每一级官爵可在墓上种树一棵。

其攻城围邑也，国司空訾其城之广厚之数；訾，计算、计量。**国尉分地，**国尉，即太尉，最高军事指挥官。分地，划分地域。

以徒、校分积尺而攻之，积尺，如言若干尺。攻，此指挖地道。**为期曰："先已者，**已，完成。**当为最启；后已者，訾为最殿；**殿，后。**再訾则废。"**再，两次。訾，此指訾为最殿。废，罢免。**穴通则积薪，**穴，地道。积薪，堆积木柴。**积薪则燔柱。**燔(fán)，烧。柱，指城墙的木桩。**陷队之士，**陷队，冲锋陷阵。**面十八人。陷队之士知疾斗，得斩首队五人，则陷队之士人赐爵一级。死，则一人后；**一人后，家中一人继承其位。**不能死之，千人环睹，**环，环绕。睹，目睹。**黥劓于城下。**黥(qíng)，墨刑，刺字。劓(yì)，割鼻。**国尉分地，**分地，此指划分进攻区域。**以中卒随之。**中卒，中军的官。**将军为木台，**木台，木质高台。**与国正监，**国正监，官职，国家的正监。**与王御史，参望之。**参，通叁。**其先入者举为最启，**举，记录。**其后入者举为最殿。其陷队也，尽其几者；**几，通冀。几者，即自愿者。**几者不足，乃以欲级益之。**欲级，下一级。益，增益。

这一章是专门针对攻城制定的"特别法"。既有战术方面的规定，也包含奖惩机制。具体说来，攻城和围城时，司空先估算城墙的宽度、厚度，太尉切分地段，分派徒、校按照标准挖掘，并规定期限。需要明示：先完成者为最先进，殿后者为最落后，两次最后便会被罢免。挖掘到城墙底时堆起柴草焚烧城墙下的木桩。攻城的敢死队，每一个攻打路线由队长带领 18 个死士。队长若没有斩得敌人首级便会被杀头，如果能杀敌 5 人则队长赐爵一级，阵亡者可由家中一人继承爵位。如果不能英勇作战，则要在前人面前车裂；劝阻者要被带到城下施以刺字、割鼻之刑。太尉划分好进攻区域后,使中军卒官带队随攻城敢死队进城。将军让人搭起高台,和国家的监官以及王派来的御史一起观战。率先进城者记为最先进,殿后者记为最落后。所有的敢死队队长都由志愿担任者充任,如果志愿者不足则以希望晋级者补充。

弱民第二十

【导读】

本章内容总体上可以看作《去强》篇的“经说”，和《说民》《靳令》篇体例、观点、表述大多相同。文中的观点和主张基本上是顺着《去强》篇的论说作出“解释”而非引申。有些学者判断全篇是在集中注释《去强》篇的前两章，可从。由此也可推断，本篇有可能在写作时并没有完整的《去强》篇作为解释对象，而只有单行成篇（甚至成“经”）的前述两章。

这说明和之前一些篇章一样，《弱民》篇也是后人整理、汇集商鞅或商君后学的相关论说片段，再拼接重组而成。整理、汇集、拼接的时间和动机，与《商君书》成书应该不同，所以当时并没有去重、去繁以就简的需求。而且这种汇集论说片段并整理成篇的工作或自战国中后期便已开始，基于相似或不同的原始材料，各自独立地进行过很多次。因而产生了不少相互之间可以印证，同时又有重复的篇章。像《去强》和《弱民》两篇很可能就是这种关系。

最后一章，即“楚国之民……”至篇末，与《荀子·议兵》篇重出，但文本顺序有别。考虑到“秦师至鄢郢，举若振槁，唐蔑死于垂沙，庄蹻发于内”一句中所涉及的事件，都发生于商鞅身后，因此应该是汇集者错以之为商鞅作品收入本篇。至于此章究竟是否为荀况所作，本书暂且不论。

【原文·评注】

民弱国强，弱，顺从权威。**民强国弱，**强，骄横。**故有道**

之国，务在弱民。弱民，使民柔弱。**朴则强，**朴，质朴。强，国强。**淫则弱；**淫，淫佚。弱，国弱。**弱则轨，**弱，民弱。轨，法度，引申为守法。**淫则越志；**淫，民淫佚。越，逾越。志，心志。越志，指放纵心意，不自约束。**弱则有用，越志则强。**强，民强横。**故曰："以强去强者弱，**去，攻取，治理。去强，《意林》本作去弱。句意指以强民攻治强民。弱，国弱。**以弱去强者强。"**

本章解释《去强》篇首句"以强去强者弱，以弱去强者强"。与《去强》篇中的基本立场、判断基本相同，两者都旨在强调"弱民"与"国强"之间的关联，并且提出要"以弱去强"。而且和《去强》篇一样，本文中的"强""弱"两词含义、所指较为混乱难解，需要仔细解读方可明确其义。例如"强"，有时指民强，有时说的是国强，必须结合文理方能判定。

大体上，本章的观点是阐明"国强"和"民弱"之间互成的关系。"民弱"是有意识"弱民"的结果，即通过政治治理使民"弱"。这个民之"弱"不是身体或品质上孱弱，而是自我意识、自利意识不强。与之相应地：一是安分守法的行事风格，二是"朴"，即淳朴、质朴。

"朴则强，淫则弱"说的是民质朴则国强，民淫佚则国弱。"弱则轨，淫则越志"，意思是民弱则守法，淫佚则有越轨之心。所谓"轨"，即《贾子·道术》所言"缘法循理谓之轨"。"弱则有用，越志则强"说的是民弱则对国家而言可用，"越志"则民强梁。

民善之则亲，善，善待，仁慈待之。亲，相互亲昵。**利之用则和。**利，给予利益。用，为国所用。和，和睦。**用则有任，**用，调动、任用。任,任用。**和则〔不〕匮;**匮(kuì),贫乏。朱师辙以匮前有不字。**有任乃富于政。**富于政,政治效果显著。**上舍法,任民之所善,故奸多。**

这章解释《去强》篇“国为善,奸必多”,尤其是要解说“弱民”与去“六虱”之间的关系。文中首先论及对待民不能以仁慈为主,而应通过利导的方式,也就是他篇中反复说到的建立在赏罚之上的激励调动,使之为国所用。所以“民善之则亲”是应被反对的状态。其中的“亲”不是指民亲于上,而是需要反对的民众自相亲昵,义与反对民众相为朋党同。这种善待意味着对民众放任、迁就。而按照商鞅一贯的观点,民众自发形成的状态没有可能与他所追求的至治之世相合。所以这样的“善之”以待民,会造成官方对民的调动、引导能力,也就是治理的实效减弱。与“善之”相反的是“利之用”,即通过利导调动民能、民力,使民能为上所用。“用则有任”意思是要通过官方主导的政治治理使民众能为上所用,且民力被充分地调动起来。“和则匮”句应有脱误,当按朱师辙说作“和则不匮”,意为上下和同则国力用之不尽。“有任乃富于政”,即民各为所用,政治便能有所成。当然这个论断表明,“民”尽管是国富兵强和社会治理的基础,但却并不是目的。“富于政”,也就是政权的富强才是所有政治制度和治理方略的旨归所在。

要注意,按照《去强》篇所示,君民之间“亲”和民与民之间私自相亲不同,这种具有公的属性的下亲上关系需要借助“上爱民”来实现。但是商鞅的爱民与纵容民之所好、所欲、所为全然不同。因为商鞅并不认为民能自知何者为善,相反需要君主通过立法为他们提供引导,使之明了何者当为。换言之,善待民众不是因民之所善而待之，而是矫正、引导、重塑。为之保障者自然是基于刑赏的利导。变法实践中的效果印证了商鞅的判断，如《史记·商君列传》载："令行于民朞年，秦民之国都言初令之不便者以千数……行之十年，秦民大说，道不拾遗，山无盗贼，家给人足。"

本章论说中还隐含着一个特殊的观念，即教化民众不是直接跟民众"讲道理"以求被理解、遵行，而是强制民众实践，而后在实践中结合效果自行理解并内化法令背后的道理。所以商鞅与当时儒、墨等家的教育、教化主张存在根本性差异。所谓"以吏为师，以法为教"的教化也只有在这个思路中才能成立。这也印证了之前谈到的，商鞅所言之"教"与以儒家为代表的主流"教"观念存在显著差异。除了手段、效果之外，最重要者在于不尝试改变、德化民众的功利之性，而是纯粹以之为基础，引导民众的观念和行为，进而寻求形塑民众的行为模式和社会秩序形态。

民贫则力富，民富则淫，淫则有虱。虱，虱害。**故民富而不用，则使民以食出爵，**食出爵，即纳粮得爵位。**爵必以其力，则农不偷。农不偷，六虱无萌。故国富而民治，重强。**重(chóng)，加倍。

本章解释《去强》篇"国富而贫治曰重富，重富者强。国贫而富治曰重贫，重贫者若"。侧重讨论除了要弱民、利导之外的另一个要求："贫"民，就是让百姓保持相对清贫的状态，因为只有这样才能保证民有心有力为了生计而用"力"，也只有这样自上而下的利导才有可能充分发挥作用。这个思路不难理解，毕竟越是家资殷实的人，越是不愿意为了那些在贫民看来"巨大"的利益去从事农战。或者也可以说，若是要基于利导调动富人，必然比调动穷人的成本和难度都要高得多。是故说“民贫则力富”，即贫穷之人自然会致力于寻求富足，但是富足以后必定会淫佚，乃至生出虱害。[1]为此，民富足以后可以让富人出粮以获得官爵。商鞅认为纳粮得官爵是针对富人可行的利导和调动方案。如果再结合《垦令》篇中禁止粮食买卖的法度，即“使商无得籴，农无得粜”，那么获得官爵的方式除了作战以外，只能靠自己耕种获得粮食来缴纳，这样势必会刺激民众致力于务农。所以说“爵必以其力，则农不偷。农不偷，六虱无萌”，意思是爵位必须只能凭借力耕力战获得，如此民众才不会有侥幸投机之心，而这亦能致六虱失去萌生的基础。以上述论说为据，指出基于弱民、利导、贫民三者可致“故国富而民治，重强”。

兵易弱难强，弱，孱弱。强，强大。**民乐生安佚，死难难正，**死难，死于战事。正，通征。难正，即难以征用。**易之则强。**易，改易、互换。**事有羞，**羞，耻。**多奸；**奸，奸邪。**寡赏，**寡，少。**无失。**失，过失。**多奸疑，敌失必，利。兵至强，威。事无羞，利用兵，久处利，**利，有利。**势必王。**势，形势。**故兵行敌之所不敢行，强；事兴敌之所羞为，利。**

本章解释《去强》篇“兵行敌所不敢行，强；事兴敌所羞为，利”，同时也在章末引述到了该句表述。但解说比较曲折难懂，详细解说参见《去强》篇评注。

---

〔1〕“虱”害见于《去强》《说民》《壹言》《靳令》等篇。

按文中所述,军队要保持强大的战斗力非常艰难是显而易见的事实,所以说“兵易弱难强”。同时民“乐生安佚”也是常态。由此引出另一个与军队战斗力和政治治理、调动有关的问题,即“死难难正”,也就是让民众效死命甚至赴死,非是一般性治理手段可以实现。反过来说,政治治理中极难实现,同时又亟待实现者在于让民众乐于死难,且使军队战力强大。这章谈到与之相关的两个方面:一要为敌人所不敢为,二要为敌人所不齿为,用现在的话说,就是在战争中无须恪守道德底线。此即所谓“事无羞,利用兵,久处利,势必王”。这在商鞅用诈战胜魏国的实践中已有了印证。之所以不要顾及道德标准和评价,文中认为是“事有羞,多奸”,言下之意是运用道德标准,势必会产生各种干扰政治引导、调动的可能,即“奸”,进而造成对政权、政策的质疑,如此一来必将会导致失败。

法有,即有法。**民安其次;**次,次序。**主变,**变,随机应变。**事能得齐;**齐,通剂,合宜。**国守安,**安,安于法度。**主操权利。**权利,权变之利。**故主贵多变,国贵少变。**

本章是解说《去强》篇“主贵多变,国贵少变”,还在《算地》篇表达为:“主操名利之柄,而能致功名者,数也。圣人审权以操柄,审数以使民。数者臣主之术,而国之要也。故万乘失数而不危,臣主失术而不乱者,未之有也。今世主欲辟地治民而不审数,臣欲尽其事而不立术,故国有不服之民,主有不令之臣。”

《修权》篇也谈到“权者,君之所独制也”;以及“权制独断于君,则威”。相关解说可以参见此二篇的评注部分。

按本章所论,明晰且稳定的法律可以给民众提供秩序,使得“民安其次”。而能够因时因势行权变通的君主则是让具体事务得以成就的保障,所以说“主变,事能得齐”。很明显文中已经明确把握到了法律的安定性带来的特定功能以及固有的局限,这类似于现代法学关注到的规范性法律与具体事实之间的悬隔。本章中提出的方案并不是尝试通过调整法律本身来寻求克服局限性,而是尝试建立一种相对稳定的秩序与权宜权变的融合方案,所以一方面强调“法有”,另一方面强调“主操权利”。而这种方案要行之有效,还需要结合《商君书》中反复强调的作为行权者的君主本身无私,避免因个人喜好而行臆断、擅断。而关于君主所行之“权”与守法之间的关系,详细论说可以参见《修权》篇,以及《画策》篇和《禁使》篇原文和本书的评注。

利出一孔,孔,途径、门径。**则国多物;**物,物资。**出十孔,则国少物。守一者治,**一,指农战。**守十者乱。治则强,乱则弱,强则物来,弱则物去。故国致物者强,去物者弱。**

“利出一孔”,即《靳令》篇所言“利出一空者,其国无敌;利出二空者,国半利;利出十空者,其国不守”。本章侧重于解说只有“守一而治”才能促成国家物资积累,而国家物资积累充足是强国的必要条件。文中的“治”含有政权主导下积极主动的政治治理的强势内涵,指向的当然是围绕积极调动民力以为农战的秩序局面。所以说“治则强,乱则弱,强则物来,弱则物去。故国致物者强,去物者弱”。从中也可看出“强”对应的实际上是使物“来”的能力。而多占有、积累物质财富并不是商鞅的旨归,也不是治理者应有的追求。这与他篇表达的“能生力，能杀力”背后的思路相统一。

民，辱则贵爵，辱，屈辱。**弱则尊官，**弱，顺服。**贫则重赏。**贫，清贫。**以刑治民则乐用，**乐，乐于。用，为上所用。**以赏战民则轻死。**轻，轻视。**故战事兵用曰强。民有私荣，**私，私人。荣，荣誉。**则贱列卑官；**贱，轻贱。列，爵位。卑，鄙视。官，官职。**富则轻赏。**轻，轻视。**治民羞辱以刑，战则战。**需要作战时用于作战。**民畏死事，**死事，死于战争。**乱而战，**乱，胡乱。**故兵农怠而国弱。**

治民需要使民“辱”“弱”“贫”，这是作为激励、调动民力机制的刑赏能够行之有效的基础。其中关于贫民与弱民的政策和理由前章已有解说，另外在《靳令》篇中表述为“国贫而务战，毒输于敌，无六虱，必强”。《说民》篇解释作“民贫则弱，国富则淫；淫则有虱，有虱则弱。故贫者益之以刑，则富；富者损之以赏，则贫。治国之举，贵令贫者富，富者贫。贫者富，富者贫，国强。三官无虱，国强；而无虱久者，必王”。“辱则贵爵”的表述在《商君书》中并不多见，《算地》篇中说到“羞辱劳苦者，民之所恶也”和“民之生，饥而求食，劳而求佚，苦则索乐，辱则求荣，此民之情也”，可以视为“辱则贵爵”成立的人性论基础。而书中反复出现的“以难攻”之类的表达，也与本章所论相契。也可以说使民常态化地居于“辱”的状态，以此造成爵之可“贵”，是赏这种治理、激励机制得以行之有效的配套举措。

此外保持民“弱”与“贫”的理由在前文诸篇评注中已有详细论述，此处从略。

农商官三者，国之常官也。官，职务。**农辟地，**辟，开垦。**商致物，官治民。三官生虱六；曰岁，曰食，曰美，曰好，曰志，曰行。六者有朴，**朴，本。**必削。农有余食，**余食，多余的粮食。**则薄燕于岁。**薄，勉力。燕，宴饮。**商有淫利有美好，**淫，过度。**伤器。**伤害实用器具的制作。**官设而不用，**官，指官吏。不用，不发挥作用。**志行为卒。**卒，通瘁（cuì），病。**六虱成俗，兵必大败。**

本章解释《去强》篇“农、商、官三者，国之常官也。三官者生虱官者六：曰岁，曰食，曰美，曰好，曰志，曰行，六者有朴必削。三官之朴三人，六官之朴一人”。其中“三官”生“六虱”说见《去强》《说民》两篇的评注。

文中特别强调了不“贫”，即物资超过日常用度需求带来的危害，包括农民有多余的粮食会造成宴饮过度，即“农有余食，则薄燕于岁”，再进一步推论是会造成民众不尽力农作。工商业因为消费能力提高而侧重于制作、贩售精美无用的产品，也就意味着不利于实用的工具、器用生产，也就是文中说到的“商有淫利有美好，伤器”。同时社会风气奢靡化也将造成官方的社会治理趋于懈怠，发挥不了曾经促进农战的作用，即“官设而不用，志行为卒”。以上说到的三个方面，总而言之都是“六虱”。由此造成的结果之一是军队的战斗力下降，进而“六虱成俗，兵必大败”。

法枉治乱，枉，邪曲。**任善言多；**言，议论。**治众国乱，**治，治理措施。众，多。**言多兵弱。**言，论说。**法明治省，任力**

言息;治省国治,言息兵强。故治大,大,多。**国小;**小,弱小。**治小,**小,简。**国大。**大,强大。

本章针对《去强》篇"治大,国小;治小,国大"展开解释,文中谈到影响治理的三个方面,包括"法枉""任善"和"治众"。

"法枉"指的是法令的内容不正,按照商鞅一贯的主张,应是法令不能一于农战。"任善言多",见《农战》篇和《靳令》篇。反对"治众"之论,见于《靳令》篇。"治众国乱",所反对者一是法令繁杂,二是令出多门。所以一方面要强调"治省",另一方面也要求"一"于国君。"任善言多",形式上是任用慈善之人,实质上指依据以仁慈、恩德为代表的道德进行治理。这可视为对《去强》篇之"国为善,奸必多"的引申。由此带来的后果必是行为和赏罚标准不明且为之提供解释、进行质疑者众多,即"言多",由此带来的主要后果之一便是"兵弱"。排除上述三者,便"法明治省,任力言息;治省国治,言息兵强"。

政作民之所恶,政,政权。民之所恶,指刑罚。**民弱;**弱,顺服。**政作民之所乐,民强。**强,强梁。**民弱国强,民强国弱。故民之所乐民强;民强而强之,兵重弱。**重(chóng),加倍。**民之所乐民强;民强而弱之,兵重强。故以强重弱,削;弱重强,王。以强攻强弱,强存;以弱攻弱强,强去。强存则弱,强去则王。故以强攻弱,削;以弱攻强,王也。**

本章所论解说《去强》篇"以治法者,强;以治政者,削。常官治者迁官。治大国小,治小国大。强之重,削;弱之重,强。夫以强攻弱者,亡;以弱攻强者,王”。且将法治、“治小”与弱民联系起来,如此与篇首“以弱去强”的主张形成呼应。

文中说政治治理,即“政”要“作民之所恶”,也就是他篇中谈到的“以难攻”,[1]具体到《商君书》的论域中就是翦除工商、辩说、游宦等,以此来实现“民弱国强”。而且这种弱民政策和相应的治理举措必须具有持续性,即在实现了民弱的前提下还要持续弱民,这样能够保证“兵重强”。这个论断前后的关联并不太直接,需要联系前文“民辱则贵爵”之论来理解。其中民弱有两方面含义:一是民顺服而不强梁之弱,如此民方能服从指挥调动;二是民的地位、财力等方面之弱,这样以授爵任官为主的赏才能最大限度地发挥实效。由此,从务农转换到战争状态中的民(兵)方有可能具有强大的战斗力。

文中针对两种极端情况作了对比,极端不好的治理是以强民之术治理强民,即“以强攻强”,结果势必“强存”而国削。最好的状态则是用弱民之术治弱民,即“以弱攻强”以致“强去”,这是达至“王”政的必要条件。

明主之使其臣也,用必加于功,赏必尽其劳。尽,全尽。**人主使其民信如日月,**信,诚信。**此无敌矣。今离娄见秋毫之末,**末,末梢。**不能以明目易人;**易,换给、假借给。**乌获举千钧之重,不能以多力易人;圣人之存体性也,**存,自存。体性,即材性、才德。**不能以相易也。今当世之用事**

[1] 说见《农战》篇3.5章、《去强》篇4.3章、《靳令》篇13.5章及评注。

者，用事者，指执政者或君主。**皆欲为上圣，举法之谓也。**举法，指按法而治。**背法而治，此任重道远而无马牛，济大川而无舡楫也。**济，渡过。舡(chuán)，通船。楫(jí)，桨。**今夫人众兵强，此帝王之大资也。苟非明法以守之，与危亡为邻。故明主察法。境内之民，无辟淫之心，游处之士，迫于战阵，万民疾于耕战，**疾，尽力。**有以知其然也。**

本章总结了“法”的功能，包括了为君主立“信”和用众两个方面。按文中所述，君主要做到“人主使其民信如日月”，而立“信”要在将按功行赏，即“用必加于功，赏必尽其劳”明确写入法令，并始终遵行。用众则包括促民农战和排除异端、塑造民心两方面，即“境内之民，无辟淫之心，游处之士，迫于战阵，万民疾于耕农”。

文中“今离娄见秋毫之末，不能以明目易人；乌获举千钧之重，不能以多力易人；圣人之存体性也，不能以相易也”，可对读《错法》篇“夫离朱见秋豪百炎之外，而不能以明目易人；乌获举千钧之重，而不能以多力易人。夫圣人之存体性，不可以易人；然而功可得者，法之谓也”。这句话意在表明君主仅凭借一己之力不能实现治理，君主其人的才智能力也不具有推广的可能。因此需要“举法”，也就是运用法律制度并依法行事，落实君主的治理思路和主张。言下之意，法律制度和按法而治是最基本的治器和治术，所以说“背法而治，此任重道远而无马牛，济大川而无舡楫也”，意思是不用法律进行治理，就好像没有牲畜、脚力而求负重远行，没有船桨而求渡过大河一样。换句话说，法治是君主得以塑造民心并调用、借助民力以实现自己治理预期的最重要凭借。

“今当世之用事者，皆欲为上圣，举法之谓也”，将“圣人”的内涵由性智、才能转化为了守法这种任何人都可得为之的状态。这事实上是在消解政治治理对于个人特殊性的依赖。为了证成这个论点,文中尝试提供了圣人—守法—治理成效三者联系在一起的思路。按之,能否算得上圣人,关键在于能否通过治理达致“境内之民,无辟淫之心,游处之士,迫于战阵,万民疾于耕农”的局面。同时达到这种治理效果只能是依法行事。这样一来,成为圣人的唯一条件只有“举法”“明主察法”。

楚国之民,齐疾而均,齐,整齐。疾,迅捷。均,协调。**速若飘风;**飘风,旋风。**宛钜铁釶,**宛,地名。钜(jù),坚硬的铁。釶(tuó),短矛。**利若蜂蠆;**利,锋利。蠆(chài),毒虫。**胁蛟犀兕,**胁,两肋。蛟(jiāo),坚硬的鱼皮。兕(sì),母犀牛。**坚若金石。江汉以为池,**江汉,长江、汉水。**汝颍以为限,**汝颍,汝州、颍州。**隐以邓林,**邓林,楚国北境地名。**缘以方城。**缘,围绕。方城,春秋时楚北的长城,借指山川险要。**秦师至鄢郢,**鄢(yān),国(地)名,在今河南省鄢陵县一带。郢(yǐng),楚国的都城,在今湖北省江陵县附近。**举若振槁,**振,摇动。槁(gǎo),同藁,草。**唐蔑死于垂沙,**唐蔑,楚将。**庄跻发于内,**庄蹻(qiāo),楚将。发,发兵。**楚分为五,地非不大也,兵非不众也,甲兵财用非不多也,战不胜,守不固,此无法之所生也。**

本章的行文风格与之前十一章不合,且文中谈到的秦、楚之争,包括唐蔑兵败身死于垂沙,庄蹻致楚大败,这两事都发生在商鞅身后。

文中引述楚国故事以为教训,用以佐证君主依法行赏罚。故事的大意是说楚国的民众行动迅捷齐整,宛地出产的铁质兵器利若蜂刺,甲胄坚固如金石,且拥有长江、汉水、汝水、颍水天险,有邓林遮蔽且有城墙环绕。具有兵力、武器、地利等方面的优势且以逸待劳的楚国鄢郢之地,遭遇秦兵进攻却像被摇落的蒿草枯叶般迅速败北,楚将唐蔑战死于垂沙,庄蹻则在楚国国内发难,致使楚国一分为五。文中对此给出的判断是楚国地大、兵众、物资丰富却“战不胜,守不固”的根本原因在于“无法”,应该包括没有正确的法度和不按法而治两层意思。

楚国这场失败是战国晚期非常著名的历史事件,《荀子·议兵》《吕氏春秋·介立》《韩诗外传》《史记·礼书》等文献中都曾述及。《史记·楚世家》记载唐蔑之死发生在楚怀王二十八年(公元前301年),可以断定是商鞅身后之事。

因此这一章应该是被本篇整理者误判为商君作品而错入。有鉴于表述与《荀子·议兵》篇非常相似,有的学者认为是据之改写而成。

> 楚人鲛革犀兕以为甲,鞈坚如金石;宛钜铁矛,惨如蜂虿,轻利僄遬,卒如飘风;然而兵殆于垂沙,唐蔑死。庄蹻起,楚分而为三四,是岂无坚甲利兵也哉!其所以统之者非其道故也。汝颍以为险,江汉以为池,限之以邓林,缘之以方城;然而秦师至,而鄢郢举,若振槁然,是岂无固塞隘阻也哉!其所以统之者非其道故也。纣刳比干,囚箕子,为炮烙刑,杀戮无时,臣下懔然莫必其命,然而周师至,而令不行乎下,不能用其民,是岂令不严,刑不繁也哉!其所以统之者非其道故也。(《荀子·议兵》)

不过比较而言,荀子将楚国失败归咎于“其所以统之者非其道故也”,与本章归因于“此无法之所生”存在明显的差异。所以有的学者认为是《荀子》本文错入《商君书》,并不准确。更合理的推断应该是,本章乃是战国晚期法家所作,写作时很可能与荀子使用了共同或非常相似的故事底本。而《弱民》篇或《商君书》的编集者又误将之作为商鞅的作品错入《弱民》篇最后一章。

御盗第二十一（佚）

外内第二十二

【导读】

本篇以“外内”为题，其中“外”指外事，主要是对外战争；“内”指内政，全篇聚焦在农战。这与其他篇中重视农战的主旨相契，同时篇中大多数观点、论说可与他篇相印证。

关于外事，篇中所论集中在如何调动民积极主动参与战争，其中包括正向激励和反向惩戒两个部分，要言之是重赏、重刑和塞淫道。内事与外事一样要“重治”，主要是通过重税和抬高粮食价格压制商贾、技巧、游食之人，造成“民之利尽在于地利”的局面，进而促民务农。

《韩非子·备内》篇有“商君之内外”的表述，不少学者以为文中的“内外”即是本篇。也有学者认为本篇多言战国时代并不常见的“边利”，而更合于有边事、边患的西汉，因而判断是汉代作品。还有的学者判定这是公元前 250 年之后的作品，理由是篇中将农耕与兵战判然分别为两事，与《徕民》篇主张可相接续。就文本内容来看，这篇的观点确实与持“动态富强”之论的《农战》《去强》《说民》《算地》《修权》等篇有所不同，但是依此就断言非是商鞅作品显失武断。因为篇中分“外事”“内事”来论战与农，并不意味着作者否认农战的连续性。

【原文·评注】

民之外事，外事，对外国的事务。**莫难于战，故轻法不可以备之。**轻法，指后果（赏罚）俱轻的法律。**奚谓轻法？其赏少**

而威薄，威，刑威。薄，弱。**淫道不塞之谓也。**淫，淫佚。道，方法、路径。塞，堵塞。**奚谓淫道？为辩知者贵，**辩知，辩说智谋。**游宦者任，**游宦，游方求官。任，任用为官。**文学私名显之谓也。**私名，指非官方授予的名誉、声望。显，尊显。**三者不塞，则民不战而事失矣。故其赏少，则听者无利也；**听，听命、守法。**威薄，则犯者无害也。故开淫道以诱之，而以轻法战之，**战之，使之作战。**是谓设鼠而饵以狸也，**设，用。饵，诱饵。狸，猫。**亦不几乎！**几，通冀，希望、可期。**故欲战其民者，**战其民，使其民作战。**必以重法；赏则必多，威则必严，淫道必塞。为辩知者不贵，游宦者不任，文学私名不显。赏多威严，民见战赏之多则忘死，见不战之辱则苦生。赏使之忘死，而威使之苦生，而淫道又塞，以此遇敌，是以百石之弩射飘叶也，**石（dàn），十斗为一石。弩，弩弓。**何不陷之有哉？**陷，攻陷。

本章论"外"事，以如何用"法"致民奋力于战为要。这个话题在其他篇章中已经被反复谈及了，可以说是商鞅思想中的核心论题之一，但各篇的侧重点或多或少有所不同。本篇中谈到两个方面：一是正向激励，按文中所示，只需要通过"民见战赏之多则忘死"便足以解决。二是排除干扰，这又是重中之重。其中还包括两个方面：一方面是人的畏死的本能，这可以通过严刑以致"不战之辱则苦生"来解决。意思是通过刑罚让苟活比战死对人而言更为不利，具体的制度方案可以参见《境内》篇。另一方面是存在"淫道"，能为民众提供较之农战更轻易得利的谋生途径。所谓"淫道"

包括“为辩知者贵，游宦者任，文学私名显之谓也”。所针对者是当时广泛存在的三类人，即纵横阴谋家（辩知者）、游历各国谋求官职者（游宦者）、掌握历史文化知识者（文学）。当然严格说来，三者之间存在明显的交集，算不上是非常严谨的分类。以上“三者不塞”对民生而言有利而无害，但是对国家来说则无所裨益。由此看来，民利与国利被设定为可以相合但是存在冲突的状态。换言之，对国家而言最有利的方案并非对民生最有利者；民确实也可因为国家需求，即农战而获利，但这必定是最艰险的途径。因此国家只能，也必须禁止其他较之农战更为便宜的生活方式；但这本质上无疑是在变相损民。所以前文也说到，商鞅的论说看似也讲“民本”，但与儒家的“民本”无论在立场、实现方式、价值标准还是目标追求方面都存在近乎根本性的差异。至少在有天下之前的阶段，商鞅并不把“民”的生活安顿、道德水准，或者更低层次一些的生存利益作为政治的目标，而是将之作为成就国家、天下之“治”的凭借。民与国之间更多的是相互合作，乃至相互利用的关系。

从这个角度上说，商鞅的政治主张显然与一般意义上的“民本”有别，[1]或可目之为“国本”。而以国本为立场，则“国”被视为独立的“实体”，而不仅仅是民的利益集合体。

民之内事，内事，国内事务。**莫苦于农，故轻治不可以使之。奚谓轻治？其农贫而商富，故其食贱者钱重，食贱则农贫，钱重则商富；末事不禁，则技巧人之利，而游食者众之谓也。**游食者，游方谋食之人。**故农之用力最苦，**

---

〔1〕 商鞅的“民本”观非常特殊，参见《画策》篇围绕“民本，法也”展开的论说和相关评述。

不如商贾技巧之人。苟能令商贾技巧之人无繁，繁，多。**则欲国之无富，不可得也。故曰欲农富其国者，境内之食必贵，**食，粮食、食物。**而不农之征必多，**不农，农耕之外的职业。**市利之租必重，**市利之租，即商业赋税。**则民不得无田。无田，不得不易其食；食贵则田者利，田者利则事者众。食贵，籴食不利，**籴食，买入粮食。**而又加重征，则民不得无去其商贾技巧，而事地利矣。故民之利尽在于地利矣。**地利，指农产品。

这一章论“内”，主要关注的是如何让民众甘心从事最“苦”的农事。相关的政策和制度基本上都可与《垦令》篇和《去强》篇相印证。文中提到了一个需被反对的状态，叫作“轻治”，即“其农贫而商富，技巧之人利，而游食者众之谓也”。言下之意，出现这种不利局面的原因在于政治治理的力度不够。这也恰恰表明，商鞅认为当时的社会只要不由政治权力强势介入，便难免会陷入“农贫”而商人、技巧之人、游食者炽盛的局面。这与整本《商君书》中反复谈到的农战是最“苦”之事的判断相适配。

本章聚焦到“商贾技巧之人”，即后世所谓工商业者，这些人统统被定义为“游食者”。商鞅认为他们的存在势必干扰民众事农，主要是因为这些营生较之务农能够更加轻松地获利。解决的方案包括：其一，提高粮食价格，即“境内之食必贵”，这样一来不耕种而买粮为食的成本极高。相较而言对于务农者有利。类似的主张见于《垦令》篇。其二，增加农业之外的税收，即“市利之租必重”。具体举措还见于《垦令》篇。

与之相应的两大保障：一是“民不得无田”，因为民众没有田产,就必然需要通过市场交易获得粮食。二是需要保证“食贵”,也就是抬高粮价。这样靠买粮为生者的生活成本将会提高,如此可以变相迫使他们转向亲自务农。当然即便是粮价高,但由于禁止私人商贩卖粮,所以也就不会导致有人因高粮价而趋向从商,或者从中牟利。如此一来势必造成“食贵,籴食不利,而又加重征,则民不得无去其商贾技巧,而事地利矣”。

故为国者,边利尽归于兵,边利,边境贸易的收益。兵,军队。**市利尽归于农。边利尽归于兵者,强;市利尽归于农者,富。故出战而强,入休而富者,**休,休战。**王也。**

本章提出了一个新颖的方案,即“边利尽归于兵,市利尽归于农”,以此实现兵强和农富。所谓“边利”,在《商君书》中缺少旁证,只有《垦令》篇谈到的“军市”,即本章“边利”的来源。论家多参考后世制度,以之为边境驻军地屯田、贸易的收益。

“市利”,按照文面当是市场贸易的收益。但是文中所指显然不是商人的利益或所征的税赋直接归于农民,也不是直接给予农民利益;而是通过降低其他行业的收益,相应地造成农业收入提高。“边利尽归于兵者,强;市利尽归于农者,富”也应按照同样的思路来理解。不过据此,“边利”或当不仅仅是指“军市”收益,还当有其他的理解方式,可是由于缺乏具体论据,也只能暂备为一说。

总体来说,本篇所论主要是在谋求消除阻碍和干扰以兴农战,而相应的举措是基于立法建制,即法律的内容以谋求制度性地实现。

君臣第二十三

【导读】

本篇以“君臣”为题,取自首句,也代表了全篇的主要论旨。文中内容涉及君如何据法以求治,大致遵循了正、反、合的论说结构,可以看作是一篇较为严整的“论文”。篇中以古今对比立说,“古”提供圣人、明王、明君之治的正面典型,首先是圣王以“别”型构秩序、设官分职和立禁为治三个方面的立法建制。其次是形成君令行、官循法和民畏刑的治理局面,藉此引出核心治理要求,即“君尊”“官修”和“法制明”,贯穿其中者则不外“缘法而治”“按功而赏”。“今”在篇中作为反例,即“乱”“不治”的典型出现,主因被归结为“释法而以知,背功而以誉”。

通常人们认为商鞅强调因时立法,反对是古非今。这在全书首篇《更法》中驳斥甘龙之言时已有明确表达,相似的观点也见于《画策》等篇。但是本篇中却透露出是古非今的论调,故此有学者认为本篇非是商鞅所作,甚至断言是秦统一天下之后的作品。尽管不少论家已有针对性的驳论,但是为何商鞅在本篇中会一改通常,反对以合于时宜为唯一标准设定政策法度,采取是古非今的论说模式,迄今尚看不到具有信服力的解释。

或可认为这是基于论说策略层面的考量,即商鞅在这篇论述中将“缘法而治,按功而赏”托为“先王”之制度,以此获得理论上的制高点,便于批判当时国君常见的“释法而以知,背功而以誉”式治理模式。

【原文 · 评注】

古者未有君臣上下之时,民乱而不治。是以圣人别贵贱,制爵位,制,制定、建制。**立名号,**名号,身份、称谓。**以别君臣上下之义。**义,内涵。**地广,民众,**众,多。**万物多,故分五官而守之。**五官,古史的五种官职,或为司徒、司马、司空、司寇、司事。**民众而奸邪生,故立法制为度量以禁之。**度量,标准。**是故有君臣之义,五官之分,法制之禁,不可不慎也。**

开篇以历史性视角阐释了政治的缘起和必要性。"古者未有君臣上下之时,民乱而不治",意味着有政治和无政治的关键区分在于有"治"无"治"。再加上无"治"必然"乱";而"乱"显然于民生不利,必须革除。准此,政治治理的必要性就不言自明了。不过商鞅此说并非意在考证,所以其历史真实性和严密性自然无需过分深究。这是本篇治理理论的前提之一。

政治治理的基本模式是"圣人"所创,而非自然生成,这是前提之二。成"治"的基础则在于"别"("君臣上下之别")与"分"("万物多,分五官而守之")。要注意,这两者都是人为创设出来而非自然生成的秩序模式,故此须得借助某种人为的力量来型构与维系也就理所当然了,是故人类社会的有序必需政治权力。这个观点在《画策》篇中虽未明示,但也已曲折地表达了出来。

所谓"古者未有君臣上下之时,民乱而不治",并不是说进入政治时代之前的社会一直是"乱",这一点参考《画策》篇"神农之世,男耕而食,妇织而衣,刑政不用而治,甲兵不起而王"可知。可是这种接近自然秩序的状态在存续演化过程中势必会走向“乱”。而且社会一旦“乱”了,便不足以自“治”,必待政治权力继起以矫正之,此即《画策》篇之“神农既没,以强胜弱,以众暴寡。故黄帝作为君臣上下之义,父子兄弟之礼,夫妇妃匹之合;内行刀锯,外用甲兵,故时变也”。

“治”的方案包括三类:第一类是“别贵贱”“制爵位”“立名号”,功能之一是“别君臣上下之义”。第二类是“分五官而守”,义如《周礼》中说的“设官分职”,以此应对“地广,民众,万物多”的局面。第三类针对“民众而奸邪生”而“立法制为度量以禁之”,此中的“立法”专指惩罚性刑罚之法而言。其中包括立法建制和按法而治两重内容。

本章中涉及的最核心论题在于“治”,这也是人们把握商鞅思想的关键枢纽之一。于是首先要解决,在商鞅看来究竟什么是“治”?按上文归纳,“别”、“分”和规范化三者共同构成“治”的主要内涵。但是三者并不同时产生,而是构成了一个逻辑和时间混合、纠缠在一起的近似“生成”的关系。按此,自从有了人为的“别”便意味着有了“治”。换个角度来看,有无人为之“别”是有无“治”的关键。无论是“分五官而守”还是“礼法之为度量”,都是为了使得“别”明晰且得以稳定落实的手段。要注意这个“别”的关键并不在于分别身外之物的归属,[1]而是在于对人进行分别。

再换个角度看,秩序的基础是等级化分别。这是一个对受启蒙运动以后西方文化影响的现代人而言难以接受的论断,但是如果抛开意识形态化的“人人平等”,现实中整个社会任何人都置身于无处不在的等级化格局之中。理论抽象的或法律人格意义上的

〔1〕 这与西方文化中的所有权理论有着根本性差异,需要仔细分辨。

平等不足以取代或抹杀事实上的不平等和等级化之别。针对等级化的社会实态来设计治理方案,并且做出理论解释,既是商鞅面对的问题,同样也是当下思考治理和秩序问题时必须直面者。还需要看到,商鞅对“治”与“别”的判断,与儒家对“礼”之治的理解思路有同有异。所同者在于对秩序理应建立在别的基础上这个基本判断,此即《周易·序卦》之“有上下,然后礼义有所错”,亦如《周易·履》卦的解说:“天而在上,泽而在下,上下之分,尊卑之义,理之当也,礼之本也,常履之道也。”[1]换言之,商鞅与儒家的核心思路都可谓是以“分”求“和”。

商鞅的“别”与儒家基于礼之别,最大的差别在于以“别”行“治”以成秩序,依靠的是规范化的治器,即法。而儒家则系诸具体化、典范化的礼。至于分别标准的实质性内容,按照其他篇中的表达,商鞅看重的是“才”,即贤与能;[2]而儒家更侧重的是德,且在有德的基础上要求德才兼备。不过本章的重心在于阐明如何能在治理中落实圣人设定出的“别”的秩序,因此侧重论“治”而对何以为“别”的理论论说并未展开。

处君位而令不行,则危;五官分而无常,常,法度。**则乱;法制设而私善行,**设,设置。私善,私下行恩赏。**则民不畏**

[1] 对于上下—尊卑关系模式是为“治”的最核心含义,有一类反例可以为之提供反向证明:但凡是从根本上反对、否弃“礼”者(包括礼的秩序、制度和治理模式等等),都反对礼分上下,或者说反对将社会关系化约为上下—尊卑关系。先秦时代两个最典型的反礼者莫过于老子和庄子,而这两人恰好是中国古代思想传统中至“公”和根本性“平等”的最早义理阐发者。

[2] 如《修权》篇曰:“论贤举能而传焉,非疏父子,亲越人也,明于治乱之道也。”《画策》篇:“明主在上,所举必贤,则法可在贤;法可在贤,则法在下,不肖不敢为非,是谓重治。”不少学者但见尚贤之论,便判定非是商鞅作品,显然是未能完整把握商鞅的思想。

刑。君尊则令行,官修则有常事,修,循,此指按法而行。**法制明则民畏刑。**明,明确、显著。**法制不明,而求民之从令也,**令,法令。求,希望。**不可得也。民不从令,而求君之尊也,虽尧舜之知,**知,智。**不能以治。**

本章以说“乱”起首,包括“处君位而令不行则危”“五官分而无常则乱”“法制设而私善行则民不畏刑”三个方面,也就是君主缺乏实际控制力,官僚系统不能常态化运作和法律体系及其赏罚机制无法获得治理实效三类问题。反之,理应达到“君尊则令行,官修则有常事,法制明则民畏刑”的状态方可成治,三者归根到底是要求得“民之从令”,换言之也就是民众能为既有的法律制度和政令所调动。民能“从令”,反过来又是君能得“尊”的必要条件。文中对“君”的要求和臣、民有别。君并不以循法、按法为重,而是强调要保障“法制明”以致“令行”。但在商鞅看来君令发生效用也要依托法律。法律所能提供的调动机制,不出他篇中反复谈到的赏罚二柄。

要看到,商鞅并不太关注君臣之间的关系,或者说他认为君臣关系通过立法和守法即可得到妥善解决。之前的《修权》等篇评注中业已谈到,治臣而非治民,亦即君臣关系乃是战国后期法家,尤其是韩非关注和论说的重点。但在《商君书》中侧重点明显偏向治民和治国。产生这种差异可能有两方面原因:一是商鞅的处境以基于变法型构新的政治社会秩序为第一要务,因此如何治民可使民作壹更加亟待解决。二是商鞅对君臣关系的判断和相应的制度设计可能与实际效果之间存在某些偏差。例如他自信在存在凌驾式监督者(君王)和完整、明确法律制度规定的情况下,只要能落实官吏行事一准于法，便足以维系君臣之间的良性关系，且避免官吏以权谋私。然而事实上商鞅的方案并不足以解决问题，官吏擅权和一准于法带来的过于刚性的治理成为君臣关系的新问题，并且部分也表现在了治民过程中。[1]

明王之治天下也，缘法而治，缘，顺，按照。**按功而赏。凡民之所疾战不避死者，以求爵禄也。明君之治国也，士有斩首捕虏之功，必其爵足荣也，**足，足以。**禄足食也。农不离廛者，**廛(chán)，民居区域之称。**足以养二亲，**二亲，即双亲，父母。**给军事。故军士死节，而农民不偷也。**偷，苟且。

治理模式的理想状态，按照本章托“明王之治天下”所示，不外乎“缘法而治，按功而赏”。做出这个判断的理由很简单，在于“民之所疾战不避死者，以求爵禄也”，或者说是民的趋利避害的本能和功利诉求。不过本章中论述得相对比较简单，其实严格说来，真正要做到让民“疾战不避死”，光有爵禄之赏还远远不够，还需要其他一系列制度和机制共同促成“壹民于战”，[2]例如《农战》篇的“壹空而得官爵”，做到“然富贵之门，要在战而已矣”[3]。并且还需要赏赐有度，[4]使商贾、技艺、游民不致富贵，减少对民

[1] 针对性的讨论可以参读《韩非子·爱臣》。
[2] 参见《画策》篇。
[3] 参见《赏刑》篇。
[4] 如《修权》篇：“行赏赋禄，不称其功，则战士不用。”

的干扰,[1]保持民"朴",[2]通过严格化的重刑使民无从避战。[3]

与此同时,法定的赏罚机制的后果又与基本的民生诉求联系在一起。如此一来,"缘法而治",那么民众只要积极守法,即可安身、富贵、显荣,社会自然能获致治理。而商鞅所谓治理并不仅仅止于有序,更在于使"军士死节,而农民不偷"。

不过本章中谈到的理想模式只涉及按法而治的治术层面,至于治的内容则并没有一定之规,需要因时而变、合于时宜。而且文中分别谈到"明王之治天下"和"明君之治国",两者所对应的正是不同的治理内容。

今世君不然。释法而以知,释,舍弃。以,依赖。知,智谋。**背功而以誉。**背,背弃。功,军功。誉,声望。**故军士不战,而农民流徙。臣闻道民之门,**道,通导,引导。**在上所先。故民可令农战,可令游宦,可令学问,在上所与。**与,给予。**上以功劳与,则民战;上以《诗》《书》与,则民学问。民之于利也,若水于下也,**于,向。**四旁无择也。**四旁,四面。择,取。**民徒可以得利而为之者,上与之也。瞋目扼腕而**

---

〔1〕 参见《农战》篇:"是故豪杰皆可变业,务学诗书,随从外权,上可以得显,下可以得官爵;要靡事商贾,为技艺:皆以避农战。具备,国之危也。民以此为教者,其国必削。"《说民》篇:"辩慧,乱之赞也;礼乐,淫佚之徵也;慈仁,过之母也;任誉,奸之鼠也。乱有赞则行,淫佚有徵则用,过有母则生,奸有鼠则不止。八者有群,民胜其政;国无八者,政胜其民。民胜其政,国弱;政胜其民,兵强。故国有八者,上无以使守战,必削至亡;国无八者,上有以使守战,必兴至王。"《壹言》篇:"不用辩说私门而功立矣,故民之喜农而乐战也。"《靳令》篇:"六虱:曰礼乐,曰诗书,曰修善,曰孝悌,曰诚信,曰贞廉,曰仁义,曰非兵,曰羞战。国有十二者,上无使农战,必贫至削。"《外内》篇:"民之外事,莫难于战,故轻法不可以备之。奚谓轻法?其赏少而威薄,淫道不塞之谓也。"

〔2〕 参见《算地》篇"民入则朴,出则惑,故其农勉而战戢也"等说。

〔3〕 具体举措集中见于《境内》篇。

语勇者得，瞋(chēn)目，发怒瞪眼。扼(è)腕，一手抓住另一手的手腕，形容激动、愤怒。得，得利。**垂衣裳而谈说者得，迟日旷久积劳私门者得，尊向三者，**向，崇尚。**无功而皆可以得，民去农战而为之，或谈议而索之，**索，求。**或事便辟而请之，**便辟，逢迎谄媚。**或以勇争之。故农战之民日寡，**寡，少。**而游食者愈众，则国乱而地削，兵弱而主卑。此其所以然者，释法制而任名誉也。**

这一章由批判"今世君"，即当代君主不合于前论的行为模式引出，认为当时"军士不战，而农民流徙"的主要原因在于"释法而以知，背功而以誉"，即不以法律为本而凭借智识为治，不依据农战之功进行劝善。进而提出"道(导)民之门，在上所先"，意思是君在"缘法而治"的政治社会治理和运行中，可以也必须起到引导作用的表率；换言之，君的行为原则与臣、民理应相同。这个君为表率，上行可期下效的思路，表面上看与"君子之德风也，小人之德草"的传统理解并无二致，但是其间的差异同样值得注意。

按照儒家，以及所承继的西周治理理念，政治社会中居于上位者都有为在下者作出表率的责任。虽说行为原则上下也相一致，但是对行为的要求和责任则是越居于上位者越严格。而所依据的标准，也不是规范化法律、法度，而是德与礼。而德、礼在日常行为中不提供具体的规则，只有原则性规定。[1]

同理，"故民可令农战，可令游宦，可令学问，在上所与"，"上以

---

〔1〕"礼"如何实现治理，是一个非常复杂，且当下存在普遍误解的问题。详细论述，可参见拙作《论礼何以为治——兼议礼法合治》(待刊稿)。要言之，"礼"提供的是一种"典范"而非"规范"式治理。

功劳与，则民战；上以《诗》《书》与，则民学问”。意思是民可以被导向任何方向，关键在于君主提供怎样的定向和引导。由此可见，其中隐含的对民的判断是一群本不知己之所好的好利恶害之众。换言之，民是可供政治权力“任意”塑造的对象。君主只要掌握了民之“性”和引导、激励的方法，便可以按照自己的思路引导民众并以此形塑观念和社会局面。所以说“民之于利也，若水于下也，四旁无择也。民徒可以得利而为之者，上与之也”。其中的关键在于这种基于“利”的引导必须既提供正向导引，也阻滞、清除其他的干扰因素，也就是让民众清楚明确地感受到并面对“利出一空”〔1〕的局面。所以“瞋目扼腕而语勇者得，垂衣裳而谈说者得，迟日旷久积劳私门者得”三者，即功名可“谈议而索之，或事便辟而请之，或以勇争之”的情况，势必造成民无法被导向农战，因而必须禁绝。

还要注意，尽管本篇以“君臣”为题，且所论内容大多也直接针对君臣关系，但是很明显商鞅所关注者并不是君臣关系本身，或君如何治臣的问题；而始终在于治民。只是君如何治民的问题复杂化为了君如何规制、引导官吏进行治理以治民，并收获富国强兵的实效的问题。

故明主慎法制。言不中法者，中（zhòng），合。**不听也；**听，听从。**行不中法者，不高也；**高，推崇。**事不中法者，不为也。言中法则听之，行中法则高之，事中法则为之。故国治而地广，兵强而主尊。此治之至也，**至，极致。**君人者不可不察也。**

---

〔1〕 语出《靳令》篇，曰：“利出一空者，其国无敌；利出二空者，国半利；利出十空者，其国不守。”

本章可视为全篇总结,同时也回应前章“道(导)民之门,在上所先”。文中给出的总原则是“明主慎法制”,以守法为重。更具体一些可归纳为君身体力行,以法律为唯一标准(“中法”),并严格依法行事为臣、民作出表率。所谓“言不中法者不听”,意味着严格合于法律规定成为评价行为、人物的唯一标准,效果之一是能致谈说辩慧之人无所用;“行不中法者不高”,意思是不给予行事不合法度之人以正面评价和褒奖,这样一来出离于官方法定标准之外者不会被崇以高名,自然类似这种行为模式也不会受到认可和推崇;“事不中法者不为”可以避免私赏私誉滥行而致法令失效。与这三方面要求相匹配的是“言中法则听之,行中法则高之,事中法则为之”,文中认为三者乃是实现“国治而地广,兵强而主尊”的必要条件,而所有这些从根本上说又都系诸君王的自我约束。

禁使第二十四

【导读】

篇题取自首句,是对罚与赏的功能的概括。“禁使”,文面义是禁止和驱使。如何通过赏罚调动、驱使臣、民,是《商君书》中反复出现、反复强调的论题。不过本篇虽以“禁使”为题,首章亦以论赏罚开篇,但是全篇却是在以如何保障赏罚必能实现禁与使的功能,引出关于“势”与“数”的讨论。

文中对“势”“数”的阐发完全针对“君”展开,基本的主张是“不恃其强,而恃其势;不恃其信,而恃其数”。因为君主一人的能力毕竟有限,据之无法全面了解、掌控政治社会的运行。而之所以君主必须全面了解、掌控,最主要的原因在于政治运行中权力掌握者们,即官吏若非受到严格约制则必会谋私,是如篇中所言“夫置丞立监者,且以禁人之为利也;而丞监亦欲为利,则以何相禁?”

《商君书》最常出现的观点是“重法”“重刑”和“必罚”,这三者都构成约制臣、民的制度保障。本篇对君王倚“势”行“数”而治的申发,所针对者正是法律制度本身所不备之处,或者说是对规范化、抽象化的法律制度和标准化的法律运行局限性的展开。这与战国儒家“徒法不足以自行”(《孟子・离娄上》)和“有治人无治法”(《荀子・君道》)的认识一理相通。

此外,篇中明确反对了“虚君”主张,或是针对已存在于当时知识界的某些持有虚君论的政治主张而发。这些主张在战国黄老家论著中有着特别集中的表达。但文中并不反对限制君主任意擅权,而是强调君主需以积极作为的姿态介入政治治理,同时又自我约束,克制私欲。

本篇与《君臣》篇一样出现了看似“是古非今”的论述模式，再加上以喻论理，以及对“势”“数”的强调，有不少学者认为类似表达和观点更类似于战国晚期的法家，特别是韩非的作品，尤其是《韩非子·定法》篇。由此断言本篇并非商鞅作品。但是这些质疑并不足以“证明”本篇并非商鞅作品，同时也很难论定本篇就是商鞅亲笔。

【原文·评注】

人主之所以禁使者，禁，禁止。使，驱使。**赏罚也。赏随功，**随，匹配。**罚随罪，故论功察罪，**察，审查。**不可不审也。**审，慎重。**夫赏高罚下，**高，高尚。下，卑下。**而上无必知其道也，**道，模式、方法。**与无道同也。**

本章以“禁”和“使”概括“罚”与“赏”的功能，同时还涉及行赏罚的标准，即“赏随功，罚随罪”。不过这两者并非本篇的关注点，而君主如何能够“论功察罪”，也就是怎样做到通过赏赐推崇或者通过刑罚贬责，以及推崇、贬责什么，即掌握“赏高罚下”的“必知之道”才是所论的关键。根据后文可知，要者在于君主掌握的“势”与“数”。

还要注意本章中的“禁”和“使”两种效果，并不是分别对应“罚”与“赏”，而是赏罚二者俱有禁、使之效。关于刑罚作为一种激励驱使机制，前文已多有论说，此处从略。赏之为“禁”的功能，则要联系商鞅的“壹赏”之论来理解，即通过壹于农战的单一化赏赐标准来致其他诸如商贾、技艺、谈说、游宦之事失去吸引力。

凡知道者，势数也。势，权威、权势。数，度数。**故先王不恃其强，**恃，依仗、依靠。**而恃其势；不恃其信，**信，信用。**而恃其数。今夫飞蓬，**飞蓬，飞起的细草。**遇飘风而行千里，**飘风，旋风。**乘风之势也。探渊者知千仞之深，**渊，深水潭。仞(rèn)，长度单位，古以七尺或八尺为一仞。**县绳之数也。**县(xuán)，通悬。**故托其势者，**托，依托。**虽远必至；守其数者，虽深必得。今夫幽夜，山陵之大，而离娄不见；清朝日䵐，**䵐(tuān)，通煓(tuān)，火红明亮。**则上别飞鸟，**别，分辨。**下察秋毫。故目之见也，托日之势也。得势之至，不参官而洁，**参，相互。参官，指官员相互监督。洁，廉洁。**陈数而物当。**陈，施展。物当，办事妥当。**今恃多官众吏，官立丞监。**丞，副官。监，监察官。**夫置丞立监者，且以禁人之为利也；而丞监亦欲为利，则以何相禁？故恃丞监而治者，仅存之治也。**仅存，勉强存续。**通数者不然也，**通，精通。**别其势，**别，区分。**难其道。**道，门路、途径。**故曰："其势难匿者，**匿，藏匿。**虽跖不为非焉。"**跖(zhí)，盗跖。**故先王贵势。**

开篇顺着上章所论，提出"不恃其强，而恃其势；不恃其信，而恃其数"。此处将"强"和"信"的重要性置于"势"和"数"之下，当然并不意味着二者不甚重要。如果结合其他篇章对于"强"和"信"的态度，上述轻重之分应该理解为论说策略的需要。同时，格外强调"势""术"是特别针对君主而言，而"强"更针对国而言，"信"的原则适用于国、君、臣。

或是因为“势”和“数”二者并不容易把握,文中采取了以喻说理的方式。飞蓬“乘风之势”行千里,即用“势”。“县绳”而使人能探知“千仞之深”,就是守“数”功效的体现。所谓“势”,概括地说乃是可资利用的条件。关于“数”,很多论家将之解作权谋之术,并不准确。实则商鞅所论之“数”都是指度数,也包括它的载体,即可借助的方法、工具,即治术与治器。其中还包含有外部化的标准之义,例如《错法》篇“法无度数,而事日烦,则法立而治乱矣”;“度数已立,而法可修”。《靳令》篇“效功而取官爵,虽有辩言,不得以相干也,此谓以数治”。《赏刑》篇“忠臣孝子有过,必以其数断”。同时又和《算地》篇“数者臣主之术”的主张不同,本篇的“数”专属于君。结合上论,可以推断本章君主掌“数”,最主要的义涵是君主独掌有关治理的度数标准。

之所以君主必须要用“势”与“数”,原因有二:一是制度性规制本有局限;二是人有谋私的本性。是故仅凭借立法建制型构制度性的监察机制,难以避免“夫置丞立监者,且以禁人之为利也;而丞监亦欲为利”,所以说“故恃丞监而治者,仅存之治也”。

这里包含了一个很重要的见解,即要保障政治权力运行和官吏不以权谋私,不能仅仅依赖官僚体系内部的自我监督和矫正,更需要一个独立且上位于整个官僚体系的外部权威予以监察和规制,而这正是政治治理过程中君主的主要职责之一。在此意义上,君主更像是一个在政治系统中具有明确位置、职分、责任和治术的“机构”,尽管它通常只由具体的单个个人充任。作为机构的君主是国家的人格化代表,相对独立于官僚系统,与充当君主的个人也有分别。《错法》篇中谈到君主其人的利益诉求与作为机构的君主,及其所代表的国家的利益之间也判然有别。[1] 概而论之,商鞅意在借助作为凌驾性机构的君主规制、制约官僚系统,防限官吏背法谋私;凭借法律制度制约作为个人的君王的行为,以免其与国家相悖;与此同时,还要依赖作为个体的君王在作为机构的君主位置上运用依托“势”“数”,与行“权”,以因时度势地调整国家政策和法律。在这个体制下,具体的治民、治事的事务只需要官僚系统中的官吏严格地按法而治即可。

不过在商鞅的理论中,如何使得具有个性的充任君王之人的作为和意志始终与国家的需求、利益保持统一,通过常态化规制避免君主以私害公,其实并没有形成很好的解决方案。除了作为机构的君主拥有近乎凌驾性的地位,事实上很难受到来自外部的强有力监督和制约之外,还有另一方面原因更加隐晦,但也很有必要加以关注。

之前在论述法律制度运行并产生实效的时候,商鞅明确谈到法律设立必须以最一般的普通人为对象,这样才能保障法律具有最广泛的被遵行的可能。而这个最一般的人的基本特性,概括起来不外是具有私性和功利理性。换句话说,以法律为依托的政治权力运行和社会治理,包括执法者和守法者,都不附带除了上述两方面之外的其他德性、才能、智慧方面的要求。再说得简单一些,整个政治社会的有效、有序运作以致实现富国强兵,靠的只是好的法律制度和严格依法行事的一般人。然而他对君主的要求却显然不止于具有私性和功利理性的一般人。因为他在对作为机构的君主的职能设定中,包括了诸如对时、世、势以及如何制定、调整与之相应的法律制度和政策的判断、决断,对政治权力运行中的复杂问

---

〔1〕 并可参见《慎法》篇评注。

题行“权”等事项，都对充任君主之人的才、智提出了远远超越一般人的要求。如此一来，怎样在君主世袭罔替的现实情景下保证君主有此才智；如何能够寄希望于君主制定出来针对一般人作出要求的法律，且又能够确保君主完全遵守职责；如何在没有更高权威约束的情况中保证君主依法行事并克制乃至杜绝私欲？对于这些问题，《商君书》大多都或详或略、或深或浅地涉及了，但总体来说没有给出足够圆融和体系化的理论解决方案。其中存在的问题，尤其是君主、法律制度、按法而治之间的复杂且并不清晰的关系，不能因为商鞅变法在实践中获得了成功而被认为不甚重要。恰恰相反，后世理论家和政治实践者们直接或间接地针对上述问题进行了相当多样化的理论思考和实践尝试。

战国儒家“徒法不足以自行”（《孟子·离娄上》）和“有治人无治法”（《荀子·君道》），同样是在针对法律制度本身的局限性立说，是亦可见这在战国时代思想界已经有了共识。因而人在治理中的作用必须得到重视。可是商鞅与孟子、荀子最大的不同在于，孟子、荀子都致力于借助“君子”的道德水准和自律守礼发挥典范作用；而商鞅既不信任人性，也不认为道德典范提供的正向引导足以约制人的私性和私欲。在商鞅的所有论述中，基本上都坚持了以明确且标准化的法律制度作为人的行为的前提，同时排除治理对于个体化的个性、才能、德性等的依赖。

或曰：“人主执虚、后以应，虚，虚无。后，退后。应，应对。**则物应稽验，**物，事。应，当。稽，考。验，验证。**稽验则奸得。”臣以为不然。夫吏专制决事于千里之外，**决，处断。**十二月而计书以定，**计书，计簿，即工作报告。**事以一岁别计，而**

主以一听，一，或为一日。听，平治。**见所疑焉，**疑，可疑。**不可蔽，**蔽，决断。**员不足。**员，证据。**夫物至，则目不得不见；言薄，**薄，通迫，至。**则耳不得不闻。故物至则辨，**辨，可分辨。**言至则论。**论，论断、论处。**故治国之制，**制，制度。**民不得避罪，如目不能以所见遁心。**遁，逃避。心，心灵、本心。**今乱国不然，恃多官众吏。吏虽众，事同体一也。**体，行。**夫事同体一者，相监不可。**监，监察。**且夫利异而害不同者，先王所以为保也。**保，相保。**故至治，**至，极致。**夫妻、交友不能相为弃恶盖非，**交友，朋友。弃，通弆（jǔ），藏。盖，遮蔽。**而不害于亲，**害，妨害。**民人不能相为隐。**相为隐，互相为对方隐瞒。**上与吏也，事合而利异者也。**事，事务。合，同。〔**今夫驺虞，**驺（zōu），古代养马的官。虞，古代养鸟兽的官。**以相监不可，事合而利同者也。**〕此句据秦本补。**若使马焉能言，则驺虞无所逃其恶矣，利异也。利合而恶同者，**利合，交相为利。恶，罪恶。**父不能以问子，**问，问责，追究。**君不能以问臣。吏之与吏，利合而恶同也。夫事合而利异者，先王之所以为端也。**端，正。**民之蔽主，**蔽，蒙蔽。**而不害于盖，**盖，遮盖。**贤者不能益，**益，增加。**不肖者不能损。故遗贤去智，治之数也。**

“人主执虚、后以应，则物应稽验，稽验则奸得”，这是引述当时的一种常见之论，大意是说君主只要心无成见，虚己以应对，那么各种事务自能得到考察和检验，如此一来，奸邪之人与奸邪之事便自然会显现出来。这种虚君的思路在当时的儒家和黄老道家那里

非常常见,两者内理上虽存在差异,但主张又有所相似。这里不妨参比《韩非子·主道》篇之论:

> 道者,万物之始,是非之纪也。是以明君守始以知万物之源,治纪以知善败之端。故虚静以待,令名自命也,令事自定也。虚则知实之情,静则知动者正。有言者自为名,有事者自为形,形名参同,君乃无事焉,归之其情。故曰:君无见其所欲,君见其所欲,臣自将雕琢;君无见其意,君见其意,臣将自表异。
>
> ……
>
> 人主之道,静退以为宝。不自操事而知拙与巧,不自计虑而知福与咎。是以不言而善应,不约而善增。

不过本章明确反对了虚君说,相反认为君主应当积极、主动地参与政治治理,体现出商鞅与当时道家、黄老家政治主张的差异。商鞅理由之一是官僚系统日常保持相对独立的运作,而君主仅凭自己非常有限的精力,要在非常短的时间内作出判断,显然很难尽数分辨、掌握。而且在此过程中,君主只能被动地应对官吏呈送来的书帐簿册,信息亦受遮蔽,此即"夫吏专制决事于千里之外,十二月而计书以定,事以一岁别计,而主以一听,见所疑焉,不可蔽,员不足。夫物至,则目不得不见;言薄,则耳不得不闻。故物至则辨,言至则论"。大意是官吏在千里之外掌握权柄,处断事务,执政情况如果只能以每年提供工作报告("计书")的方式供君主审查,那么君主实际上是在被动地接受有限的信息,对官吏实际上的执政情况不可能有准确的把握,而且很容易受到干扰。这表明:一方面对于吏的治理行为,始终要以标准化且书面化的量化评价为依据;另一方面商鞅对这些制度化、程式化的考课评定本身的局限性已经有了明确认识。这种局限实际上也正是依托标准化、规范化的法律制度的固有的缺陷。这自始就需要有超越固化规则之上的行“权”来为之弥合,而这也恰是在以按法而治为主的政治治理中君主必须存在的原因。

进而引出社会治理的核心问题在于君主和官吏需要共同保障民众无法逃避法律责任,即“不得避罪”,而且这必须是基于制度设计才得以实现,故曰“治国之制”。可是当时普遍存在的问题是虽存在“多官众吏”,也就是同类职务设置了多个职位,以此相互督责、牵制以免官吏专权、擅权,[1]但是“吏虽众,事同体一”,也就是官吏形成了相对君、国而言独立的利益共同体,如后世之官官相护的局面。因此无法谋求官吏之间相互监督以免以权谋私。反过来说,只有相互之间利益不同者,才有互相保、监的可能,故曰“利异而害不同者,先王所以为保”。

关于互相监督,文中提出了一个极致化的说法:“夫妻交友不能相为弃恶盖非,而不害于亲,民人不能相为隐。”意思是对于家庭内部和私人关系,必须加以严格的相互监督与举发。相对于以往,这无疑是一种对社会关系构成根本性改造的举措。这样一来国家法超越了以往的家庭伦理,成为人际关系的根本性和第一性原则,国家权力也随之直接渗透到了最基层。

与此同时,社会的基本单元不再是家庭,转而变成了个人。原本同时作为伦理实体和生活共同体的家庭,此时已经成为国家治理单元,甚至是纯粹的利益共同体。秦律中引入“户”这个新概念,并以之为基础规制家庭关系,就是这个改造的最直接体现。

---

〔1〕 文中谈到的“多官众吏”式的官僚设置和权力分配、运行机制,典型表现见诸《周礼》中的“官联”模式。在秦汉以后的整个传统中国的官僚制中非常常见,可以参见萧公权:《中国乡村:19世纪的帝国控制》,张皓、张升译,九州出版社2018年版,第29-47页。

只有当每个个体成为独立的利益单元,才可能实现每件事情都“事合而利异”,即处置同一事务时各自的利益诉求不同。这构成了社会成员相互监督、纠察和举发的基础,因为“利合而恶同者,父不能以问子,君不能以问臣”,意思是在利益相通、罪恶相同的情况下,父亲不能纠问其子,君主无法责问其臣。当时普遍存在的情况正是“吏之与吏,利合而恶同也”,于是官吏自相庇护、上欺君王、下侵百姓的现象便在所难免。这便是“事合而利同”必然产生的后果,也是在制度设置时就必须矫正乃至杜绝的状态。为了便于理解,商鞅在论说时还做了一个很形象的假设,即“今夫驺虞,以相监不可,事合而利同者也。若使马焉能言,则驺虞无所逃其恶矣,利异也”,意思是当时养马官难以受到督责,归根结底在于掌权者利益相通。而假如与官吏利益存在本质差异的马会说话,能够提供官吏利益共同体之外的信息,那么对官吏的监督方能有效。

由此可见,看似商鞅所论在于谋求官僚系统的相互监督纠举,但事实上行之有效需要以对社会进行整体性改造作为基础。有了相互监察纠举,君主才不会被蒙蔽,即“不害于盖”。而君主不被蒙蔽尚且不是目的,这只是法律能够顺利推行且被严格遵守得以实现的条件。如此一来“贤者不能益,不肖者不能损”。更进一步说,在严格依法行事的要求下,所谓的贤、智反倒会对守法造成损害,所以文章最后说到“遗贤去智,治之数也”。当然这只是“数”的实质性内容之一,而非全部。而“遗贤去智”的主张也印证了前章评注中说到的,商鞅以法律制度和按法而治为主的政治治理,乃是建立在“一般人”的基础上。

慎法第二十五

【导读】

“慎法”,义为审慎于行法、守法,此即前文评述中反复说到的严格依法行事。有鉴于文中出现“臣故曰”的表述,加上篇中内容前后相续、思路严整,很有可能这是一篇奏疏,或者是以商鞅的奏疏为底本加工而成。

论说的起点是对当时治理中普遍存在的“以其所以乱者治”进行批判,全篇的主要内容即是围绕反对贤能政治、力行法治以实现富强展开。要注意,反对依赖贤能为治,并不是反对在治理中举用贤能,而是反对以贤能为标准设定法律制度并进行治理。与这个主张相应,有鉴于无法为贤能设置量化标准,且易被朋党者用以谋私,是故只有法律才能成为治理中唯一的标准;而法律作为形式,承载的内容必须也只能以耕战为中心。

文中谈到以贤能为标准会产生很多问题,主要表现为标准不确定,易成朋党,巧诈言说势必在其间发挥作用,借之谋私利、逞私欲者横行,进而致使耕战、富强的目标无法实现。

有学者据文中用辞,特别是未用“抟力”“杀力”“壹”等语词,判定本篇非为商鞅作品,甚至有人将成篇时间定在秦始皇统一天下前夕,但是理据并不充分,很难采信。

【原文·评注】

凡世莫不以其所以乱者治。世,当时、当世。治,治理。**故小治而小乱,大治而大乱。人主莫能世治其民,世无**

不乱之国。奚谓"以其所以乱者治"？夫举贤能，世之所以治也；世，当世。治，进行治理。**而治之所以乱。世之所谓贤者，言正也；**言正，言论雅正。**所以为言正者，党也。**党，朋党。**听其言也，则以为能；**能，有才能。**问其党，以为然。故贵之，不待其有功；**待，依凭。**诛之，不待其有罪也。此其势，**势，情势。**正使污吏有资而成其奸险，**污吏，贪污的官吏。资，本钱、依仗。**小人有资而施其巧诈。初假吏民奸诈之本，**初，开始。假，借、给。本，基础。**而求端悫其末，**端，正直。悫(què)，诚实。末，结果。**禹不能以使十人之众，**使，支使。**庸主安能以御一国之民？**庸，平庸。御，统御。

本章的重心在于驳斥贤能政治。文中将贤能政治定性为"以乱者治"，且以之为当世治理的常态。由此可推知立说的背景非在变法推行之后，而应在定计变法之前。批判现实明显是在为革成制、立新法张本。

反对依赖贤能为治，并不是反对在治理中举用贤能，而是反对以贤能为标准设定法律制度并进行治理。按照商鞅的思路，贤人之所以被认定为"贤"，在于他们"言正"，即所言所论得当；而之所以"言正"，并非果真是所言得当，而是源于朋党之间相互吹捧。是故"听其言也，则以为能；问其党，以为然"。按照上述用人思路，赏罚机制就不免"贵之，不待其有功；诛之，不待其有罪也"。这给了"污吏""小人"行奸诈之事以谋私利的条件。而臣民如果借助制度和治理机制以谋私作奸，势必造成君主无法实控社会治理，也就无从"御民"。据此也可见商鞅反对者非是贤能，而是假借贤能之名者。也可以说，商鞅观察到当时大多数贤能者有名无实，此处需要解决的问题,在于找到造成这种名实不副的原因和背后的生成机制,并予以制度性的解决。也可以认为,商鞅并不是认为贤能对于政治治理有害无益进而予以排斥,而是因为基于贤能无法建立起客观且标准化的评价机制,并依托严格的按法而治予以落实。结合《商君书》中对尧、舜、禹等上古圣王的态度,商鞅也认同、赞赏圣人之治;不过同时也强调这是具有偶然性、可遇不可求的状态。换句话说,常态化政治治理不能寄希望于总有不世出的圣人,相反只能以针对一般人的心智水准设置的法律制度为依托。

以治治而不以乱治的主张,在荀子那里也有表达,不过可以说完全相反,引征如下以供参考:

君子治治,非治乱也。曷谓邪?曰:礼义之谓治,非礼义之谓乱也。故君子者,治礼义者也,非治非礼义者也。然则国乱将弗治与?曰:国乱而治之者,非案乱而治之之谓也。去乱而被之以治。人污而修之者,非案污而修之之谓也,去污而易之以修。故去乱而非治乱也,去污而非修污也。治之为名,犹曰君子为治而不为乱,为修而不为污也。(《荀子·不苟》)

章末说到"禹不能以使十人之众,庸主安能以御一国之民",言下之意,禹是善于治理的君王的典范。《商君书》中谈到最多的上古圣王是"尧舜"连称,此外还有"黄帝尧舜"(《更法》)、"尧舜禹汤"(《定分》)各一处,以及单独称"尧"(《修权》《慎法》)者。其中单独称尧,特重尧的睿智,称尧舜者推崇德行、为公以及睿智。称及黄帝者多重政权的统御力。这些与本篇中单独称禹时强调他的治理能力判别分明。由此可见,商鞅对先代圣王的特点有明确的认识,非是随意托先王以言事而已。

彼而党与人者，而，通耐，能。**不待我而有成事者也。**待，依赖。我，此指君主。**上举一与民，**与，党与。与民，结党之民。**民倍主位而向私交。**倍，通悖或背。**民倍主位而向私交，则君弱而臣强。君人者不察也，非侵于诸侯，**侵于，被侵略。**必劫于百姓。**劫于，被挟持。**彼言说之势，**势，通艺，才技。**愚智同学之。士学于言说之人，则民释实事而诵虚词。**释，舍弃。实事，实务(如农战)。诵，念诵。**民释实事而诵虚词，则力少而非多。**非，非议。**君人者不察也，**察，明察。**以战必损其将，以守必卖其城。**卖，出卖。

本章重在析说朋党、言说造成的危害。文中提到两类问题：

一是“民倍主位而向私交”。臣、民“倍主而向私交”是私相朋党获得制度性认可的必然后果，亦是造成“君弱而臣强”局面的直接原因。而此所谓“君弱而臣强”，主要是君被架空，对臣、民以及社会实态无法准确把握。商鞅的这个判断在秦汉以后的政治实践中屡有印证。君事实上被架空，将会造成的最严重后果乃是“非侵于诸侯，必劫于百姓”。之前发生的田氏阴行私德获得美誉，收俘民心，笼络群臣最终代齐的故事，[1]足可以成为商鞅上述判断的支撑。且作为当时著名的历史事件，想必也对商鞅形成这种主张产生了不小的影响。

二是“士学于言说之人”。这造成的直接后果是“民释实事而诵虚词”，也就是民不再以农战为务而转向游学、辩说、游宦。如此一来建立在农战基础上的“国力”势必受损，同时由于虚词谈说之

---

〔1〕“田氏代齐”事件，参见《史记·田敬仲完世家》。

人众多,对政治、政策的评说、非议也势必增多。这些其实都是战国时的实态,文中指出这势必造成人心不“壹”,极端化的后果便是“以战必损其将,以守必卖其城”。

文中谈到的臣、民背离君主,其实指的不是君主其人,而是国家的利益,即富国强兵。论说中有意无意地将君主之所欲与国家之所求做了同一化处理。可是现实中君主与国家往往并不同一,君主的私利、私欲同样也会对国力增长构成影响甚至损害。当然商鞅把它当作了另一个问题,在《错法》篇以“人君有爵行而兵弱者,有禄行而国贫者,有法立而治乱者”为引子做了专门讨论。

此外,商鞅明确意识到民众(也包括官吏)相互之间形成小利益圈子或集团,是造成国力削弱乃至政权倾覆的严重问题;而缺乏标准的尚贤与能成为用人机制会被利用并助长前述问题,同时也会带来社会风气浮躁且损害农业等不利影响。而在商鞅看来最有效的解决方案莫过于严格依照标准化的法律制度选人、用人。后世实践表明,这种略显极端化的方案确实能够在一定程度上收到实效,但并不是杜绝问题的一劳永逸的方案。

秦汉之后的政治实践,包括选材和考课等方面,基本上以商鞅思路,即标准化模式为主;同时融会特别拔擢机制。不过两者的平衡点始终存在摇摆。还要看到,当代社会治理中同样面对“尚贤”与“标准化”两种模式竞合的矛盾。若只“尚贤”必定会引起文中谈到的“私交”。可是完全依赖标准化、指标化又难以避免评价机械化,进而致使具有卓绝德行、才智者被平庸化,甚至被埋没。准此,回过头来审视商鞅的观点,可以明确的是他谈到的问题确实存在,但是给出的解决方案过分单一了,即便用于实践可以遏制“私交”等问题,但不免会产生新的问题。更进一步想,商鞅给出极端化且不够成熟的方案,也就意味着他对问题成因和标准化治理(按法而治)两者的理解同样也存在某些局限。相关论说散见于其他篇章的评注中,可以参考。

故有明主忠臣产于今世而能领其国者,产,生。领,率领。**不可以须臾忘于法。**须臾,片刻。**破胜党任,**破,破除。胜,克服。党,朋党。任,通佞。**节去言谈,**节,省。**任法而治矣。使吏非法无以守,则虽巧不得为奸;使民非战无以效其能,**效,发挥。能,能力。**则虽险不得为诈。**险,奸险。**夫以法相治,以数相举,**数,度数。**誉者不能相益,**誉,赞誉。益,增益。**訾言者不能相损。**訾(zī),诋毁。损,贬损。**民见相誉无益,相管附恶;**见,被。管,监管。相管附恶,指相互监管附和恶人的行为。**见訾言无损,习相憎不相害也。**习,平素。害,伤害。**夫爱人者不阿,**阿(ē),阿谀。**憎人者不害,爱恶各以其正,**正,指法令所规定的正确度数标准。**治之至也。臣故曰:"法任而国治矣。"**

由上列两章中谈到的反例可以推导出,君能够有真正的"忠臣",并对政治权力运行和社会治理保持掌控,关键在于"不可以须臾忘于法",并且"破胜党任,节去言谈,任法而治矣"。

本章中特别谈到了"使吏非法无以守",与之相对的是"使民非战无以效其能",两者针对的都是基层社会治理。由此可致吏"虽巧不得为奸"和民"非战无以效其能"。其中吏是基层治理者,也是整个政治权力进行社会治理和控制的终端。相对于官而言,吏与民的关系更直接,也更密切,在更多时候事实上扮演着政治权力执行者的角色。而且吏在整个中国历史上都是最容易发生腐化、奸邪、弄法的群体，也是最难治理者。商鞅在此处对吏行使权力的严格化约束既具有预见性，也确实在后世治理中被实践并收获了有效性，同时对于当下政治治理颇有启发。

“夫以法相治，以数相举，誉者不能相益，訾言者不能相损”，这是本章的核心论旨。据此，“法”和“数”是克制贤能政治背后朋党之弊的关键。这可以联系《禁使》篇关于法、数和纠察的论说来理解。文中的“数”，很多论家释为“术”，以之为治理之术，或者法术。这并不合于商鞅本义。据《错法》篇“法无度数而事日烦”，“度数已立，而法可修”，再结合前文评注，《商君书》中的“数”都指度数，即法律中明确规定的标准。“法”和“数”之间大体可以看作是形式与内容的关系。

当然，法、数之治同时要求不能以私爱、私意运用权力，做到“夫爱人者不阿，憎人者不害，各以其正，治之至也”。所谓“各以其正”，就是人人依照法律标准行事，言下之意合法者方为“正”，法律乃是价值标准的唯一提供者。

千乘能以守者，以，此指依据法令。**自存也；万乘能以战者，自完也；**完，坚固、强化。**虽桀为主，不肯诎半辞以下其敌。**诎(qū)，屈。下，投降。**外不能战，内不能守，虽尧为主，不能以不臣谐所谓不若之国。**臣，臣服。谐，和。不若，不如。**自此观之，国之所以重，主之所以尊者，力也。耕战二者，力本。而世主莫能致力者，**致，促成。**何也？使民之所苦者无耕，危者无战。二者，孝子难以为其亲，**为(wèi)，为……而为。**忠臣难以为其君。今欲驱其众民，**驱，驱使。**与之孝子忠臣之所难，臣以为非劫以刑，**劫，胁迫。**而驱以赏莫可。**

本章接续上章末“法任而国治”展开，欲加申说者，在于“国之所以重，主之所以尊者，力也。耕战二者，力本”。进而引出对于不能使民“致力”原因的讨论，要在农耕辛苦，需得开垦土地；战争危险，有可能危及性命，因此没有强力驱使不足以使人甘心情愿地从事，故“今欲驱其众民，与之孝子忠臣之所难，臣以为非劫以刑，而驱以赏莫可”。

文中谈道“千乘能以守者，自存也；万乘能以战者，自完也；虽桀为主，不肯诎半辞以下其敌。外不能战，内不能守，虽尧为主，不能以不臣谐所谓不若之国”，大意是小国能自保，大国能攻敌，关键在于自身政治治理完善，这样即便是桀为君主亦不会轻易降敌。若是对外不能应战，对内不能自守，哪怕是尧为君主，也无法让实力远远弱于自己的小国心悦诚服。

这段论说旨在表达治理以致富强并不依赖君主个人的能力，而只能仰仗法的制度性运作。当然这也是《商君书》各篇中一以贯之的主张。同时其中隐含了一个非常重要的观点，即君主在政治体制中并非擅权、专权者，而必须扮演依法设定的职务性角色。与此同时，君主的个性化需求被判定为君主之“私”，须得在公权力运行中被去除。

接着商鞅将“自存”“自完”的关键归结到“力”，即以农战为本的国家实力。所以文中说“自此观之，国之所以重，主之所以尊者，力也。耕战二者，力本”。这个判断与当时主流知识界，也包括儒家学者非常不同。通常人们会将“不能以不臣谐所谓不若之国”的原因归诸征伐者失德而非实力不足,也就是说武力能致人屈服,却无法获致心服乃是近乎常识的判断。但是商鞅明显反其道而行之,坚持认为根本问题在于力不足。所以在他看来,当时普遍存在的问题是"世主莫能致力",也就是君王不能专心于积累、拓展国家实力。再进一步,造成"莫能致力"的原因在于缺乏调动民众的治理机制。因为"使民之所苦者无耕,危者无战,二者,孝子难以为其亲,忠臣难以为其君"。类似观点在其他篇反复谈到,大意是耕、战乃是社会生活中最艰难、最危险之事,所以即便是孝子对双亲,忠臣对君主都很难做到。而"今欲驱其众民,与之孝子忠臣之所难,臣以为非劫以刑,而驱以赏莫可",表明调动、驱使民众耕战,必须也只能依赖刑、赏。换个角度看,商鞅自始就不认为国家(君主)有可能让民众与国家(政权)"同心同德"并完全出于自愿地主动为国效命。换言之,要通过制度设置和治理机制实现的局面是:民众为了自己的利益奋不顾身地作为,同时恰好也最大限度地满足了国家的利益诉求。这也与商鞅对人性的判断,以及他特殊的"民本"理解相一致,具体论说可参见《算地》篇、《外内》篇及评注。

而今夫世俗治者,莫不释法度而任辩慧,释,放下。任,任用。**后功力而进仁义,民故不务耕战。彼民不归其力于农,即食屈于内;**屈,竭。**不归其节于战,**节,气节。**则兵弱于外。入而食屈于内,出而兵弱于外,虽有地万里,带甲百万,**甲,指披戴甲胄之兵。**与独立平原一也。**独立,孤身站立。

"今夫世俗治者,莫不释法度而任辩慧,后功力而进仁义,民故不务耕战”，意思是当时一般的治理者，大多数不依赖法度而仰仗能辩说、有才智者治理，不崇尚军功、实力而推崇仁义道德，所以民众不专力于耕战。按照这个思路，国家不富强的原因在于民不能专力于攻战，而这种局面又与当时普遍存在的任用贤才辩士和以仁义而非功业为标准有直接关系。农战与国家富强的关系在他篇中反复谈到，本章思路与之大体相同。而全书各篇所论的重点始终在于如何凝聚民力以务农战，也就是调动、激励机制。

文中还谈到了缺乏实力的后果，认为“入而食屈于内，出而兵弱于外，虽有地万里，带甲百万，与独立平原一也”，大意是一旦民众不专力于农则粮食势必匮乏；不能勇于作战势必兵士战斗力孱弱，如此一来即便坐拥广袤的疆土和大量兵士，也和孤身一人站立于原野一样易于遭受攻击而致覆灭。

且先王能令其民蹈白刃，蹈，踩踏。**被矢石，**被(pī)，通披，受。**其民之欲为之，非好学之，所以避害。故吾教令民之欲利者，非耕不得；避害者，非战不免。境内之民，莫不先务耕战而得其所乐。故地少粟多，民少兵强。能行二者于境内，则霸王之道毕矣。**

“蹈白刃，被矢石”是战国时常见的说法，还见于《管子·法法》“蹈白刃，被矢石，入水火，以听上令”。本章用之以表明先王对民激励、调动的效果，而这个效果源自“其民之欲为之，非好学之，所以避害”，意思是基于民的趋利避害之性，而非后天习得。这意味着政治治理不用依托对民进行文化、知识、德行的培养，而只需要基于好利恶害之性提供利害引导，即通过法律制度设计做到“欲利者,非耕不得;避害者,非战不免”即可。“故吾教令民之欲利者,非耕不得;避害者,非战不免”,这个主张与《境内》篇中提供的非常细化的落实方案相呼应,详情可参见该篇评注。由此达到的效果是“地少粟多,民少兵强”。

章末说“能行二者于境内,则霸王之道毕矣”,其中“二者”指的是唯耕可得利,唯战可避害。或者更准确地说,应该解作唯耕战可得利避害。这是成霸、成王的基础。

要注意,尽管按照《史记》本传所记,商君见秦孝公,因陈帝王之道不见用,不得已而言霸术,可是《商君书》中并不常言“霸”。除了本篇之外,仅见于《更法》《错法》《修权》三篇,且都是三王、五霸连称。而且根据《更法》篇“三代不同礼而王,五霸不同法而霸”之论,王、霸之事时变事异造成的治术方案之别,[1]既无优劣之分,也无道德高下之别。而二者之所同对于理解商鞅的王霸观念更加重要。一是王、霸俱针对“天下”而非“一国”而言。二是无论王、霸,均以“公”,或曰天下之公利为追求。准此,本章中说“霸王之道”,指的实际上就是对商鞅而言当时当世的治天下之术。

[1] 例如《修权》篇说“三王以义亲,五霸以法正诸侯”。

定分第二十六

【导读】

本篇就体例而论，是秦孝公与商鞅的对话，与《商君书》首篇《更法》似能构成首尾呼应。相较而言，《更法》讨论的重心是如何立法、是否应当应时变法，本篇内容则重在阐明法令定立之后如何使之发挥作用，主要涉及法令的公布、实施、遵行。从关涉的理论环节上看，两者可谓前后相继。

与《更法》篇一样，本篇不可能出自商鞅亲笔，因为篇中出现了“公问于公孙鞅”这样的表述，很可能是后人依据某些实录性材料汇集、整理而成，其中无疑包括了整理者的重述与加工。类似的情况还见于《管子》《晏子春秋》对管仲、晏婴与齐桓公、齐景公问答的记录中，可算作战国时代著述的习惯。不过问题在于现在的文本究竟多大程度上合于实录原貌，加工者做出了哪些实质性改动。尤其是文中出现了“丞相”，这个职务在商鞅殁后 33 年的秦武王二年方才初置，所以很多论家极为怀疑本篇与商鞅言论原貌可能存在重大差异。不过就文中谈到的制度设置和基本主张来看，大体也合于其他篇章和史籍中的记录。是故我们可以将本篇看作认识商鞅思想的辅助性材料，同时它也反映出战国后学对商鞅思想的认识。

就内容而论，篇中借商鞅之口，回应了法令定立之后“欲使天下之吏民，皆明知而用之如一而无私”之问。概括起来包括四个方面：一是关于法律发布、解释、保存方面的制度性规定；二是设置“法官”“法吏”；三是对法令定“名分”功能的理论解释；四是以吏为师的制度设置和理论解说。文中涉及了一系列关于法律设置、解释、运行的具体方案，以及相应的理据和预期效果。这些有助于理解商鞅对于成文化、制度化法律的态度。同时，商鞅在本篇中关注到的问题也见诸当下，这就使相应的理论思考和解决方案对于今人而言仍然具有相当直接的借鉴和参考价值。

【原文·评注】

公问于公孙鞅曰：公，秦孝公。**“法令以当时立之者，明旦欲使天下之吏民，皆明知而用之如一而无私，**一，划一。**奈何？”**

本章是秦孝公之问，包含了两重信息：一是“法令以当时立之”，明显是已经接受了商鞅因时变法以图治的主张，认为法律内容最重要的是合于时宜，因时而立。二是追问如何能使“天下之吏民，皆明知而用之如一而无私”，《史记·商君列传》中有一个后世耳熟能详的事例，可以看作商鞅对此问的实践性回应：

> 令既具，未布，恐民之不信，已乃立三丈之木于国都市南门，募民有能徙置北门者予十金。民怪之，莫敢徙。复曰“能徙者予五十金”。有一人徙之，辄予五十金，以明不欺。卒下令。

这个例子直接针对的是民众对政权的不信任，间接地则让民众形成新法“必”行的认识和心理预期。

不过秦孝公所问细究起来更加复杂，至少涉及三个方面：一是如何使得天下吏民都能“明知”法度；二是如何让吏民“用之如一”，也就是将法律当作唯一的标准并严格遵行；三是怎样能致吏民在行法、守法时做到“无私”。当然这个“无私”的要求主要是针对官吏而言。

公孙鞅曰：为法令置官置吏，为（wèi），为了。置，设置。**朴足以知法令之谓，**朴，指资质。**以为天下正者，**正，官长。**则奏天子；天子则各主法令之民，**主，司、管，此谓使之主管。**皆降，**（各主官）皆走下台阶。**受命发官。**发官，出发到官府。**各主法令之民，**民，此指吏。**敢忘行主法令之所谓之名，**名，指法律条文。**各以其所忘之法令名，罪之。**罪，论罪。**主法令之吏有迁徙物故，**物故，变故事由。**辄使学者读法令所谓，为之程式，**程式，标准、规则。**使数日而知法令之所谓；不中程，**中程，合法。**为法令以罪之。有敢剟定法令，**剟（duō），删削。**损益一字以上，罪死不赦。诸官吏及民有问法令之所谓于主法令之吏，**所谓，指内容。主，主管。**皆各以其故所欲问之法令明告之。**明，明白。**各为尺六寸之符，**符，信符。**书明年月日时所问法令之名，**书明，写清。**以告吏民。主法令之吏，不告吏民之所问法令之所谓，皆以吏民之所问法令之罪，各罪主法令之吏。即以左券予吏民之问法令者，**券，即上文之符，分左右两部分。**主法令之吏，谨藏其右券木柙，**柙（xiá），通匣。**以室藏之，封以法令之长印。**长（zhǎng），长官。**即后有物故，**物故，变故事由。**以券书从事。**

这一章针对的主要是首章秦孝公如何致天下“明法”之问。商鞅的思路与他篇中所见一贯，仍旧倚重制度性方案提供解决对策。

第一个针对性举措是设置专门官吏来掌管法律，即"为法令置官置吏"，这些官员的门槛要求并不甚高，一是要"朴"，即其人实在、可靠。二是"足以之知法令之谓"，字面意思是官吏的能力足以知悉法令的内容，是可知这些官吏的基本要求之二是识文断字，或曰有文化。且考诸上下文，这类官吏的职分不仅仅是记诵、复述法律文本的内容。因为战国甚至之前很长一段时间已有竹简、帛书等文字载体，法律文本记录在载体上，远较人的记忆来得准确。[1] 由此可见，"知法令"断非止于法律条文的内容，更重要者在于熟知并能够提供对法律文本的解说和解释。他们需要在日常治理中扮演"天下正"，也就是行为标准提供者的角色，因此这类职官非常重要，故有必要由天子直接任命，并实施严格的责任制度，且追责方式吏、民有所不同。

相关规定包括两层：

一是对法令知识掌握情况的要求和考课。"各主法令之民，敢忘行主法令之所谓之名，各以其所忘之法令名，罪之。"此中的"民"应是指候补吏员，或者官方学员之类，他们对所主管的某一方面法令须尽数熟知，如有遗忘则以被忘记的罪名罪之。这是非常严重的归责机制。"主法令之吏有迁徙物故，辄使学者读法令所谓，为之程式，使数日而知法令之所谓；不中程，为法令以罪之。"意思是若主法令的吏员调动或亡故，这些习吏之"民"要迅速递补，并在数日内熟通相应的法令内容。尔后还要进行考试，"不中程"即不合格者以考试出错的法令给他定罪，归责方式与前者相同。

二是运用法令知识的职分和针对性考课。基本要求是"有敢剟定法令，损益一字以上，罪死不赦"。也说明这些吏员除了知悉

---

〔1〕 睡虎地秦简中"秦律十八种""秦律杂抄"等，正可以印证这一判断。

理解外，还负责保管、抄发法律文本。

而主法令之吏的主要职分，乃是“诸官吏及民有问法令之所谓于主法令之吏，皆各以其故所欲问之法令明告之。各为尺六寸之符，书明年月日时所问法令之名，以告吏民”。大意是如果有官吏或民众向“主法令之吏”询问法律的义涵，必须因其所问而告知相应的内容。并且还要在规格为六尺的符契上写明所问的法律名称、年月日等信息。如果有违背者，则“皆以吏民之所问法令之罪，各罪主法令之吏”，意味着如果不能告知官吏民所问法律的内容，则“主法令之吏”要反坐。询问结束之后，还要“即以左券予吏民之问法令者，主法令之吏，谨藏其右券木柙，以室藏之，封以法令之长印。即后有物故，以券书从事”。这个措施大意是将前面提到的“六尺之符”的左半边交给前来询问者，右半边收入“木柙”，收藏于专门的房间且封上“法令之长”的印信。如果之后有相关事务，诸如产生聚讼纷争等，则按照收藏的券书行事。

商鞅之所以如此看重让官吏民俱能知法，可以联系《禁使》篇“今夫驺虞，以相监不可，事合而利同者也。若使马焉能言，则驺虞无所逃其恶矣，利异也”来理解。让官吏民俱有途径知法，能达到的效果其实和“使马焉能言”一致，目的在于让掌法、执法者始终处于被督责的地位，无法枉法行事。

法令皆副，副，副本。**置一副天子之殿中，**殿，天子正殿。**为法令为禁室，有键钥为禁而以封之，**键钥，锁。**内藏法令，一副禁室中，封以禁印。有擅发禁室印，及入禁室视禁法令，及剟禁一字以上，**剟（duō），删削。**罪皆死不赦。一岁受法令以禁令。**一岁，每年。受，授。

法令颁布之后,标准本文如何保存也有具体的制度性规定。“法令皆副置”即法令文本设置多份副本。一个副本藏于“天子之殿中”专藏法令的禁室,需上锁。一副藏于官方禁室中,加封印。擅自启出此副本者、擅自查看者和擅自增删者都“罪死不赦”。每年据此本向官员发布法令。[1]

这一章是在为秦孝公之问的“明法”和“用之如一”提供标准化法律文本的保障性制度。规定细致到如此程度,一方面说明商鞅对于如何颁布、行用法律以提供标准化治理方案已然有着全局化的周密思考。另一方面也可推知当时和前代已有相关的制度经验和教训可被参考借鉴。

天子置三法官:法官,掌管法律文本之官。**殿中置一法官,御史置一法官及吏,丞相置一法官。诸侯郡县皆各为置一法官及吏,皆比秦一法官。**皆比秦,或当作皆此奉,意为都遵奉一个法官。**郡县诸侯一受禁室之法令,**一,全都。**学问并所谓。**学问,学习。所谓,内容。**吏民欲知法令者,皆问法官。故天下之吏民,无不知法者。吏明知民知法令也,故吏不敢以非法遇民,**遇,对待。**民不敢犯法以干法官也。**干,犯。**遇民不循法,**循,遵循。**则问法官,法官即以法之罪告之,民即以法官之言正告之吏。**正告,严正告知。**吏知其如此,故吏不敢以非法遇民,民又不敢犯法。如此,天下之吏民虽有贤良辩慧,不能开一言以枉法;**开,发。

[1] 这个制度有些类似于《周礼》中的“悬法象魏”制度,或承自周制。

虽有千金,不能以用一铢。故知诈贤能者皆作而为善,知,智谋。诈,诈伪。作,起。**皆务自治奉公,民愚则易治也。此皆生于法明白易知而必行。**

本章专论“法官”制度。此“法官”乃专门掌管法令文本和知识的官员,与今之法官所指迥异。商鞅基本的制度设计是:天子在中央设置三位法官,分别是“殿中置一法官,御史置一法官及吏,丞相置一法官”,在地方“诸侯郡县皆各为置一法官及吏,皆比秦一法官”。[1] 要注意,这里出现了“诸侯郡县”和“秦”相对称,可知前者指的是故秦地之外的被征服的新区域。

这些“诸侯郡县”本身没有立法权,所行的法令全部受自“禁室之法令”。[2] 除了接受文本之外,还要“学问所谓”,也就是获得官方化的解释。吏民需要了解法律,只能从法官处了解。这样无疑是为了保证天下的行为标准齐一化。要注意,这种齐一非是守法之人仅仅了解法律文本便可实现的。

有了这种制度化的了解法令的途径,也就意味着官方权力运行的标准完全公开化了。因此附带的效果是可以防限官吏不按法而治,即枉法徇私。也就是说,“吏明知民知法令也,故吏不敢以非法遇民,民不敢犯法以干法官也。吏遇民不循法,则问法官,法官即以法之罪告之,民即以法官之言正告之吏。吏知其如此,故吏不

---

〔1〕 有的学者认为,这是一种“官师合一的教育制度”,肇起自商鞅,为韩非、李斯所承袭,并可在睡虎地秦简中看到在秦国制度实践中确有落实。参见刘力:《“置主法之吏,以为天下师”和“以法为教”“以吏为师”——先秦法家由“国家本位”向“君主本位”政治思想的转型》,载《贵州社会科学》2020年第4期。

〔2〕 这个状态在睡虎地秦简的《语书》中已有印证,可见商鞅之后秦国已经践行了他的这类主张。

敢以非法遇民,民又不敢犯法。如此,则天下之吏民,虽有贤良辩慧,不敢开一言以枉法;虽有千金,不能以用一铢。故知诈贤能者皆作而为善,皆务自治奉公,民愚则易治也。此皆生于法明白易知而必行”。大意是说,作为执法者的吏知道民众了解法令规定,是故不敢以非法的方式对待民众,民众也不敢违法干犯法官。如果民众发觉吏不依法对待民众,可以向法官询问,法官则当告诉民众违法之吏所犯之罪,民众再以罪名正告吏。执法之吏知道这种机制,自然不敢非法对待民众,民众也不敢犯法。更进一步,这样一来天下的吏民,即便是被诩为“贤良辩慧”之人,亦不敢有不合法的言论(或者解作不敢妄加评说、解释法律),纵使富有千金,也不能行枉法之事。由此“知诈贤能”这类人都能按法行事(文中的“为善”之义),都能自我约束、奉公守法;同时民众也可保持质朴(文中的“愚”)状态而易于治理。这段论说的重心显然在“治吏”而非治官,是民借助“法官”,达到防限吏以权谋私枉法的目的;也可使官借助民“知法”来防限吏治枉法。

当代学者大多从“普法”的视角展开讨论,〔1〕涉及了其中的一个重要面相,但是仍嫌不足。除此之外,受“受禁室之法令”者为何会有“学问所谓”的需求非常值得关注。很明显商鞅一方面无意将法律秘藏于官府而不公示于人;另一方面又力求法律文本表达得尽可能清晰、明确、易知,那么所“问”者显然就不仅仅是法律文本中的规定是什么。

为了让法律的规定明白下达,除开文本本身之外,同时需要解释者,就是“法官”。这说明商鞅明确认识到法律文本中的“名”与

〔1〕 参见高英彤、王凌皓:《商鞅的“普法”思想及其现代价值》,载《法制与社会发展》2001 年第 4 期;张良才:《试论秦之“吏师”制度》,载《齐鲁学刊》1998 年第 1 期;等等。

现实生活中的“实”始终存在差异,无论“名”的规定有多清晰明确。这颇有些类似于西方法理学中的“事实与规范”悬隔问题。商鞅提供的解决方案就是制度性地设置一批官方代表,对法律理解高度统一且精确的“法官”为“名”与“实”之间难以对应的情况作出解释。下举睡虎地秦简《法律答问》中的一例以明之:

告人盗千钱,问盗六百七十,告者可(何)论?毋论。四〇

诬人盗千钱,问盗六百七十,诬者可(何)论?毋论。四一[1]

这两问,前者是问:告发别人盗窃千钱,但查问之后实际上只盗窃了六百七十钱,如此情况应该如何判断?答复是:不论。这要联系秦律中“告不实”有罪的规定来理解。也就是说,表面上看是所问者在于告发赃物数与实际赃物数有差的情况,实质上则关乎法律中的告不实规定应该如何理解。后者问:有人诬告他人盗窃千钱,查明此人盗窃了六百七十钱,诬告者应该如何论处?答复是:不论。这事实上是针对如何界定“诬告”。其中涉及秦律中诬告“反坐”的规定,如果被认定为诬告的话需要以所诬告的罪名对诬告者定罪。仅由上引两问便可见得,商鞅设置法官、法吏,其职责为针对法律的内涵作出答复,除了“普法”之外,显然还有更深层次的考量。

本章中还明示了一个治理愿景,即“知诈贤能者皆作而为善,皆务自治奉公”。其中包含了“为善”“自治”和“奉公”三重义涵。

《商君书》中对“善”的态度看起来比较复杂且表面上略显矛

〔1〕 睡虎地秦墓竹简整理小组:《睡虎地秦墓竹简》,中华书局1978年版,第102-103页。

盾。例如“修善”被当作“六虱”之一，[1]与用“善”为治[2]一道都被摈斥。事实上，商鞅明确反对者有二：一是“私善”行于政治治理；[3]二是以不能标准化的“善”作为评价标准设置制度、进行治理。除此之外，他从没有反对导民向善。也就是说，“善”始终是政治治理的目标，只不过商鞅反对以善为手段、标准进行治理。

“奉公”是《商君书》中一以贯之的态度，更加具有个性化的表述即是包括君、臣、吏、民在内的各个阶层能够“壹心”以“作壹”。这个“壹”即是“公”。

“自治”相对而言最难理解，毕竟其他各篇关于治民的思路和制度设计都表现出强烈的官方自上而下积极介入的倾向，这明显与通常人们理解的自治恰好背道而驰。但是要看到，商鞅一直在强调“以刑去刑”，重刑是为了“无刑”等观点，隐约之间已经透露出了与此处“自治”相同的主张，因为“无刑”意味着人们能够自觉遵守法令，不触犯刑律。而这个局面其实和本篇中讲的“自治”是对同一种治理状态不同侧面的描述。换句话说，需要认识到商鞅反复论说的以刑赏为手段的积极介入式政治治理，只是以达成“自治”“无刑”为目的的过渡性匡正之举。这也合于《说民》篇提出的“治则家断，乱则君断”。

法令者，民之命也，命，命令。**为治之本也，**本，根本。

---

〔1〕 说见《去强》篇：“国有礼有乐，有诗有书，有善有修，有孝有悌，有廉有辩：国有十者，上无使战，必削至亡；国无十者，上有使战，必兴至王。”《靳令》篇：“六虱：曰礼乐，曰诗书，曰修善，曰孝悌，曰诚信，曰贞廉，曰仁义，曰非兵，曰羞战。国有十二者，上无使农战，必贫至削。”

〔2〕 如《说民》篇：“用善，则民亲其亲；任奸，则民亲其制。合而复之者，善也；别而规之者，奸也。章善则过匿，任奸则罪诛。”

〔3〕 如《君臣》篇：“法制设而私善行，则民不畏刑。”

所以备民也。备，提供或装备（必需之具）。**为治而去法令，**去，舍弃。**犹欲无饥而去食也，**无，使……消除。**欲无寒而去衣也，欲东西行也，**想向东却朝西行。**其不几亦明矣。**几，据张觉说通冀。不几，即无望。**一兔走，百人逐之，非以兔也。**以，因为。**夫卖者满市，**卖者，即商贩。**而盗不敢取，**取，强取、盗取。**由名分已定也。**名分，此指所有权。**故名分未定，尧舜禹汤且皆如骛焉而逐之；**骛（wù），乱跑。**名分已定，贪盗不取。今法令不明，其名不定，天下之人得议之，**议，非议、质疑。**其议，人异而无定。人主为法于上，**为，立。**下民议之于下，是法令不定，以下为上也。此所谓名分之不定也。夫名分不定，尧舜犹将皆折而奸之，**折，屈身。**而况众人乎？此令奸恶大起，人主夺威势，亡国灭社稷之道也。**

本章乃是篇名“定分”之所由来。为此首先强调法令的重要性，即“民之命也，为治之本也，所以备民也”。这里的“备”常被解作防备，与文义不符；实则应当理解为提供或装备（必需之具），与《韩非子·五蠹》篇“事异则备变”之“备”的用法相同。正因为法令是“民之命”“治之本”，是必须治理之“备”，是故说“为治而去法令，犹欲无饥而去食也，欲无寒而去衣也，欲东西行也”。

接下来商鞅给出了一个著名的喻言，即“一兔走，百人逐之，非以兔也。夫卖者满市，而盗不敢取，由名分已定也。故名分未定，尧舜禹汤且皆如骛焉而逐之；名分已定，贪盗不取”。此喻文面的意思不难疏通，大意是说百人追逐一兔，并不是因为兔子本身有特别的价值，而仅仅是由于它的“分”未定，属于今人说的无主物。与之相对,市场上售卖之物无人盗取则是因为“名分已定”。所以有序与无序,以及人们是否能够自觉地有序生活,关键在于是否有足以确定“名分”的法律。而此处商鞅的侧重点还不在于有无法律本身,他更关注的是法律能否“明”,即含义和给出的标准是否足够明确,换言之,法令给行为提供的指引是否足够明晰精确。反之,“其名不定,天下之人得议之”。之所以会有“议”,即非官方的解释、讨论,根本原因是法令本身不够清晰。根据上文可知,其中重要的不是法律文本的问题,而是法律文本存在的解释空间会被人利用,因此需要借助法官制度来解决。

针对名分不定的后果,商鞅说到两方面:一是“尧舜犹将皆折而奸之”,大意是像尧舜这样的圣贤之人也势必会屈身而为不合名分的奸邪之事。二是“令奸恶大起,人主夺威势,亡国灭社稷之道也”,意思是会促成奸矫邪恶之行大量出现,君主的权威被削弱,乃是国家社稷覆灭的诱因。

今先圣人为书,而传之后世,必师受之,受,通授。**乃知所谓之名;不师受之,而人以其心意议之,**意,臆想。**至死不能知其名与其意。**意,内容。**故圣人必为法令置官也,置吏也,为天下师,所以定名分也。名分定,则大诈贞信,**贞,正。信,可信。**民皆愿悫,**愿,谨慎。悫(què),诚实。**而各自治也。故夫名分定,势治之道也;名分不定,势乱之道也。故势治者不可乱,势乱者不可治。夫势乱而治之愈乱,**势,倾向于。**势治而治之则治。故圣王治治不治乱。**

这一章中涉及的最重要问题是如何保障法律内容的稳定齐

一。本篇前文论及法律"置副"也关于齐一,但是商鞅明确地意识到,仅仅靠标准化的法律文本远远不足以实现划一的要求,对于法律文本的理解与解释同样至关重要。

针对法律文本的解释,和战国时的经学家们对经义严格遵循师法、家法的传授形神俱似,质言之都是对确定之"名"的不确定内涵作出解说。因此本章继续阐说"名分"问题,尝试借师法授受传统提供解决方案。"今先圣人为书,而传之后世,必师受之,乃知所谓之名;不师受之,而人以其心意议之,至死不能知其名与其意。"这就是传统经学上的"经"的文本和经义关系的问题。后代经学传统中也屡屡受之困扰。简言之,圣人之书看似文本明确,读者看到的文本就是"名",但是在没有师法授受的情况下,无从知悉文本的原义,也就无法确知圣人之"意"。这个状态就是商鞅说的"名分"不定,此时势必会出现的情况之一是人们自行揣度经义,由是生发出差异化的解说。如此一来文本本身的含义会受之干扰而变得更不清晰。

文中给出的对策就是"为法令置官",让他们扮演类似师法传授者的"师"的角色,以此来达致"名分定"。有了"名分定"为基础,也就是全面推行前述诸章谈到的制度性设定,便可使得"大诈贞信,民皆愿悫",意思是无论诈伪之人还是一般民众都能保持诚信,进而实现官民"各自治"。商鞅认为,这乃是"势治之道",即趋于至治的方案,同时合于"圣王治治不治乱"的原则。[1]

夫微妙意志之言,志,或作知。意志,即臆知,指通过思虑揣

〔1〕 关于"治治不治乱",可以参见《说民》篇5.4章、《慎法》篇25.1章评注,以及《荀子·不苟》篇。

度而知。**上智之所难也。**上智，上等智慧之人。难，难能。**夫不待法令绳墨而无不正者，**正，无过错。**千万之一也。故圣人以千万治天下，**以，依照。千万，指千万人的状况，或曰一般人的状态。**故夫智者而后能知之，不可以为法，民不尽知。**尽，都。**贤者而后知之，不可以为法，民不尽贤。故圣人为法，必使之明白易知。名正，愚智遍能知之。**遍，全都。**为置法官，置主法之吏，以为天下师，令万民无陷于险危。故圣人立天下而无刑死者，**刑死，受刑而死。**非不刑杀也，行法令明白易知，为置法官吏为之师，以道之知，**道，通导，引导。**万民皆知所避就；**就，追求。**避祸就福，而皆以自治也。故明主因治而治之，**因，据。**故天下大治也。**

本章可以看作对上章"圣王治治不治乱"的进一步论说，从人之智能有限的角度，再次重申须依托"法令绳墨"之"明"方能实现面相复杂的社会的治理。

首先说到"微妙意志之言，上智之所难也"，明显是承接上章"名"之义难知而论，意思是含义隐微的"名"所对应的"实"，纵是智能卓绝者也难以准确把握。此外，即便是圣人，治理的对象也不能是"不待法令绳墨而无不正"的"千万"普通人，因此不可用只有上智之人方可理解的法律进行治理，因为"故夫智者而后能知之，不可以为法，民不尽知。贤者而后知之，不可以为法，民不尽贤"。按此，法律不能是针对学识、才智处于上上之列的极少数人的定立和表达，而应该做到人尽可知，人尽可懂。受制于民众贤愚有别，而法令又需要做到天下无论智愚一体明了，所以法律本身必须足够“明白易知”以致“名正,愚智遍能知之”。这显然是对立法技术提出了要求,除了要法律明白示人之外,还要求法律的内容,尤其是概念表述,也就是“名”也足够清晰、明确、易知。

篇中关于“为置法官,置主法之吏,以为天下师”的论说,是在回应前文“天子置三法官”以下关于法官、法吏的制度设置,重申这些设置的目的,即文章的最后给出的治理愿景:“故圣人立天下而无刑死者,非不刑杀也,法令明白易知,为置法官吏为之师以道之知。万民皆知所避就;避祸就福,而皆以自治也。故明主因治而治之,故天下大治也。”这个表述与他篇中“以刑去刑”的主张相呼应,见诸《去强》篇、《开塞》篇和《靳令》篇。

文中谈到万民“自治”,与本篇的“知诈贤能者皆作而为善,皆务自治奉公”和“名分定,则大诈贞信,民皆愿悫,而各自治也”相呼应,可参见前文评注。

附　录

六法(佚文)

(《群书治要》卷三十引《商君书·六法》篇片段)

先王当时而立法,度务而制事。度(duó),计算,推测。务,任务、事务。**法宜其时则治,事适其务故有功。然则,法有时而治,**有,具有。**事有当而功。**当(dàng),合宜。**今时移而法不变,务易而事以古,是法与时诡,**诡(guǐ),违反。**而事与务易也。故法立而乱益,**益,增加。**务为而事废。故圣人之治国也,不法古,不循今,当时而立功,在难而能免。今民能变俗矣,而法不易;国形更势矣,**形,形势。更,变。**而务以古。**以,按照。**夫法者,民之治也。务者,事之**

用也。国失法则危，事失用则不成。故法不当时，而务不适用，而不危者未之有也。

【评注】

本篇是《群书治要》中保留的佚文，题名为“六法”，不在今本二十六篇之列。就文本观之，与传世本《商君书》用词、表述以及主要观点基本合辙。因此大致可判断此篇属于商鞅本人的作品，或本于商鞅学说再创作而成。

文中首先托“先王”开出“当时而立法，度务而制事”，与《更法》篇“伏羲神农教而不诛，黄帝尧舜诛而不怒，及至文武，各当时而立法，因事而制礼”的论说一致。所批判者主要是“今时移而法不变，务易而事以古”。文中特别强调风俗、形势古今有别，完全因循古制无法保障当下的治理获得实效，更遑论“有功”。

“夫法者，民之治也。务者，事之用也”谈到了作为秩序规范的“法”和“法”的施用过程，即“务”，这两者都基于并围绕“法”展开，但是侧重有所不同。文中反复强调的主张不外是“法”要“当时”，法律的内容和运行，即“务”要“适用”。不过由于全文主要是在为法律适时变化调整，而不盲目法古因循张本，因此并没有论及“适用”之“用”究竟是什么。若结合《商君书》其他篇章所论，则此“用”应指农战、富强。

关于《商君书》各篇成篇的观点汇总

研究者	商鞅遗著	疑为商鞅所作	非商鞅所作	未作结论
陈启天	《垦令》《境内》	《说民》《开塞》《战法》《立本》《兵守》《修权》《赏刑》《君臣》《禁使》《慎法》	《更法》《农战》《去强》《算地》《壹言》《错法》《靳令》《徕民》《画策》《弱民》《外内》《定分》	
高亨	《垦令》《靳令》	《农战》《开塞》《外内》	《更法》《错法》《徕民》《弱民》《定分》	《去强》《说民》《算地》《壹言》《战法》《立本》《兵守》《修权》《赏刑》《画策》《境内》《君臣》《禁使》《慎法》
郑良树	《垦令》《境内》《战法》《立本》		《更法》《兵守》《算地》《农战》《修权》《去强》《说民》《徕民》《外内》《弱民》《靳令》《壹言》《开塞》《画策》《错法》《赏刑》《慎法》《君臣》《禁使》《定分》	

续表

研究者	商鞅遗著	疑为商鞅所作	非商鞅所作	未作结论
曾振宇	《垦令》《农战》《壹言》《算地》《境内》《战法》《立本》《兵守》《开塞》《赏刑》《慎法》《君臣》《靳令》《修权》《更法》		《去强》《徕民》《弱民》《说民》《外内》《错法》《画策》《定分》《禁使》	
张林祥	《垦令》《境内》	《开塞》《农战》《靳令》《战法》《立本》《兵守》	《算地》《壹言》《错法》《去强》《说民》《弱民》《修权》《赏刑》《慎法》《画策》《君臣》《徕民》《禁使》《更法》《定分》	

参考书目

严可均:《商君书校》(《诸子集成》本),上海书店出版社1986年影印本。

严可均:《商君书新校正》,《续修四库全书》影印本。

朱师辙:《商君书解诂定本》,古籍出版社1956年版。

蒋礼鸿:《商君书锥指》,中华书局1986年版。

王时润:《商君书斠诠》,台中,宏文图书社1915年版。

孙诒让:《商君书札迻》,载《札迻》,中华书局1989年版。

陶鸿庆:《读商君书札记》,载《读诸子札记》,浙江人民出版社1998年版。

俞樾:《商君书平议》,载《诸子平议》,中华书局1956年版。

陈启天:《商鞅评传》,商务印书馆 1935 年版。

陈启天:《商君书校释》,商务印书馆 1935 年版。

高亨注释:《商君书注译》,中华书局 1974 年版。

杨宽:《商鞅变法》,上海人民出版社 1955 年版。

简书:《商君书笺正》,台北,广文书局 1975 年版。

高亨:《文史述林》,中华书局 1980 年版。

钱穆:《商鞅考》,载《先秦诸子系年》,中华书局 1985 年版。

麦孟华:《商鞅评传》,载《诸子集成》,上海书店 1986 年版。

贺凌虚:《商君书今注今译》,台北,商务印书馆 1987 年版。

杨鹤皋:《商鞅的法律思想》,群众出版社 1987 年版。

郑良树:《商鞅及其学派》,上海古籍出版社 1989 年版。

高鞅原著、张觉译注:《商君书全译》,贵州人民出版社 1993 年版。

郑良树:《商鞅评传》,南京大学出版社 1998 年版。

周密:《商鞅刑法思想及变法实践》,北京大学出版社 2002 年版。

丁毅华:《商君书语》,长江文艺出版社 2003 年版。

商鞅原著、张觉校注:《商君书校注》,岳麓书社 2006 年版。

张林祥:《〈商君书〉的成书与思想研究》,人民出版社 2008 年版。

张燕:《商君书新疏》,贵州教育出版社 2009 年版。

欧阳凤莲:《〈商君书〉思想研究》,广西人民出版社 2011 年版。

张觉:《商君书校疏》,知识产权出版社 2012 年版。

周立升等编著:《商子汇校汇注》,凤凰出版社 2017 年版。

长治:《商君书评注》,武汉大学出版社 2019 年版。

杨宽:《战国史料编年辑证》,上海人民出版社 2001 年版。

杨伯峻编著:《春秋左传注》,中华书局 1990 年版。

徐元诰撰:《国语集解》,中华书局 2002 年版。

司马迁:《史记》,中华书局 1982 年版。

刘向集录、范祥雍笺证、范邦瑾协校:《战国策笺证》,上海古籍出版社 2006 年版。

孔颖达:《礼记正义》,北京大学出版社 1999 年版。

程树德:《论语集释》,中华书局 1990 年版。

焦循:《孟子正义》,上海书店 1986 年版。

王先谦:《荀子集解》,中华书局 1988 年版。

孙诒让:《墨子闲诂》,中华书局 1986 年版。

黎翔凤撰、梁运华整理:《管子校注》,中华书局 2004 年版。

王利器:《文子疏义》,中华书局 2000 年版。

陈鼓应注译:《黄帝四经今注今译》,商务印书馆 2007 年版。

韩非著、陈奇猷校注:《韩非子新校注》,上海古籍出版社 2000 年版。

吕不韦著、陈奇猷校释:《吕氏春秋新校释》,上海古籍出版社 2002 年版。

睡虎地秦墓竹简整理小组编:《睡虎地秦墓竹简》,中华书局 1978 年版。

贾谊:《新书》,浙江大学出版社 2020 年版。

王充著、张宗祥校注、郑绍昌标点:《论衡校注》,上海古籍出版社 2010 年版。

李昉等:《太平御览》,中华书局 2011 年版。

俞樾:《诸子平议》,中华书局 1954 年版。

侯外庐等:《中国思想通史》(第 1 卷),人民出版社 1957 年版。

王国维:《殷周制度论》,载《观堂集林》,中华书局 1959 年版。

吕思勉:《先秦史》,上海古籍出版社 1982 年版。

吕思勉:《先秦学术概论》,中国大百科全书出版社 1985 年版。

胡适:《中国哲学史大纲》,河北教育出版社 2002 年版。

杨宽:《战国史》,上海人民出版社 2003 年版。

林剑鸣:《秦史稿》,上海人民出版社 1981 年版。

冯友兰:《中国哲学史新编》,人民出版社 1984 年版。

杨鸿烈:《中国法律思想史》,商务印书馆 1998 年版。

萧公权:《中国政治思想史》,辽宁教育出版社 1998 年版。

杨向奎:《中国古代社会与古代思想研究》,上海人民出版社 1965 年版。

萨孟武:《中国政治思想史》,台北,三民书局 1969 年版。

刘泽华:《先秦政治思想史》,南开大学出版社 1984 年版。

徐复观:《两汉思想史》,华东师范大学出版社 2001 年版。

朱绍侯:《军功爵制研究》,上海人民出版社 1990 年版。

曾振宇:《前期法家研究——法、术、势社会政治理论的建构》,山东大学出版社 1996 年版。

武树臣、李力:《法家思想与法家精神》,中国广播电视出版社 1998 年版。

曹旅宁:《秦律新探》,中国社会科学出版社 2002 年版。

张有智:《先秦三晋地区的社会与法家文化研究》,人民出版社 2002 年版。

韩星:《先秦儒法源流述论》,中国社会科学出版社 2004 年版。

[美]本杰明·史华兹:《古代中国的思想世界》,程刚译,江苏人民出版社 2004 年版。

王亚南:《中国官僚政治研究》,中国社会科学出版社 2005 年版。

赵鼎新:《东周战争与儒法国家的诞生》,夏江旗译,华东师范大学出版社 2006 年版。

李峰:《西周的灭亡:中国早期国家的地理和政治危机》,徐峰译,上海古籍出版社 2007 年版。

萧公权:《中国乡村:19 世纪的帝国控制》,张皓、张升译,九州出版社 2018 年版。

高敏:《试论商鞅的赐爵制度》,载《郑州大学学报(哲学社会科学版)》1977 年第 3 期。

林剑鸣:《试论商鞅变法成功的原因》,载《西北大学学报(哲学社会科学版)》1978 年第 2 期。

胡炳权:《论商鞅的军事思想——读〈商君书〉浅议》,载《河北大学学报(哲学社会科学版)》1980 年第 4 期。

徐夕明:《商鞅变法异议》,载《江汉论坛》1982 年第 5 期。

程天权:《论商鞅改法为律》,载《复旦学报(社会科学版)》1983 年第 1 期。

胡家聪:《田齐法家法制理论的主要特点》,载《齐鲁学刊》1984 年第 2 期。

江必新:《商鞅改法为律质疑》,载《法学杂志》1985 年第 5 期。

施伟青:《也论秦自商鞅变法后的土地制度——与张金光同志商榷》,载《中国社会经济史研究》1986 年第 6 期。

张金光:《商鞅变法后秦的家庭制度》,载《历史研究》1988 年第 6 期。

彭秀礼:《孟子改良思想与商鞅变法主张的比较分析》,载《开封教育学院学报》1991 年第 4 期。

施家珍:《儒法学说的比较——兼论商鞅变法中的斗争并非儒法斗争》,载《孔子研究》1993 年第 1 期。

晁福林:《商鞅变法史事考》,载《人文杂志》1994 年第 4 期。

曾振宇、崔明德:《由法返德:商鞅社会理想之分析》,载《中国史研究》1997 年第 1 期。

张良才:《试论秦之“吏师”制度》,载《齐鲁学刊》1998 年第 1 期。

曾振宇、崔明德:《由法返德:商鞅社会理想之分析》,载《中国史研究》1997 年第 1 期。

徐进:《商鞅法治理论的缺失——再论法家思想与秦亡的关系》,载《法学研究》1997 年第 6 期。

高英彤、王凌皓:《商鞅的“普法”思想及其现代价值》,载《法制与社会发展》2001 年第 4 期。

臧知非:《〈墨子〉、墨家与秦国政治》,载《人文杂志》2002 年第 2 期。

胡义成:《〈老子〉五千言与商鞅变法》,载《中州学刊》2002 年第 3 期。

隋淑芬:《商鞅社会理想探析》,载《首都师范大学学报(社会科学版)》2004 年第 1 期。

王爱清:《秦“以吏为师,以法为教”新议》,载《秦文化论丛》2004 年。

程海礁:《商鞅与孟子治道思想比较》,载《求索》2007 年第 2 期。

仇道滨:《商鞅思想与学术研究》,山东大学 2007 年博士学位论文。

许建良:《商鞅“德明教行”的道德教化思想论》,载《南京理工大学学报(社会科学版)》2008 年第 5 期。

马腾:《论先秦儒法融通思想——以“转关人物”为中心》,载

《大连海事大学学报(社会科学版)》2011 年第 2 期。

王宏:《变法的前夜:秦国墨学与商鞅变法的社会史考察》,载《学术探索》2011 年第 10 期。

刘海年:《秦代法史体系考略》,载《学习与探索》2015 年第 2 期。

马腾:《由儒入法:李悝法思想旨趣及变法实践》,载《晋阳学刊》2015 年第 3 期。

张分田:《"儒家讲王道,法家讲霸道"的说法违背史实》,载《天津师范大学学报(社会科学版)》2015 年第 6 期。

马卫东:《"秦法未败"探析》,载《史学集刊》2016 年第 3 期。

李平:《先秦刑余之人考论:形象、制度与观念》,载《法商研究》2017 年第 2 期。

李平:《作为中央集权化立法的〈禹贡〉——一次法哲学式的解读》,载《厦门大学法律评论》2017 年第 1 期。

刘力:《"置主法之吏,以为天下师"和"以法为教""以吏为师"——先秦法家由"国家本位"向"君主本位"政治思想的转型》,载《贵州社会科学》2020 年第 4 期。